Sammlung Luchterhand 289

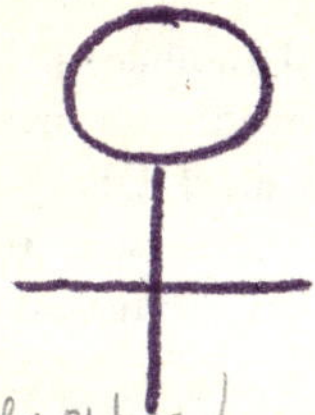

W0386150

Über dieses Buch: »Ich halte jedes Leben für hinreichend interessant, um anderen mitgeteilt zu werden ... Mich interessiert, wie Frauen ihre Geschichte erleben, wie sie sich ihre Geschichte vorstellen. Man lernt dabei, das Einmalige und Unwiederholbare jedes Menschenlebens zu achten ...« Unter diesem Motto sammelte Maxie Wander Lebensprotokolle von Frauen aus der DDR. Das Ergebnis, »Guten Morgen, du Schöne« war 1978 zum ersten Mal erschienen und in kurzer Zeit ein Bestseller der Frauenliteratur – und ist es bis heute geblieben.

»Was in diesem Buch aber nun zu lesen ist, ist mehr als das ewige Leid von Frauen im Alltag und ihren Schwierigkeiten – es ist der dokumentarische Ausdruck für die Resignation schöpferischer Menschen vor der Geschichte, ihr Verharren im ›überschaubaren Privaten‹ ... Maxie Wander hat die Arbeit unternommen, auch scheinbar unwichtige Details zu notieren. Dabei hat sie ein Buch von gewaltigem Materialwert (im besten Sinn) hergestellt, ein Buch ohne Koketterie mit den angeblich ›kleinen Leuten‹, ein Buch, das mir die Schwächen meiner Arbeit deutlicher macht als manche Kritik.«

Thomas Brasch, DER SPIEGEL

Über die Autorin: Maxie Wander, 1933 in einem Wiener Arbeiterviertel geboren und dort aufgewachsen, ist 1958 mit ihrem Mann, dem österreichischen Schriftsteller Fred Wander (»Der siebente Brunnen«, SL 542), von Wien in die DDR umgezogen, wo sie bis zu ihrem Tod 1977 mit ihrer Familie in Kleinmachnow, in der Nähe Berlins, lebte. Sie war in verschiedenen Berufen, als Sekretärin, Fotografin und Journalistin tätig, schrieb Filmszenarien, Kurzgeschichten und Kinderbücher. Posthum erschien 1980, von Fred Wander herausgegeben, eine Auswahl ihrer Tagebücher und Briefe: »Leben wär' eine prima Alternative« (SL 298).

Maxie Wander

»Guten Morgen, du Schöne«

Frauen in der DDR

Protokolle

Mit einem Vorwort
von Christa Wolf

Tätigkeitsbereiche der Frauen

Industrie 43,8%

Bauwirtschaft 15,8%

Land + Forstwirtschaft 42,9%

Handel 72,6%

Dienstleist. 72,8%

Luchterhand
Literaturverlag

Die Frau in der DDR-Literatur

50er Jahre: Emanzipation - Berufstätigkeit der Frau = ökonomische Notwendigkeit
innerlich saubere, ehrliche, eifrige Arbeiterfrau → Vorbildfunktion
Idealbild für den Aufbau des Staates / Aufbau der sozialistischen Gesellschaft.
Der Mann ist das Hindernis Beruf als Ort der Selbstverwirklichung

wie Emanzipation nach SED ←

60er Jahre: „Arbeiterfrau" tritt in den Hintergrund ⇒ Frauen mit qualifizierter Ausbildung
⇒ Hohe berufliche Ausbildung
⇒ hohe moralische Integrität (nicht bestechbar). Anpassung widerwärtig, Männer sind Hemmschuh, Frauen ⇒ positive Helden

Originalausgabe
Sammlung Luchterhand, April 1980
23. Auflage, Oktober 1988
Lektorat: Ingrid Krüger
Luchterhand Literaturverlag GmbH, Darmstadt, 1988. Lizenzausgabe mit Genehmigung des Buchverlages Der Morgen, Berlin/DDR. Der beim Buchverlag Der Morgen 1979 erschienene Band »Tagebücher und Briefe« wurde für die Ausgabe in der Sammlung Luchterhand geringfügig gekürzt und verändert. Alle Rechte für die Bundesrepublik Deutschland, West-Berlin, Österreich und die Schweiz beim Luchterhand Literaturverlag GmbH, Darmstadt. Umschlagentwurf: Max Bartholl/Christoph Krämer. Satz: Druck- und Verlags-Gesellschaft mbH, Darmstadt. Druck: Ebner Ulm. Printed in Germany.
ISBN 3-630-61289-X

Guten Morgen, du Schöne!
Für einen Blick von dir
sind tausend Dinar wenig.
Für deine Brust
werde ich zehn Jahre zu Fuß gehen.
Für deine Lippen
werde ich die Sprache vergessen.
Für deine Schenkel
gebe ich mich zum Sklaven.
Guten Morgen, du Schöne!
Steig auf den Apfelschimmel und reite Galopp.
Ich warte auf dich im Wald.
Mit einem Zelt ungeborener Kinder.
Mit Nachtigallen und einer Hyazinthe.
Mit einem Bett aus meinem Leib,
mit einem Kissen aus meiner Schulter.
Guten Morgen, du Schöne!

Kommst du nicht,
ziehe ich das Messer aus dem Brot,
wische die Krumen vom Messer
und treffe dich mitten ins Herz.

70 + 80 er Jahre:

(Zigeunerlied)

Gleichung (s.o.) wird in Frage gestellt, Skepsis macht sich breit => Schönheit, Phantasie, Sensibilität bleiben auf der Strecke, Partnerbeziehung gehen zu Bruch, Interessendominanz des Mannes ist immer noch vorhanden

1 Geist der realexistierenden Utopie = Sehnsucht über das was sein könnte => Angriff auf die Männer (Anklage) Es muß noch was geben, welches besser ist und die Männer hemmen bzw. nicht geben können

2 Forderung nach einer tieferen, seelischen Beziehung zwischen Mann und Frau anstatt körperl. Lust.
Beziehungen müssen intensiver werden. Frau muß sich selbst erkennen, bevor sie auf einen Mann wieder zugehen kann => das bedingt eine größere seelische Berührung (=> Männer kennen Frauen oft gar nicht)

4 Frauen sollen nicht in eine „Lade" gesteckt werden, sondern individuell zur freien Selbstentfaltung => Selbstfindung

---

Eine aufgepfropfte Emanzipation bringt nichts (aufgezwungen)
wünschenswert ist Gleichberechtigung d.h. gleiche Chancen für Frauen (z.B. Arbeitsplatz unabhängig von Kindern und Rollenverteilung)

Vorbemerkung

Wir können uns eigentlich nicht wundern, daß in der sozialistischen Gesellschaft Konflikte ans Licht kommen, die jahrzehntelang im Dunkeln schmorten und Menschenleben vergifteten. Konflikte werden uns erst bewußt, wenn wir uns leisten können, sie zu bewältigen. Unsere Lage als Frau sehen wir differenzierter, seitdem wir die Gelegenheit haben, sie zu verändern. Wir befinden uns alle auf unerforschtem Gebiet und sind noch weitgehend uns selbst überlassen. Wir suchen nach neuen Lebensweisen, im Privaten und in der Gesellschaft. Nicht gegen die Männer können wir uns emanzipieren, sondern nur in der Auseinandersetzung mit ihnen. Geht es uns doch um die Loslösung von den alten Geschlechterrollen, um die menschliche Emanzipation überhaupt.

Offensichtlich geworden ist das Bedürfnis der Frauen nach Selbstverwirklichung. Noch verzweifeln und scheitern viele am »Druck des Herkommens«, an den bestehenden Normen, die wir zu wenig in Frage stellen. Eine Frau hat mir gesagt: »Wenn ich dauernd gehindert werde, vom vorgeschriebenen Weg abzuweichen, im Elternhaus, in der Schule, im Beruf, in der Politik, sogar in der Liebe, dann macht mich das böse und treibt mich in den Traum zurück. Ich beginne die Wirklichkeit zu hassen und mich selber auch, weil ich so ein lahmer Frosch bin.« Eine andere sagte: »Zweifeln, Forschen, Fragen, das sind alles Dinge, die uns abhanden gekommen sind.« Ich möchte sagen: Das alles müssen wir erst mühsam lernen, dazu hat uns die Geschichte nie zuvor Gelegenheit gegeben.

Die Unzufriedenheit mancher Frauen mit dem Erreichten halte ich für optimistisch. Wenn manchmal Bedrückendes überwiegt, dann liegt es vielleicht daran, daß über Glück zu reden kaum jemand das Bedürfnis hat. Glück lebt man, Belastendes spricht man aus, um es zu begreifen, um sich davon zu befreien. »Der richtig Verwendete muß über sich nicht nachdenken«, sagt Heinrich Mann. »Die Welt, unter der er leidet, reizt ihn nicht zur Gegenwehr. Worte und Sätze sind u. a. auch Gegenwehr.

Ein ganz und gar glückliches Zeitalter hätte keine Literatur.« Ich habe nicht nach äußerer Dramatik gesucht oder nach persönlicher Übereinstimmung. Ich halte jedes Leben für hinreichend interessant, um anderen mitgeteilt zu werden. Repräsentativen Querschnitt habe ich nicht angestrebt. Entscheidend war für mich, ob eine Frau die Lust oder den Mut hatte, über sich zu erzählen. Mich interessiert, wie Frauen ihre Geschichte erleben, wie sie sich ihre Geschichte vorstellen. Man lernt dabei, das Einmalige und Unwiederholbare jedes Menschenlebens zu achten und die eigenen Tiefs in Beziehung zu anderen zu bringen. Künftig wird man genauer hinhören und weniger zu Klischeemeinungen und Vorurteilen neigen. Vielleicht ist dieses Buch nur zustande gekommen, weil ich zuhören wollte.

Maxie Wander

Christa Wolf: Berührung
Ein Vorwort

Dies ist ein Buch, dem jeder sich selbst hinzufügt. Beim Lesen schon beginnt die Selbstbefragung. In den Nächten danach entwerfen viele Leserinnen, da bin ich sicher (nicht so sicher bin ich mir bei Lesern), insgeheim ihr Selbstprotokoll – inständige Monologe, die niemand je aufzeichnen wird. Ermutigt durch die Unerschrockenheit der andern, mögen viele Frauen wünschen, es wäre jemand bei ihnen, der zuhören wollte: wie Maxie Wander ihren Gesprächspartnerinnen.

Der Geist, der in diesem Buch herrscht – nein: am Werke ist –, ist der Geist der real existierenden Utopie, ohne den jede Wirklichkeit für Menschen unlebbar wird. Zweifach anwesend, bewirkt er, daß diese Sammlung als Ganzes mehr ist als die Summe ihrer Teile: Fast jedes der Gespräche weist durch Sehnsucht, Forderung, Lebensanspruch über sich hinaus, und gemeinsam – wenn man das Buch als Zusammenkunft verschiedenster, im Wichtigsten einiger Menschen sieht – geben sie ein Vorgefühl von einer Gemeinschaft, deren Gesetze Anteilnahme, Selbstachtung, Vertrauen und Freundlichkeit wären. Merkmale von Schwesterlichkeit, die, so scheint mir, häufiger vorkommt als Brüderlichkeit.

Nur scheinbar fehlt diesen siebzehn Protokollen das achtzehnte, die Selbstauskunft der Autorin; aber sie ist ja anwesend, und keineswegs bloß passiv, aufnehmend, vermittelnd. Sie hat sich nicht herausgehalten, nicht nur intime Mitteilungen hervorgelockt (»intim« im unanstößigen Sinn von »vertraut, eng befreundet, innig«), indem sie persönlich, direkt, kühn zu fragen verstand: Wenn wir das, was sie im Gespräch von sich selbst preisgab, zu einem Band zusammenfügen könnten, hätten wir jenes vermißte achtzehnte Protokoll. Ihr Talent war es, rückhaltlos freundschaftliche Beziehungen zwischen Menschen herzustellen; ihre Begabung, andere erleben zu lassen, daß sie nicht dazu verurteilt sind, lebenslänglich stumm zu bleiben.

Hier wurde niemand »ausgefragt«, kein wohlkalkuliertes Unternehmen unter Dach und Fach gebracht; es sprechen Frauen miteinander, die einander brauchen, die sich selbst und die andere entdecken. Es gibt eine Konsumentenhaltung bei Autoren – oft qualvolle Versuche, ihr verzerrtes Verhältnis zu sich selbst, ihren Mangel an Empfindung, ihren Verlust von Unmittelbarkeit und ihr Erkalten durch Injektionen mit der Droge »Wirklichkeit« zu beheben. Einem solchen Interviewer hätten die Befragten anderes gesagt, und auf andere Weise.

Diese Texte entstanden nicht als Belege für eine vorgefaßte Meinung; sie stützen keine These, auch nicht die, wie emanzipiert wir doch sind. Kein soziologischer, politischer, psychotherapeutischer Ansatz liegt ihnen zugrunde. Maxie Wander, in keiner Weise umfrageberechtigt, war durch nichts legitimiert als durch Wißbegierde und echtes Interesse. Sie kam nicht, um zu urteilen, sondern um zu sehen und zu hören. – Jede produktive Bewegung erzeugt ein Spannungsfeld, aus dem neue Widersprüche, belangvoller als die alten, sich aufladen; ein solches Kraftfeld trägt die Beiträge dieses Buches und macht sie spannend, auch dann, wenn Alltägliches erzählt wird, was jeder zu kennen meint.

Nicht jenes »Wolle mich nicht berühren«, die Formel der Einsamkeit und des Selbstentzuges, der Offenbarungsscheu und der Zurücknahme ist das Motto dieses Buches; hier ist Berührung, Vertrautheit, Offenheit, manchmal bestürzende Schonungslosigkeit, ein erregender Mut, sich selbst gegenüberzutreten. Ein schmaler Grat ist zwischen Selbstoffenbarung und Selbstentblößung, zwischen Intimität und Peinlichkeit, Vertrauen und Selbstaufgabe. Sich unbekümmert auf diesem Grat zu bewegen, das ist kein technischer Balanceakt, kein Zugeständnis an den Geschmack der guten Stube. Es zeugt von Selbstvertrauen, und es zeugt von einer historischen Situation, die Frauen verschiedener Schichten eine solche Souveränität gegenüber persönlichsten Erfahrungen gibt, welche sie vor kurzem noch sich selbst und anderen verschwiegen.

Privates wird öffentlich gemacht: Mit Exhibitionismus hat das nichts zu tun. Aber so selbstverständlich ist es auch wieder nicht, daß niemand Anstoß nähme. Männer werden mit Unbehagen wahrnehmen, wie Frauen ihre traditionell »weibliche« Prägung loswerden, den Mann mustern, ihn entbehren können, erwägen, ihn »zu verabschieden«, »auf Empfang schalten«, die »seelische Berührung« eher erwarten als die körperliche und sich darüber lustig machen, wenn »Mann« ihr zur Scheidung Marxens gesammelte Werke schenkt ... Wäre es denkbar, daß manche Männer (es geht hier nicht um Zahlen ...) die Lustigkeit, die Ironie und Selbstironie der Frauen als schockierende Zumutung erleben? Ja aber, haben sie denn ihre Frauen so wenig gekannt? Mögen sie sie lieber, wenn sie, unvermutet mit dem Seitensprung des Mannes konfrontiert, in guter alter Manier in Ohnmacht fallen? Sie tun es, übrigens, hin und wieder, stehen dann aber auf und machen sich klar: Der Mann »braucht einen neuen Spiegel«,

Privilegien zu verlieren, ist nie bequem. Nicht das geringste Verdienst dieses Buches ist es, authentisch zu belegen, wie weitgehend die Ermutigung, an öffentlichen Angelegenheiten teilzunehmen, das private Leben und Fühlen vieler Frauen in der DDR verändert hat. Zu spät ist es jetzt zu sagen: Das haben wir nicht gemeint. Es zeigt sich: Rückhaltlose Subjektivität kann zum Maß werden für das, was wir (ungenau, glaube ich) »objektive Wirklichkeit« nennen – allerdings nur dann, wenn das Subjekt nicht auf leere Selbstbespiegelung angewiesen ist, sondern aktiven Umgang mit gesellschaftlichen Prozessen hat. Das Subjekt treibt sich selbst heraus, wenn es dazu beitragen kann, aus den gegebenen Verhältnissen das Äußerste herauszuholen. Es wird in sich zurückgetrieben, wenn es auf entfremdete, destruktive Strukturen, auf unüberwindliche Tabus in entscheidenden Bereichen stößt.

Das Buch von Maxie Wander ist ein Glücksfall, aber ein Zufallstreffer ist es nicht. Nicht selten werden lustvolle Tätigkeiten – wie lernen, forschen, arbeiten, auch schreiben – der Lust beraubt, wenn sie um jeden Preis zu einem Ergebnis führen müssen. Dieses Buch war seiner Autorin wichtig, aber die Arbeit an ihm war ihr wichtiger. Und an diesen Texten *ist* gearbeitet worden. Niemand soll meinen, hier werde ihm eine mechanische Abschrift vorgesetzt, Material, Rohstoff. Maxie

Wander hat ausgewählt, gekürzt, zusammengefaßt, umgestellt, hinzugeschrieben, Akzente gesetzt, komponiert, geordnet – niemals aber verfälscht. Die Texte, die so entstanden – Vorformen von Literatur, deren Gesetzen nicht unterworfen, der Versuchung zur Selbstzensur nicht ausgesetzt –, sind besonders geeignet, neue Tatbestände zu dokumentieren. Dabei nähern einzelne Beiträge sich literarischen Formen. Herausragend der Monolog einer Sechzehnjährigen (»Gabi«). Hier wird auf neun Seiten ein sehr junger Mensch zwischen das Verlangen nach Selbstverwirklichung und die Gefahr der Entfremdung gestellt. Dieses Mädchen soll die Trauer um den Großvater vergessen, der, ein Ärgernis für die Mutter, sich umbrachte; es soll sich auf die Seite des ordentlichen »Onkel Hans« schlagen, mit dem Übereinstimmungsglück, die neue Schrankwand und der neue Fernseher in die tadellose Wohnung Einzug halten. Die Mutter, erpicht, daß »sich alles schickt«, sieht zu, daß die Tochter »vernünftig« wird. Die hat zwar noch ihre »schwachen Momente«, aber »man paßt sich unwillkürlich an«. Nein, keine Probleme. Was Glück ist? »Als ich von meiner Mutti das Tonbandgerät bekommen hab.« Fast ein Kind noch, doch schon beinah gezähmt. Der unwiederholbare Einzelfall mit hohem Verallgemeinerungswert.

Das dem herrschenden Selbstverständnis Unbewußte, das Unausgesprochene, Unaussprechliche findet sich immer bei den Unterprivilegierten, den Randfiguren, den für unmündig Erklärten und Ausgestoßenen; da, wo Elend und Entwürdigung ein Subjekt, das sprechen könnte, gar nicht aufkommen lassen: bei jenen, die die niedersten und stumpfsinnigsten Arbeiten machen; in den Gefängnissen, Kasernen, in Kinder-, Jugend- und Altersheimen, in Irren- und Krankenhäusern. Und eben, lange Zeit: bei den Frauen, die beinahe sprachlos blieben. Ich halte es für falsch, alle Frauen zu einer »Klasse« zu erklären, wie manche Feministinnen es tun; aber wenn die Frauen der Arbeiter doppelt unterdrückt waren, so waren die der Herrschenden jedenfalls entmündigt – ob sie das wußten und wissen oder nicht. Auffallend, daß jene Frauen, die sich kurz vor und im Jahrhundert nach der Französischen Revolution ihren Eintritt in die Literatur erkämpften – oft unter Überanspannung ihrer Kräfte –, sich häufig in Tagebüchern und Briefen, im Gedicht, in der Reisebeschreibung ausdrücken, den persönlichsten und subjektivsten Literaturformen, auf Selbstaussage, Anrede und Dialog gegründet; Formen, in denen die Schreibende sich ungezwungener, auch geselliger bewegen kann als in den Strukturen von Roman und Drama. Davon zu schweigen, daß die überwältigende – richtiger: überwältigte – Mehrzahl begabter Frauen weder jene äußeren Bedingungen vorfand, noch das Minimum an Selbstbewußtsein aufbringen konnte, das allerdings Voraussetzung ist, um sich Zutritt zu jenem »Literatur« genannten Gebilde zu verschaffen (was etwas anderes als schreiben ist). Dafür – stellvertretend – gibt es im 19. Jahrhundert diese innigen Bündnisse zwischen Künstlern und gebildeten Frauen – Außenseiterbündnisse, zusammengehalten durch den Druck der Isolation, in die eine unerbittlich auf Effizienz eingeschworene Gesellschaft diejenigen ihrer Glieder treiben muß, die in zweckfreier Tätigkeit, zum Vergnügen und zur Ausbildung eigener Anlagen produzieren wollen. Einsamkeit, Esoterik, Selbstzweifel, Wahnsinn, Selbstmord: Lebens- und Todesverläufe schreibender Männer und Frauen, die als Muster, wenn auch vielfältig modifiziert, bis in unsere Tage wirken. Auch wir können nicht – töricht, es zu leugnen – der Marxschen Voraussetzung für nichtentfremdete Existenz genügen: »Setze den *Menschen* als *Menschen* und sein Verhältnis zur Welt als ein menschliches voraus, so kannst du Liebe nur gegen Liebe austauschen, Vertrauen nur gegen Vertrauen etc.« Ja: Ökonomisch und juristisch sind wir den Männern gleichgestellt, durch gleiche Ausbildungschancen und die Freiheit, über Schwangerschaft und Geburt selbst zu entscheiden, weitgehend unabhängig, nicht mehr durch Standes- und Klassenschranken von dem Mann unserer Wahl getrennt; und nun erfahren wir (wenn es wirklich Liebe ist, was wir meinen, nicht Besitz und Dienstleistung auf Gegenseitigkeit), bis zu welchem Grad die Geschichte der Klassengesellschaft, das Patriarchat, ihre Objekte deformiert hat und welche Zeiträume das Subjektwerden des Menschen – von Mann und Frau – erfordern wird. Immer noch müssen viele Frauen sich verstellen, damit ihre Liebe zum Tauschwert für das unreife Liebesverlangen vieler Männer werden kann (»Man muß den Männern etwas vorspielen, sonst verschreckt man sie«).

Das Buch von Maxie Wander belegt, ohne darauf aus zu sein, eine bedeutsame Erscheinung: Erst wenn Mann und Frau sich nicht mehr um den Wochenlohn streiten, um das Geld für eine Schwangerschaftsunterbrechung, darum, ob die Frau »arbeiten gehn« darf und wer dann die Kinder versorgt; erst wenn die Frau für ihre Arbeit genauso bezahlt wird wie der Mann; wenn sie sich vor Gericht selbst vertritt; wenn sie, wenigstens in der öffentlichen Erziehung, als Mädchen nicht mehr auf »Weiblichkeit« dressiert wird, als ledige Mutter nicht von der öffentlichen Meinung geächtet ist: erst dann beginnt sie, belangvolle Erfahrungen zu machen, die sie nicht allgemein, als menschliches Wesen weiblichen Geschlechts, sondern persönlich, als Individuum betreffen.

Die gesellschaftlichen Widersprüche, die bisher die Tendenz hatten, sie aufzureiben, zu überrollen, treten jetzt in der subtileren Form des persönlichen Konflikts an sie heran, für dessen Lösung ein Rollenverhalten ihr nicht vorgegeben ist. Jetzt steht sie vor einer Vielfalt von Möglichkeiten, auch von möglichen Irrtümern und Risiken. Dieses Buch bietet Beispiele dafür, wie unterschiedlich ältere und junge Frauen auf diese Situation reagieren. Die siebenundvierzigjährige Jugendfürsorgerin (»Karoline«): »Unsere Selbstverständichkeiten heute, die waren für uns Luxus, täglich Brot haben, uns Schuhe kaufen können, eben als Mensch behandelt werden. Aus diesem Grund kann es nur *meine* Gesellschaftsordnung sein«. »Erika«, die einundvierzigjährige Dramaturgieassistentin, fragt sich: »Vielleicht ist das Emanzipation, daß Dinge, die früher zu Katastrophen geführt haben, heute kein Problem mehr sind. Daß eine Frau sagen kann: Wenn du nicht mitmachst, dann mach ich das alleine. Obwohl das nicht einfach ist.«

Obwohl es nicht einfach ist, fangen diese Frauen an, klassische Tragödienstoffe andersherum zu erzählen: »Er ist mir gleichberechtigt, weil ich ohne ihn ja auch leben könnte.« Der einfache

Rollentausch macht sie nicht glücklich. »Ich habe mich männlich verhalten, habe die Vorrechte der Männer genützt«: weiblicher Don-Juanismus, der zum gleichen Ergebnis führt – oder die gleiche Ursache hat – wie der männliche: Unfähigkeit zu lieben. Obwohl es nicht einfach ist, unterdrücken Frauen das angelernte Schutzbedürfnis und »stehen ihren Mann«; entdekken, daß es nicht immer ihre Schuld ist, wenn sie sexuell unbefriedigt bleiben; finden heraus, daß Frauen »mit ihrem ganzen Körper begreifen« müssen. (Diese Entdeckung, noch sehr verletzlich, sehr wenig gefestigt, sollten wir hüten; sie könnte, vielleicht, dazu beitragen, den erbarmungslosen, menschenfremden Rationalismus solcher Institutionen wie Wissenschaft und Medizin wenigstens in Frage zu stellen.) Obwohl es sehr schwierig ist, finden sie heraus, daß auch Frauen einander lieben, miteinander zärtlich sein können. Daß sie den Rückzug des im Außendienst starken Mannes auf infantiles Verhalten in ihren Armen nicht mehr decken wollen. Also fliehen sie das »enge Schlafzimmer«, in das sie mit ihrem Mann »verbannt« sind, finden sich mit der Gefühlsverkümmerung nicht mehr ab, an der viele Männer durch generationenlangen Anpassungszwang an »zweckmäßige« Verhaltensweisen leiden, verweigern die Mutterrolle und lassen sich scheiden.

Sie zahlen für ihre Unabhängigkeit mit einem schwer erträglichen Schmerz, oft mit Alleinsein, immer mit zusätzlicher Arbeitslast, meist mit schlechtem Gewissen gegenüber Mann, Kindern, Haushalt, Beruf, dem Staat als Über-Mann. Erst wenn wir – unsere Töchter, Enkel – nicht mehr schlechten Gewissens sind, werden wir wirklich gewissenhaft handeln, erst dann werden wir den Männern helfen können, jenen Unterordnungs- und Leistungszwang wahrzunehmen, der vielen von ihnen, historisch bedingt, zur zweiten, verbissen verteidigten Natur geworden ist. Erst dann werden die Männer ihre Frauen wirklich erkennen wollen. »Ich habe noch keinen gekannt, der dahinterkommen wollte, wie ich wirklich bin und warum ich so bin.«

Diese Frauen sehen sich nicht als Gegnerinnen der Männer – anders als bestimmte Frauengruppen in kapitalistischen Ländern, denen man ihren oft fanatischen Männerhaß vorwirft. Wie aber sollen sie gelassen, überlegen, möglichst noch humorvoll sein, wenn sie der primitivsten Grundlagen für eine unabhängige Existenz entbehren? Besonders, wenn eine starke Arbeiterbewegung fehlt, werden Frauen in sektiererische, gegen die Männer gerichtete Zusammenschlüsse getrieben; meinen sie, die Männer mit den gleichen Mitteln bekämpfen zu müssen, mit denen die Männer jahrhundertelang sie bekämpft haben. Aber sie sind ja – glücklicherweise – nicht im Besitz dieser Mittel; sie sind im Besitz eines durchdringenden Ohnmachtsgefühls; entrechtet, versuchen sie ihr Selbstgefühl den Männern zu entziehen; ihr Weg zur Selbstfindung führt oft über den Rückzug auf das eigene Geschlecht; es muß ihnen schwerfallen, in ihren Entwürfen die ganze Gesellschaft zu umgreifen. Und doch: wieviel Solidarität untereinander, wieviel Anstrengung, die eigene Lage zu erkennen, wieviel Spontaneität und Erfinderlust in ihren Selbsthilfeunternehmen, wieviel Phantasie, welche Vielfalt. Ich kann nicht finden, daß wir in der DDR gar nichts davon zu lernen hätten.

Durch viele Anzeichen, nicht zuletzt in diesem Buch, kündigt sich nämlich bei uns ein Ungenügen vieler Frauen an: Was sie erreicht haben und selbstverständlich nutzen, reicht ihnen nicht mehr aus. Nicht mehr, was sie haben, fragen sie zuerst, sondern: wer sie sind. Sie fühlen, wie ihre neue Rolle sich schon zu verfestigen beginnt, wie sie sich in den Institutionen plötzlich nicht mehr bewegen können; ihre Lebenslust ist groß, ihr Wirklichkeitshunger unersättlich. Also berühren sie, tastend noch, die neuen Tabus, denn die Veränderungen werden immer da am heftigsten weitergetrieben, wo sie am tiefgreifendsten waren. Die Möglichkeit, die unsere Gesellschaft ihnen gab: zu tun, was die Männer tun, haben sie, das war vorauszusehn, zu der Frage gebracht: Was *tun* die Männer überhaupt? Und will ich das eigentlich? – Nicht nur, daß sie kritische Fragen an Institutionen stellen – die Jüngeren unter ihnen besonders an die Schule –; nicht nur, daß sie sich auflehnen gegen Verantwortungsentzug am Arbeitsplatz, der zu Resignation führt: »Wenn einer die Zusammenhänge nicht sehen darf, kann er auch nicht verantwortlich gemacht werden, dann kann er auch keine anständige Arbeit leisten.« Sie beginnen darüber nachzudenken, was ihr Leben aus ihnen gemacht hat, was sie aus ihrem Leben gemacht haben. »Wenn man sich lange auf Leistung trimmt, zerstört man etwas Wichtiges in seiner Persönlichkeit.« »Wenn ich nicht arbeite, bin ich mir selber fremd.« »Man ist nicht glücklich, wenn man so gespalten ist wie ich.« »Ich bin vollkommen verkrustet.« Dagegen, als Abwehr der neuen Losungen jüngerer Frauen: »Spontaneität ist eine Angelegenheit von verrückten Männern und Frauen.« Und – ein Kleistscher Satz, gesprochen von einer Kellnerin –: »Aber auf einmal fühle ich mich so fremd unter den Menschen.«

So spricht die Minderzahl. Mit anderen Sätzen, die man finden kann, dagegen ins Feld zu ziehen, hätte keinen Sinn. So äußert sich ein neues Zeit- und Lebensgefühl (übrigens auch bei jungen Männern). Frauen, durch ihre Auseinandersetzung mit realen und belangvollen Erfahrungen gereift, signalisieren einen radikalen Anspruch: als ganzer Mensch zu leben, von allen Sinnen und Fähigkeiten Gebrauch machen zu können. Dieser Anspruch ist eine große Herausforderung für eine Sozietät, die, wie alle Gemeinwesen des Zeitalters, ihren Gliedern mannigfache Zwänge auferlegt, zum Teil auferlegen muß; immerhin hat sie selbst, wissentlich oder nicht, diesen Anspruch geweckt; mit Frauenförderungsplänen, mit Krippenplätzen und Kindergeld *allein* kann sie ihm nicht mehr begegnen: auch damit nicht, glaube ich, daß sie mehr Frauen in jene Gremien delegiert, in denen überall in dieser Männerwelt, auch in unserem Land, die »wichtigen Fragen« von Männern entschieden werden. Sollen Frauen es sich überhaupt wünschen, in größerer Zahl in jene hierarchisch funktionierenden Apparate eingegliedert zu werden? Rollen anzunehmen, welche Männer über die Jahrhunderte hin so beschädigt haben? Obwohl es ja Frauen gibt wie jene Dozentin und Abgeordnete (»Lena«, 43), die die »Fassade« solcher Rollen niederreißt, die Berührungsangst durchbricht: »Ich verringere den Abstand automatisch, bis ich den Menschen ein Vertrauter bin. Diesen ganzen Autoritätszauber halte ich doch für eine Farce, für die kein vernünftiger Mensch Bedarf hat. Diesen Widerspruch gibt es bei allen, die öffentlich wirksam sind. Man wird ständig in Zwiespalt kommen zwischen Autoritätsdenken und dem Sich-selbst-geben.«

Hoffentlich wird erkannt, wie wichtig die Sensibilität von Frauen für solche Widersprüche uns allen sein muß. Die Verhältnisse in unserem Land haben es Frauen ermöglicht, ein Selbstbewußtsein zu entwickeln, das nicht zugleich Wille zum Herrschen, zum Dominieren, zum Unterwerfen bedeutet, sondern Fähigkeit zur Kooperation. Zum erstenmal in ihrer Geschichte definieren sie – ein enormer Fortschritt – ihr Anderssein; zum erstenmal entfalten sie nicht nur schöpferische Phantasie: Sie haben auch jenen nüchternen Blick entwickelt, den Männer für eine typisch männliche Eigenschaft hielten.

Ich behaupte nicht, Frauen seien von Natur aus mehr als Männer vor politischem Wahndenken, vor Wirklichkeitsflucht gefeit. Nur: Eine bestimmte geschichtliche Phase hat ihnen Voraussetzungen gegeben, einen Lebensanspruch für Männer mit auszudrücken. Natürlich wird Aggression und Angst frei, wenn man alte Bilder – besonders die von sich selbst – zertrümmern muß. Aber wir werden uns daran gewöhnen müssen, daß Frauen nicht mehr nur nach Gleichberechtigung, sondern nach neuen Lebensformen suchen. Vernunft, Sinnlichkeit, Glückssehnsucht setzen sie dem bloßen Nützlichkeitsdenken und Pragmatismus entgegen – jener »Ratio«, die sich selbst betrügt: Als könne eine Menschheit zugleich wachsende Anteile ihres Reichtums für Massenvernichtungsmittel ausgeben und »glücklich« sein; als könne es »normale« Beziehungen unter Menschen irgendwo auf der Welt geben, solange eine Hälfte der Menschheit unterernährt ist oder Hungers stirbt. Das sind Wahnideen. Es kommt mir vor, daß Frauen, denen ihr neu und mühsam erworbener Realitätsbezug kostbar ist, gegen solchen Wahn eher immun sind als Männer. Und daß die produktive Energie dieser Frauen deshalb eine Hoffnung ist. »Die großen Sachen«, sagt eine von ihnen in diesem Band, »die stehen ja doch nicht in meiner Kraft, ich mach mir da keine Sorgen«!

Zwei ihrer Gefährtinnen treten mit ihr in einen Dialog. Die eine, »Ruth«, eine zweiundzwanzigjährige Kellnerin: »Ich frage mich manchmal: Welche Gesellschaft bauen wir eigentlich auf? Man hat doch einen Traum. Ich träume: Die Menschen werden wie Menschen miteinander umgehn, es wird keinen Egoismus mehr geben, keinen Neid und kein Mißtrauen. Eine Gemeinschaft von Freunden. Noja. Jemand wird doch dann da sein, der ja zu mir sagt.« Und die Physikerin (»Margot«, 36), die jetzt malen muß: »Ich würde meine Vision malen: die Angst, wie das menschliche Leben entarten kann, wie die Dinge den Menschen aushöhlen. Wie Menschen massenweise in ihren Betonzellen hausen, und keiner hat Zugang zum anderen ... Wieder Isolation.«

Zwischen solchen Alternativen leben wir, Männer, Frauen, besonders die Kinder. Wie können wir Frauen »befreit« sein, solange nicht alle Menschen es sind?

Lena K., 43, Dozentin an der Hochschule für bildende Künste, verheiratet, drei Kinder
Das Rädchen Partnerschaft

Letzte Nacht habe ich einen meiner Kafka-Träume gehabt. Die träume ich immer dann, wenn ich am Verdursten bin. Ein Traum von sanfter Liebe mit einem, dessen Gesicht ich nicht sehe. Und ich renne früh in die Stadt, wo sie am dichtesten ist, und ich will ihn wiederfinden. Aber ich habe einen dicken Bauch und eine alte Brust, und es ist zu spät. Von diesem Mann habe ich schon als Kind geträumt, und dieses Verlangen nach dem Absoluten habe ich bis heute. Ich hatte unbeschreibliche Sehnsucht, wenn mich einer mit dem Finger berührte, aber wenn er dann Besitz von mir ergriff, war ich tot und ausgelöscht. Dieses weite Feld zwischen der Fingerspitze und der Umarmung habe ich nie in Ruhe durchschreiten können. Ich hatte immer das Gefühl, ich laufe den Ereignissen hinterher, ich kriege keine Luft.

Für einen einzigen Menschen war ich *die* Frau, er hat mich wirklich erkannt. Das war Clemens, mein erster Mann. Und er ist tot. Die andern waren nur von dem Trieb beherrscht: Man muß eine Frau nehmen. Die haben nach Klischee geliebt, ich habe mitgemacht, auch nach Klischee, aber dann war ich ironisch, dann war ich bösartig. Ich erwarte von einem Mann nicht, daß er einen Orgasmus auslöst bei mir, so etwas geschieht schnell. Ich erwarte die seelische Berührung, das Gefühl: Ich habe dich erkannt, ich brauche gerade *dich* in diesem gemeinsamen Stück Leben.

Ich habe mich immer dagegen gewehrt, daß die Männer uns einteilen in Frauen fürs Bett, Frauen für das geistige Gespräch und Frauen, die ihr Innenleben verstehen, die Mütterlichen. Wenn manche Männer mit einer Frau geschlafen haben, kommt sie als Gesprächspartnerin nicht mehr in Betracht. Andere Männer können sich mit einer Frau nur einlassen, wenn sie ihre eigenen Gefühle auf Eis legen. Wenn man bei diesen Leuten schlecht in Schwung kommt, werfen sie einem vor, man ist verklemmt oder nicht emanzipiert genug. Es herrscht ja ein ziemliches Durcheinander in unseren Vorstellungen. Ich habe mich eigentlich immer danach gesehnt, einen Mann zu finden, dem ich alles sein kann und der mir alles sein kann. Doch das bleibt ein Traum. Wir haben noch immer geringere Möglichkeiten als die Männer, uns allseitig zu entwickeln.

Trotzdem habe ich mich in gewisser Hinsicht sehr männlich verhalten, ich habe die Vorrechte der Männer benutzt. *Ein* Mann reichte mir nie. Ich brauchte immer einen für den Körper, einen für den Geist und einen für die Seele. *Ein* Mann hätte das schwerlich leisten können. Ich habe viele Männer durchprobiert, an der einen oder anderen Stelle. Das ist eine Art Don-Juan-Bedürfnis geworden, nicht in Hinsicht von Leichtfertigkeit, sondern eher von Nichtankommen und Immer-schneller-laufen-Müssen, Immer-mehr-Mitnehmen, Immer-mehr-Angst-Haben.

Weil ich so eine Walkürenfigur bin, glaubt jeder, mich wirft nichts um. Jeder weint sich an meinem Busen aus. Mir fällt ein Traum ein. Ich nehme Träume ernst, weil sie mir verraten, was man sonst nicht ohne weiteres über sich erfährt. Ich träume, ich liege mit meinem zweiten Mann auf einer Sommerwiese, die von einer Mauer umzäunt ist. Auf einmal ziehen lange Giraffenhälse draußen vorbei, und dann trottet eine Herde vorsintflutlicher Riesentiere auf uns zu. Walter nuckelt vor Entsetzen an seinem Daumen. Seine Schwäche macht mich mutig, ich verscheuche die gefährlichen Tiere. Dann mache ich mich groß mit meiner angeblichen Furchtlosigkeit. Warum glauben sie einem so leicht, daß man keine Angst hat? Warum muß ich immer die anderen beschützen, sogar meinen Mann, warum beschützt *mich* keiner?

Man müßte beides können: dienen *und* herrschen. Ich glaube, daß starke Persönlichkeiten eher zum Dienen fähig sind. Wenn du in der Lage bist, andere in den Griff zu bekommen, dann bist du auch in der Lage, dich anderen unterzuordnen. Oberflächlich gesehen, bin ich nicht zum Dienen geboren, weil ich noch niemanden gefunden habe, vor dem ich in die Knie gehen könnte. Vielleicht bleibt letzten Endes nur Gott, dem man sich

ohne Vorbehalte ausliefern könnte? Der erste Mann in meinem Leben war tatsächlich der liebe Heiland, dem habe ich treu gedient. Jede sinnliche Regung war Sünde. Ich habe gelernt, daß ein Mädchen nur durch Klugheit wirken kann. Vielleicht werde ich das nie los. Ich schäme mich immer ein wenig, wenn sich Sinnlichkeit bei mir bemerkbar macht. Gerade weil mein Körper so verteufelt wurde und mir so zu schaffen machte, will ich ihn benutzen. Ich habe meine Wirkung auf Männer immer nur als Intellektuelle erzielt, und dann waren sie überrascht, als sie ein weiches, weibliches Wesen dahinter fanden.
Mein Vater tolerierte den religiösen Fanatismus meiner Mutter, obwohl er Kommunist war. Er war auf seine Weise auch ein Fanatiker, er kämpfte zeit seines Lebens für die geistige Freiheit der Menschen und weniger dafür, daß die Menschen satt wurden oder frei über ihren Körper verfügen konnten. In geschlechtlicher Hinsicht war er Puritaner wie meine Mutter. Wahrscheinlich war ihr Geschlechtsleben vollkommen unterentwickelt. Vater kam aus dem KZ, als ich zwölf war. Ich halte es für möglich, daß sich seine Angst und sein Mißtrauen auf mich übertragen haben. Er konnte die entsetzlichen Erlebnisse nicht vergessen und versuchte, sie zu bewältigen, indem er sie mir und meiner Mutter erzählte. Ich erinnere mich an diese immer wiederkehrenden Berichte, die mir die Sonne verdunkelten. Ich war grausam überfordert, und so ist es vielleicht verständlich, daß ich mich dem lieben Heiland unterwarf, als einzige Rettung. Ich habe während meiner Jugend in drei Welten gelebt, in der Welt meines Vaters, im Inferno, in der wirklichen Welt der Lebenden, zu der ich wenig Zugang fand, und in den himmlischen Weiten meiner Mutter, die besonders eng waren. Aus diesem Dilemma hat mich eigentlich niemand herausgeführt, auch nicht mein erster Mann, der sehr irdisch war. Er war als Sechzehnjähriger in den Krieg geschickt worden und sprach nie über seine Erlebnisse. Vorher galt er als ein schüchterner, finsterer Junge, aber nach dem Krieg war er verwandelt. Er blieb heiter und glücklich, solange er lebte. Jede Arbeit, die sich ihm bot, erledigte er gern, nie klagte er über etwas. Mich wollte er durch Liebe heilen, und vielleicht wäre es

ihm gelungen, wenn er am Leben geblieben wäre.
Walter, mein zweiter Mann, war noch ein Baby, als mein Vater ins KZ kam. Vielleicht sind wir gerade durch seine Unschuld so entfernt voneinander. Ich leide geradezu unter meiner Verantwortung ihm gegenüber. Ich will ihn um gefährliche Klippen herumführen, er aber ist ein Phänomen und kein Charakter, er zerfließt mir unter der Hand. Daher rührt vielleicht mein Bedürfnis, ihn einmal in den Griff zu bekommen. Ich glaube nicht, daß er ohne mich auskommen kann, so wie meine Söhne. Man darf sich nicht täuschen lassen von seinem Drang, davonzulaufen und verrückte Dinge anzustellen. So etwas hat ein Mensch, der seiner sicher ist, nicht nötig. Im Grunde hat er kein Vertrauen zu meinen Fähigkeiten, unser Leben zu organisieren. Er klagt nur: Du wirst schon sehen, was du dir aufhalst, nimm nur keine Rücksicht auf mich, vergleiche nur ja keine Terminkalender ... Ich weiß aber, daß das alles geht, er darf mir nur nicht ständig die Hoffnung nehmen. Und mich ständig ablenken mit den dümmsten Geschichten. Diese ewigen Frauengeschichten, ich weiß nicht, was er mir damit beweisen will. Es ist eben seine Art von Emanzipation, wie er sie vor Jahren seiner Schwester gegenüber betrieben hat. Sie führt in die Sackgasse, aber ihn interessiert das nicht, er läuft Amok. Seitdem ich meine neue Funktion habe, ist unser Zusammenleben noch schwieriger geworden.
Er möchte fünf Schlüssel für sein Heim in der Tasche tragen, jeden Menschen empfindet er als Eindringling. Viele behaupten wie du, er wirbt um mein Verständnis. Ich merke nur, daß ihn alles anwidert, was ich mache. Wenn ich sage, schau, wie schön die Blumen sind, sagt er, red keinen Blödsinn, Lena, dich interessieren ästhetische Dinge gar nicht, dir ist es egal, ob ein Bild gerade oder schief hängt oder ob die Tasse angeschlagen ist, aus der du trinkst. Du bist ein richtiger Wagner, dich interessiert nur das Gespräch, da kann die Welt darüber untergehen, ich und alles kann zerbrechen, du siehst es nicht. Und das stimmt nicht, so ausschließlich bin ich nicht. Ich hasse diese Art von Sicherheit, daß man entweder das eine oder das andere ist. Ich weiß, daß sich Dinge und Menschen ständig verändern.

Walter aber sagt: So bin ich eben, so mußt du mich nehmen. Ich sage: Das kann ich nicht, ich weiß, du warst gestern anders, und morgen wirst du wieder anders sein. Ich will ihm Spielraum gewähren, aber er möchte, daß jedes Ding, jeder Mensch seinen festen Platz und seinen Namen hat, ein für allemal. Für ihn ist die Geborgenheit das wichtigste, sein Heim, seine Ordnung. Er ist von seiner älteren Schwester großgezogen worden. Seine Mutter starb während seiner Geburt, sie war weit über vierzig. Der Vater, der sie sehr geliebt hat, hat sich daraufhin an die Front gemeldet und ist nicht mehr zurückgekommen. Die Schwester war aber sehr widerspruchsvoll, und Walter ist nie flügge geworden. Als wir uns kennenlernten, das war sehr merkwürdig. Ich kam aus dem Sterbezimmer von Clemens. Da hat mir ein Fremder die Tür aufgehalten und mich in ein Taxi gesteckt. Wir sind zu meiner Freundin gefahren, bei der ich die Kinder gelassen hatte. Wir standen im Flur, dieser magere schweigsame Junge und ich, nicht mehr jung, und auf einmal erinnerte sich mein Körper an eine Silvesternacht, die ich vor Jahren mit ihm verbracht hatte. Da war er zwanzig und studierte. Bevor mein Hirn noch begreifen konnte, daß Clemens tot war, wurde Walter mein Opium. Diese wahnsinnigen sexuellen Wochen fielen auch für Walter in eine Zeit, die wichtig für ihn war. Er hatte ziemlichen Krampf mit seiner Schwester, und nun kam er aus meinem Bett überhaupt nicht mehr heraus. Schließlich gehörte er zur Familie und blieb ganz bei uns. Meine Söhne haben ihn übrigens nie akzeptiert. Für sie blieb Clemens ihr Vater. Im Grunde ist das auch meine Haltung. Ich habe weder Clemens' Tod noch den meines Vaters bewältigt, deshalb kann ich dir nichts dazu sagen.
Auf Walters Körper bin ich noch immer wild wie eh und je. Aber solange er mir sicher war, hab ich nicht sehr auf ihn geachtet. Ich hatte fast immer irgendeine Beziehung als Ventil. Ich konnte meine überschüssige Kraft, meine überschüssigen Fragen an anderer Stelle loswerden, deshalb brauchte ich Walter gegenüber nie fordernd zu werden. Wir konnten sonntags in Ruhe zusammen frühstücken, wir konnten Musik hören, ohne Debatten. Da verlief unser Nebeneinanderleben relativ fried-

lich. Ich hab mir aber nie eingebildet, besonders glücklich zu sein. Man ist nicht glücklich, wenn man so gespalten ist wie ich. Weißt du, was er sagt? Ich will nicht nur diese besonders geeignete Vorrichtung für dich haben, ich will dir ein Partner sein auf der ganzen Linie. Seine Männlichkeit erträgt es einfach nicht, daß ich weitgehend unabhängig von ihm bin. Du siehst, ich komme immer wieder auf Walter zu sprechen, die Quelle fließt nicht, aus der man trinken könnte. Die halbe Stadt spricht von seinen kindlichen Eskapaden. Es ist, als ob er alles zerstören will, was ich mir aufgebaut habe. Es ist zum Verrücktwerden. Ich weiß nicht einmal, warum er sich mir unterlegen fühlt. Ein Remis zwischen Persönlichkeiten wird es selten geben. Im Grunde fühle ich mich ihm unterlegen. Das ist der Witz: Der einzige Mensch, der sich mir immer entziehen wird, das ist Walter. Er gibt sein Geheimnis nicht preis. Und wenn man mit Streicheln etwas nicht öffnen kann, zerschlägt man es. Ich weiß nicht, ob das noch produktiv ist, ich weiß bloß, daß meine Kraft aus einer reinen Quelle kommt, die durch die Umstände verunreinigt wurde. Manchmal bleibt einem nur die Wahl zwischen Aggressivität oder Resignation. Ich frage mich, was er eigentlich will. Er hat seine berufliche Spezialstrecke, um die ihn viele beneiden. Er geht zwar nicht auf in seiner Arbeit, wie ich, aber er leistet eine Menge. Wenn er einmal krank ist, klingelt zu Hause den ganzen Tag das Telefon, weil sie ohne ihn nicht zurechtkommen. Ich halte mich ernsthaft für verstümmelt, weil ich keine Spezialstrecke habe wie Walter. Ich habe mich verzettelt. Ich gehöre zu den Menschen, deren Fähigkeiten ziemlich breit angelegt sind und die sich für nichts entscheiden, die auf keinem Gebiet wirklich hervorragend sind.
Der allseitig entwickelte Mensch mit der breiten Skala bin ich aber auch nicht. Ich werde immer leerer. Ich kann mir immer weniger Bildung aneignen. Was ich in immer stärkerem Maße kann, das ist: Impulse geben, Dinge vermitteln, die nicht erlernbar sind. Die Leidenschaft für die Kunst zum Beispiel. Ich staune immer wieder, wenn ich sehe, wie sich Menschen von mir faszinieren lassen. Ich muß mich jeden Tag von neuem behaupten, weil ich ständig an mir zweifle. Aber die Menschen

verlangen Fassade. Nur starke Menschen können ihre Unsicherheit gelassen tragen wie einen alten Hut. Sobald ich Menschen näher kennenlerne, habe ich das Bedürfnis, mich privat und unmittelbar zu geben, mich ihnen auszuliefern. Ich will dann diesen ersten Glanz nicht aufrechterhalten, weil ich ihn für eine Lüge halte. Ich verringere den Abstand systematisch, bis ich den Menschen ein Vertrauter bin. Diesen ganzen Autoritätszauber halte ich für eine Farce, für die kein vernünftiger Mensch Bedarf hat. Diesen Widerspruch gibt es bei allen, die öffentlich wirksam sind. Man wird ständig in Zwiespalt kommen zwischen Autoritätsdenken und dem Sich-selbst-Geben. Autorität ist im Grunde nur eine Rolle, in die man flüchtet, wenn man unsicher ist. Ich möchte mir selber beweisen, daß ich auch mit meinen Schwächen noch jemand bin und daß die andern mich mit meinen Schwächen akzeptieren. Die Menschen ertragen es aber nicht einmal, sich selbst nackt zu sehen. Sie denken und fühlen in Klischees.

Vorige Woche hätte ich einen Vortrag über Kunst halten sollen. Ich habe mich aber unter die Menschen gemischt und selber Fragen gestellt. Da war einer, der sagte: Das ist doch kein Vortrag über Kunst. Der wollte sich nicht selbst engagieren. Ich hatte da ein Tief, ich dachte: Du bist ja blöd, du vergibst dir die Chance, deine Souveränität zu wahren, wegen eines Spleens. Aber ich machte weiter, und zum Schluß sagte dieser junge Mann, der sehr ehrlich war: Irgendwas ist hier sonderbar, aber ich finde es aufregend, was heute mit uns geschehen ist. Natürlich, wenn man sich selbst in Frage stellt, wenn man die schützende Wand der Konvention durchbricht, kriegt man erst einmal Angst. Aber ich mache den andern vor, daß dieses Sich-in-Frage-stellen der Ansatzpunkt für jede Veränderung ist. Erst wenn man sich vom alten Krempel leer macht, hat man Raum für Neues und Besseres. Sicherlich, es ist eine Gratwanderung, die schiefgehen kann. Aber wenn ich es anders mache, verrate ich mich selber. Ich muß mit Ängsten bezahlen und mit Mißtrauen. Ich muß jeden Tag von neuem den Teufelskreis durchbrechen.

Manche Menschen lernen durch mich, ihr vorgeformtes, festes

Leben, das sie oft schlecht bewältigen, mit dem sie oft nichts anfangen können, in Frage zu stellen und nach etwas Neuem zu suchen, das ihren Bedürfnissen besser entspricht. Das materielle Leben allein kann die Menschen nicht befriedigen. Menschen, die nur an Konsum denken, ersticken eines Tages in ihm. Nun ist das Gespräch über die Kunst ja noch unüblich. Sich näherkommen mittels der Kunst, Persönlichkeit entwickeln mittels der Kunst, das gibt es eigentlich erst in unserer Gesellschaft. Es hat sein Gutes, daß es auf diesem Gebiet noch wenig Theorie gibt. Da haben die Menschen noch die Chance, aus sich selber zu schöpfen. Für festgefahrene Funktionäre ist das reizlos, es gibt ja noch keine fertigen Antworten. Das strengt alle ehrlich Beteiligten gewaltig an. Die Menschen beunruhigen, sie aufstören aus ihrer unschöpferischen Ruhe, sie zu Existenzfragen verleiten. Worauf ich stolz bin, weil es meine Lebendigkeit beweist, ist die Entdeckung, daß manche Menschen, mit denen ich beruflich zu tun habe, mich als unbequem empfinden. Sie begegnen mir mit Vorsicht oder Abwehr, weil ich ihr Versagen und ihre Leichtfertigkeit erkenne. Man kann ja eine Funktion so und so erledigen, und es ist schwierig, den Leuten nachzuweisen, daß sie schludrig arbeiten. Für mich bedeutet Funktionär sein, eine Sache verfechten, oft gegen den äußeren Widerstand von anderen Menschen. Wenn man das so engagiert tut wie ich, nicht nur in der Hochschule und im Rathaus, sondern auf der ganzen Linie, dann kann das eigentlich nicht lange gut gehen. Wenn ich Opportunisten begegne, macht mich das krank.

Eigentlich ist es immer die Angst vor der menschlichen Unaufrichtigkeit, die mich zu unwahrscheinlichen Aktivitäten treibt. Ich erinnere mich noch an die sonderbare Angst meiner Kindheit, ich könnte lügen, ich könnte nicht die volle Wahrheit sagen. Wenn mich einer was fragte, hab ich laut geweint und gedacht: Jetzt werde ich wieder lügen, es stimmt alles nicht, was ich sage. Es waren die einfachsten Dinge in Frage gestellt: Hunger, Durst, Wohlbefinden. Ich habe meine Mutter geschafft, indem ich alles, was ich sagte, für eine Lüge hielt. Ich weiß, daß ich sehr gut lügen kann. Ich habe solche Experimente gemacht. Ich habe Leute wahnsinnig belogen und kurz darauf gesagt: Stimmt alles nicht. Um ihnen zu beweisen, wozu ich fähig bin. Mir graut vor meinen eigenen Lügen genauso wie vor den Lügen anderer. Vielleicht haben die KZ-Erlebnisse meines Vaters dazu beigetragen, ich weiß das nicht. Vielleicht hat sich meine überforderte Kinderseele einen Altar errichtet, um makellos durch ein mögliches Fegefeuer gehen zu können. In einer grausamen Welt, die man weder durchschauen noch beeinflussen kann, kann man nur durch engelhafte Reinheit überleben. Es muß mir sehr schlecht gegangen sein, sonst hätte ich mich nicht so unterworfen.

Mein Leben wird eigentlich davon regiert, daß ich meiner Gesellschaft beweisen möchte, wie ich von dem, was ich tue, überzeugt bin. Ich klammere mich noch immer an Worte, an Parolen. Mein alter Kinderglaube: Wenn Menschen miteinander reden können, kann ihnen nichts Böses geschehen. Jetzt bin ich noch ein Kind, aber wenn ich größer und klüger und wortgewandter bin, dann wird sich alles klären. Dieser fast mystische Glaube an das Wort. Am Anfang war das Wort. Ich weiß schon lange, daß es nicht stimmt, aber ich möchte es so gerne noch glauben.

Vielleicht habe ich dieses ausgeprägte Bedürfnis nach Wahrheit, weil ich mich leicht verlieren und verwandeln kann. Ich identifiziere mich heute noch leidenschaftlich mit Theater- oder Romanfiguren. Tagelang spreche oder handle ich wie sie. »Wem die Stunde schlägt«, die Rolle des Mädchens habe ich lange gespielt, das Hineinkriechen in den Schlafsack, zu zweien, und dort geborgen sein. Es sind vor allem die Bücher meiner Jugend, die mich beeinflußt haben. Heute vergißt man ja so wahnsinnig schnell. Es waren bestimmte Rollen, die ich bevorzugt habe: die sensible, gescheiterte Frau, die mädchenhaft versponnene Frau, wie die Blanche in »Endstation Sehnsucht«, aber ohne ihre Hysterie, ohne ihre Sucht zum Untergang. An Selbstmord habe ich nie gedacht. Vielleicht nehme ich mich zu wichtig; ich glaube einfach an meine Fähigkeiten, die noch nicht ausgeschöpft sind. Ich kann mir nicht vorstellen, was passieren müßte, damit ich alles aufgebe. Vor meinem Tod habe ich aber keine Angst. Weißt du, wovor ich Angst habe? Im Krankenhaus liegen, ohne Bücher, ohne Musik, ohne Bilder, nur weiße Kittel sehn und Medikamente fressen und schlechte Gerüche. Ich habe Walter gebeten, mich dann herauszuholen, mir eine Händel-Platte aufzulegen und was vorzulesen. Dann sterbe ich ganz gern.

Meinen körperlichen Verfall zu erleben, das ist nicht einfach für mich. Meine Wirkung auf Männer läßt allerdings auch nach, weil ich echter geworden bin, farbloser, weniger exaltiert. Die Männer haben ja keine Zeit, genauer hinzuschauen. Im Grunde ist das Altern so natürlich wie die Brüste meiner Judith, die bald wachsen werden.

Es ist kein Zufall, daß ich noch nicht von Judith gesprochen habe. Dieses Kind ist Walter wie aus dem Gesicht geschnitten, schwarz und finster wie er und ein wenig zurückgeblieben. Ich habe meine Vorwürfe nie formuliert, weil sie unsinnig sind. Genausowenig wie ich den Tod von Clemens bewältigt habe, werde ich dieses Schicksal bewältigen. Unser nach außen so heiles Familienleben ist ein Drama. Auf der einen Seite stehen meine Söhne und ich, auf der anderen Walter und seine Judith. Ich habe nicht oft das Gefühl, daß sie mein Kind ist. Sie kommt zu mir, wenn sie Hunger hat oder wenn sie sich wieder das Knie aufgeschunden hat. Ich habe sie sechs Monate gestillt, viel länger als meine Söhne, sie hat meine Brüste leergesaugt. Das sind Dinge, die ich mit dem Intellekt nicht erfassen kann. Ich weiß, es ist ungerecht, aber mir bleibt nur die Liebe zu meinen Söhnen.

Meine Söhne waren schon mit fünf oder sechs Jahren selbständige Wesen. Mein Prinzip war, sie möglichst schnell auf eigene Beine zu stellen, damit ich nicht eine Mutter werde wie meine eigene, die kein Partner für ihre Kinder sein kann. Wir Frauen sind keine ewigen Ammen, wir haben ein Recht auf ein Eigenleben. Meine Söhne haben sehr früh begriffen, daß sie nicht meinetwegen lernen und daß ich ihnen ab einem bestimmten Alter nicht mehr helfen kann. Sie haben sich in ihrem Dachboden ein eigenes Reich geschaffen, in das ich nur hineingehe, wenn sie mich bitten. Niemals habe ich mich aufgedrängt, sie zu

kontrollieren, auch nicht ihre Schulaufgaben. Ich war aber immer da, wenn sie Fragen an mich hatten. Ich habe meine eigene Persönlichkeit entwickelt, anstatt sie einem fragwürdigen Erziehungsziel zu opfern. Diesbezüglich habe ich mir von Lehrern nie dreinreden lassen. Ich habe meinen Kindern den Rücken gestärkt gegen Forderungen von Lehrern, die ihnen an die Substanz gegangen wären. Die kleinen Tagesprobleme haben mich nie außer Rand und Band gebracht. Meine Söhne sind Kinder einer neuen Zeit, und ich bin mit so vielen Ressentiments und Zwängen behaftet, daß es eine Sünde wäre, sie davon trinken zu lassen.
Man muß die Kinder rechtzeitig abnabeln, sie in Sicherheit bringen vor den eigenen Müttern. Ich habe versucht, ihnen ein gesünderes Liebesverhältnis zur Umwelt beizubringen. Und wo ich es nicht vermochte, habe ich mich zurückgezogen und ihren eigenen unverdorbenen Trieben vertraut. Was ich jetzt aus meiner stillen Ecke heraus beobachte, ist ermutigend und zeigt mir, daß ich keine entscheidenden Fehler gemacht habe. Ich hatte immer Sorge, daß ich sie weit wegschieße von der Kunst durch die ständige Konfrontation mit ihr. Sie waren immer dabei, ich nahm sie sogar zu Vorlesungen mit, als sie noch klein waren, zu Ateliergesprächen und ins Theater. Ich habe ihnen aber nie etwas aufgezwungen, auch keine Verhaltensregeln für die Öffentlichkeit, deshalb sind sie ziemlich undressiert. Ich habe ihnen auch nie gesagt: malt, baut, spielt Klavier! Der eine hat die Malerei entdeckt, der andere spielt Klavier, aber nicht regelmäßig, nur zum Vergnügen.
Man braucht etwas, was über einen hinausreicht. Als ich sah, wie sich meine beiden schöpferisch mit ihrer Umwelt auseinandersetzten, als sie sich selber an die Hand nahmen, da hatte ich das beruhigende Gefühl: Der Sinn meines Lebens ist erfüllt, ich habe mich in meinen Kindern verwirklicht. Wie ist denn das mit der Selbstverwirklichung, die in aller Munde ist? Ich glaube daran, daß so etwas möglich ist, sonst würde ich nicht aufstehen in der Früh. Ich sehe die Selbstverwirklichung des Einzelnen aber nur in einem sinnvollen Verhältnis zur gesellschaftlichen Selbstverwirklichung. Ich meine, wenn ich morgen meine Do-

zentenstelle niederlege, dann gibt es vorerst keinen, der diesen Platz ausfüllen kann, dann werden meine Studenten auf Trokkenkost umgestellt. Wenn ich also beabsichtige auszusteigen, dann muß ich mich persönlich für einen adäquaten Nachfolger verantwortlich fühlen, dann erst kann ich an mich denken. Natürlich, Menschen in der Produktion sind austauschbar, Selbstverwirklichung ist für sie noch nicht möglich, trotzdem glaube ich, daß jeder auf seinem Platz etwas verändern kann. Ich habe das Bedürfnis, meinen Wirkungsbereich zu erweitern, weil ich als Persönlichkeit ja reife. Doch was ich nicht übersehen kann, was ich nicht weiß, das macht mich auch nicht heiß. Ich stecke meine Nase nicht in alle Angelegenheiten.
Es gab bei mir einen wichtigen Qualitätssprung. Ich habe allmählich gemerkt, mit einem gewissen Glücksgefühl, daß alles, was mir begegnet, seine Gesetzmäßigkeit hat. Gewisse Charaktere ziehen gewisse Schicksale nach sich. Schließlich haben auch diese miesen Geschichten mit Walter mich weiter gebracht. Alles, was ich jetzt mache, und das ist nicht wenig, mache ich nicht als Reaktion auf die Unverträglichkeit meines Lebens, sondern weil ich es machen *muß*. Früher habe ich denen recht gegeben, die das so sehen wollten: Wenn Frauen sich wohl fühlen in ihrer Arbeit und wenn sie abends gar nicht nach Hause gehen wollen, muß es sexuell nicht stimmen. Also Arbeit als Kompensation. – Es ist sagenhaft, mit wieviel Mißgunst und Haß manche Frauen ihren Geschlechtsgefährtinnen begegnen, wenn diese ein Stück weitergekommen sind als sie selber. Ich muß dir sagen, ich habe Frauen nie besonders gemocht. Frauen leiden oft unter Minderwertigkeitskomplexen, sie wittern überall Fallen und können nicht objektiv sein. Ich empfinde Frauen meist als ziemlich aufdringlich und unergiebig. Diesen Frauengesprächen in den Küchen bin ich immer entflohen. Auch beruflich habe ich lieber mit Männern zu tun. Ich mag die Unbequemen, die mir zum Beispiel sagen: Lena, du dramatisierst. Daß eine Freundschaft mit einer Frau überhaupt möglich ist, habe ich erst durch Anja erfahren. Bei ihr kam hinzu, daß sie mir körperlich sehr angenehm war. Sie sagte etwas über meinen Busen und meine schönen Arme, das war

neu für mich und berührte mich tief. Bei ihr kann ich mich geben, wie ich bin, wir sind gleichberechtigte liebende Partner. Wenn gelegentlich Allergien hochkommen, können wir uns aus dem Wege gehen. Wir sind nicht angewiesen auf diese gemeinsame Wohnung, auf dieses enge Schlafzimmer, in das ich mit Walter verbannt bin.

Wie kann ich auf der beruflichen Strecke einwandfrei funktionieren, wenn die privaten Bereiche nicht funktionieren? Du meinst, ein Mensch kann nicht funktionieren wie eine Maschine? Vielleicht stößt du dich an dem Wort. Ich habe drei Hauptangriffsflächen, wo ich einfach funktionieren *muß*. Das ist die Arbeit als Funktionär, die kunstpädagogische Tätigkeit und die Familie. Da darf ich nichts durcheinanderbringen, weil das an verschiedene Seiten meiner Persönlichkeit appelliert. Unterbrich mich nicht. Wir sind von der Voraussetzung ausgegangen, daß wir uns *ganz* erhalten wollen, daß es auf die Dauer tödlich ist, wenn man unser Ich beispielsweise vom Prozeß der Arbeit trennt, ja? Aber ich mache doch nichts halb, jede Beschäftigung erfüllt mich. Wie kann ich Kunst lehren, ohne selbst Kunst zu machen, wie kann ich andere erziehen, ohne mich selbst zu erziehen, wie kann ich auf andere Menschen ausstrahlen ohne Liebe? Das alles ist nur möglich, wenn ich mich organisieren und disziplinieren kann, ja doch, wenn ich funktionstüchtig werde wie eine Maschine. Wenn das Rädchen Partnerschaft festgelaufen ist, steht alles still, dann ist jede Tätigkeit eine Farce. Natürlich, es sieht nach einem Widerspruch aus, wir sind ja voller Widersprüche. Ich revoltiere dauernd gegen mein Schicksal und gleichzeitig sage ich mir, daß man das alles in sein Leben einbauen muß, sonst ist man nicht der Rede wert. Wenn man begriffen hat, daß Leben nicht nur Spaß bedeutet, sondern auch Trauer, Verzweiflung, Ohnmacht und Angst, dann wird man einmal dahin kommen, alles zu akzeptieren. Man wird nicht nur mit dem Kopf, sondern mit seinem ganzen Körper begreifen, daß man alles einsaugen muß, damit unser Lebenssaft nicht austrocknet.

Und ich bleibe dabei, der Mensch hat einen angeborenen Trieb zur Wachsamkeit, sonst wäre er nicht lebensfähig. Im täglichen

Leben kann man nicht blind auf Gott vertrauen. In den letzten Monaten, als mir die Eskapaden meines Mannes massiv zusetzten, konnte ich nicht mehr auf die Straße gehn, ich verlor meine Funktionstüchtigkeit. Als Gegenreaktion setzte eine verstärkte Kontrolle meiner Umwelt ein, größeres Mißtrauen. Ich hatte mir ja bislang ein Maß an Offenheit bewahrt, wie das Vierzigjährigen nicht zukommt. Ich kann nicht mehr so tun, als wäre ich zwanzig, ich kann an neue Beziehungen nicht mehr unbefangen herangehen, ich kann meine Erfahrungen nicht auf den Müll schmeißen. Ich muß mir jetzt von vornherein überlegen, in welcher Beziehung ich am wenigsten von meiner mühsam geretteten Identität verlieren werde. Spontaneität ist eine Angelegenheit von Kindern und Verrückten. Ich sehe es so.
Das Bedürfnis, einmal loszulassen, ist groß. Ach, weißt du ... Man müßte wieder einmal von der Kommandobrücke herunter und unter die Passagiere gehen. Ich müßte das Schiff fahren lassen und in die Sonne schauen und auf das herrlich bewegte Leben um mich herum und mich als Teil des Ganzen fühlen, ohne Anspruch auf eigene Ganzheit. Dieses schöne Gefühl des Loslassens, das einem die Natur aufzwingt, damit man sich regenerieren kann, das hatte ich während meiner Schwangerschaften. Ich schlief, das Kind wuchs. Ich vertraute. Ich brauchte nicht seine Zellen zu zählen und sein Gesicht selbst zu modellieren. Ich vertraute. Ich war aus der quälenden Verantwortlichkeit entlassen. So etwas habe ich danach nie wieder erlebt.

Ute G., 24, Facharbeiterin, ledig, ein Kind
Großfamilie

Meine Eltern, fortschrittliche Menschen, wa, aber die Erziehung von uns Kindern – furchtbar! Die Mädchen mußten schuften, die Jungs hatten 'n feinet Leben. Nach dem Tod

meines großen Bruders haben meine Eltern den einzigen Jungen, den sie nu noch hatten, noch mehr verwöhnt. Der is rechthaberisch und jähzornig jeworden, sonst aber lieb und jut, wa? Meene kleene Schwester, mit der kann man allet machen, Sabine, mach det, Sabine, mach det, und allet ohne Widerrede. Meene große Schwester, die regt sich über die kleensten Dinge mächtig uff. Wenn die een Tag nicht schimpfen kann, isse nich jesund. Und meen großer Bruder, der tot is, bei dem ging's da rin und da raus. Der hat oft tagelang nich mit meen'n Eltern jesprochen, der is immer 'n selbständiger Charakter jewesen, und meene Eltern haben det respektiert, wa?
Und icke, na ja, ick weeß ooch nich. Irgendwie hab ick zu Hause nie 'ne klare Position jehabt. Ick hab immer allet jemacht wie Sabine, hab mich wejen nischt uffjeregt und bin vollkommen in dem Dreh dringeblieben. Ick wohn noch zu Haus. Und ick weeß jenau, in vielem würde ick janz anders handeln, wenn ick mit siebzehn rausgegangen wär. Mit mir haben sie keene Schwierigkeiten jehabt, schulisch und so. Ick hab mir nie irgendwelche Sachen jeleistet, wo man tadeln könnte. Ick hab immer fleißig jelernt und ooch sonst allet jemacht, wa? Mensch, nach der Schule immer gleich nach Haus, hab saubergemacht, bin nie wegjegangen, tanzen erst mit siebzehn, aber dann um neune nach Haus! Der reinste Zirkus.
Der große Einbruch ist erst gekommen, wie ick det Kind gekriegt hab, wa? Da ist die Welt für meene Eltern eingestürzt. Der erste Mensch, dem ick erzählt habe, daß ick'n Kind krieg, war mein großer Bruder. Dem hab ick immer allet anvertraut, der hat ein unheimlichet Verständnis jehabt. Ick hab nu Geld verdient, wa, und er war Lehrling. Ick hab ihm sehr verwöhnt und sehr verehrt. Deshalb hats mich ooch am meisten getroffen, wie er gestorben ist. Ick bin furchtbar erschrocken, wie er uff eenmal aussah, so blaue Lippen und Fingernägel. Er kam zu mir in die Küche, er möchte wat trinken. Die Lungenentzündung, die hat er überstanden jehabt, und uff eenmal ging det los. In eener Stunde war't vorbei. Ich hab noch'n Arzt geholt, der hat Wiederbelebungsversuche gemacht; Lungenembolie, und aus. Unsere Eltern waren uff Arbeit. Irgendwie isset janz komisch,

heute noch, ick kann von meen' großen Bruder nie reden, wie von eem, der tot is. Ick gloob immer, er is nur bei der Armee. Ick träum sogar von ihm, er steht da, und ick sag, wo warste denn so lange? Beim Grab war ick nur zweemal, det kann ick nich ertragen.

Aber ick bin selbständiger geworden, seit mein Bruder nicht mehr da ist. Früher hab ick mich immer mit ihm beraten. Und uff eenmal war ick gezwungen, wat alleene zu tun. Mein Vater ist ooch nich mehr der Größte, seit Ralph da ist. Der spielt mit ihm Schach und jewinnt, da wird der Absolutismus von meen' Vater janz schön anjekratzt. Meen Vater is unheimlich lustig, er trinkt gern een, und dann kriegt jeder allet von ihm. Keen Mensch tut ihm wat zuleide, zu allen hat er Vertrauen. Im Charakter bin ick ihm sehr ähnlich. Andererseits kann er ooch streng und konsequent sein. Früher fand ick et das Größte, det er immer allet wußte. Und wie er sich meiner Mutter gegenüber verhält. Meene Mutter is nich janz jesund, und da hat er ihr'n Bungalow gebaut! Hat uffn Auto verzichtet, hat 'n Bungalow gebaut! Trotzdem isser der Herr im Haus. Erst mal isser meener Mutter geistig überlegen, und zweitens is ooch jewesen, det meene Mutter mit Geld schlecht haushalten kann. Und daraus hat sich allet andere entwickelt. Ick seh det so: Meene Mutter kommt aus Eisenbahnerverhältnissen, politisch wenig engagiert. Als mein Vater sie geheiratet hat, war sie een kleenet Mädchen. Meen Vater kommt aus der Senftenberger Gegend, Kohlenkumpel, wa? Der Opa hat so 'n Charakter jehabt: Also, mein Sohn, det machste nich, Nazipartei und so, machste einfach nich! Zum Schluß war mein Vater noch eingezogen, aber er ist zurückgekommen und hat beim Rat zu arbeiten angefangen.

Meine Mutter war die ganze Zeit Hausfrau gewesen. Sie haben sich laufend in die Wolle jehabt. Erst als meen kleener Bruder jeboren war, hat sie in der Kinderkrippe ausjeholfen. Sie hat gesehen, welche Probleme andere Frauen haben, und uff eenmal war det zu Hause allet nich mehr so wichtig. Später fing sie beim Werk an, ganztags. Und da hamwa jestaunt, Mensch, Mutter macht sich! Sie is sogar Genossin geworden, und det

war *erste* Entscheidung. Manche Probleme verkraftet sie noch schlecht, zum Beispiel Parteilehrjahr. Schulbildung hat sie keene gehabt, und insofern schätze ick sie sehr, wie sie sich herausgemacht hat, aus so eener kleen' Hausfrau, janz im Schatten meines großen Vaters, wa? Und uff eenmal tritt sie gegen ihn uff! Bloß manchmal is sie so wat von kratzbürstig, da kann ick sie nich leiden. Da schimpft sie zum Beispiel uff den ollen Bungalow, wat sie zu tun hat mit dem Ding. Dabei weeß sie gar nich, wie gut sie's hat. Die kriegt in letzter Zeit so komische Anwandlungen. Nischt gegen ihre positive Entwicklung, aber nu ist sie in dem Dreh drin, nu muß sie sich ooch Sachen vom Exquisit koofen, det regt mich uff. Die hat uff eenmal keen Maß mehr.
Nee, ick möcht nich leben wie meene Mutter. Dabei war ick früher ooch janz schön spießig. Ich war zum Beispiel janz scharf uffs Heiraten, und allet jenau wie die andern. Det hat Ralph damals den Rest gegeben. Jetzt haben wir die Großfamilie vor. Die Idee is uns gemeinsam gekommen: Ralph und mir, Tom und Erni. Wir wollen zusammen wohnen, weil wir ooch sonst jern zusammen sind, wa? Nu haben wir son Film jesehn, über 'ne Großfamilie. Die haben's zwar falsch gemacht, aber unter unsere Verhältnisse müßte det doch besser jehn, wa? Mensch, zusammen hausen wie die andern Ehen, Fernsehn gucken, immer detselbe, immer zu zweit, und wenn man mal Gemeinschaft sucht, muß man die Kinder alleene lassen, oder die Frau muß zu Hause bleiben, nee! Zuerst dacht ick: Bloß mit gehn, damit ick Ralph nicht verlier. Denn meine Liebe zu ihm war größer gewesen als von ihm zu mir. Det hat sich inzwischen ausjeglichen. Inzwischen will ick die Großfamilie wirklich. Wir arbeiten alle Schicht. Da is immer eener zu Hause, der die Kinder betreut. Später möchte ick noch een Kind adoptieren, wenn ick mit dem Fernstudium fertig bin. Is ja ooch wejen der Fijur, wa? Ralph sagt: Wie du aussiehst, wenn du noch een Kind kriegst! Er is janz scharf uff ne jute Figur. Und meine is wirklich nich besonders. Det is eigentlich mein Handicap, ooch wenn ick an die Männer denke. Ick hätte det vielleicht schon mal ausprobiert, aber dann denk ick mir: Für den Mann is det

bestimmt keen Vergnüjen!
Erni ist noch skeptisch wegen Großfamilie. Die is janz anders geartet. Typisch Hausfrau und Eheweib. Aber sie hat sich in den letzten Jahren gewaltig geändert, muß man sagen. Det ist janz interessant mit Erni und Tom. Tom ist ein Mann, wie er im Buche steht, wa? Aber der kocht und versorgt die Kinder, wenn Erni auf Schicht ist, macht allet wie 'ne Frau. Det paßt überhaupt nicht zu dem, wie er sich nach außen gibt. Nu, und Erni war Friseuse. Det kotzte Tom so an, er konnte det Getratsche aus dem Salon nicht mehr hören. Uff eenmal hat er sie geschnappt, vors Fernsehen gesetzt und jesagt: So, und nu keen Werbefernsehen, zur Abwechslung Aktuelle Kamera. Da hat sie geguckt, wa? Nächsten Abend wieder einschalten. Erni festhalten, bis sie sich dafür interessiert hat. Mädchen, hat er ihr gesagt, begreifst du nich, es jeht nich um Hobbys, sondern um Grundeinstellungen. Er wollt 'n Partner, wa, und er hat'n jekriegt. Det war fast wie bei uns. Eines Tags, wat macht Erni? Fängt an uff ihren privaten Friseurladen zu schimpfen, der Ausbeuter und so, und hat uffjehört bei ihrem kleen' Meester. Jetzt wäscht sie keene schmutzigen Köppe mehr und macht nich für jede Mark 'n Bückling. Hat ihren schicken Kittel abjestreift, hat schmutzige Finger, beschissene drei Schichten, aber sie qualifiziert sich, und et macht ihr Spaß, unter Menschen zu sein, die nich nur Stuß reden. Nu hat sie Sorgen, wenn so 'ne Großfamilie auseinandergeht, wie sie da wieder zu ihrem Geld kommt, das sie ins Haus gesteckt haben. Det würde mich überhaupt nich stören. Meine Güte, ick verdien ja wieder Geld, ick steh doch nicht vorm Ruin. Und allet andere, det müssen wir eben ausprobieren.
Wenn wir uns 'n bißchen einjerichtet haben, wolln wir anbauen und so wat wie 'n Jugendklub einrichten, wo man Musik machen kann und tanzen. Ralph will Gitarre lernen, ick spiel Akkordeon, damals in der Band hab ick ooch gesungen, und andere kommen dann mit ihren Instrumenten dazu, dufte! Ick brauch Menschen um mich. Ick hab richtige Sehnsucht nach Freunden, nich nur in der DDR. Jetzt in Leningrad, da war ick eene Woche vom Betrieb, bin ick druffjekommen, was mir

fehlt. Im Alltag geht alles sein' Gang, danach muß man sich aber nicht unbedingt richten. Wenn mir früher eener gefiel, da dachte ick, nee, det kannste nich machen, da machen die andern ihre Bemerkungen. Ick find et dufte, sich mit Ausländern zu unterhalten. Über Freiheit ham wa in Leningrad jestritten. Ob wir frei sind, hat mich een Holländer jefragt. Na klar, sage ick, wir sind frei. Aber ihr könnt doch nicht hinfahren, wo ihr wollt. Nee, sage ick, also da müssen wa 'ne andere Uffassung von Freiheit ham, det müssen wa klärn. Ick bin frei von Ausbeutung, ick habe meen Recht uff Arbeit, ick werd ooch genauso bezahlt wie 'n Mann, und ick krieg 'ne Wohnung, wenn ooch allet nich so glatt geht, aber det tut's bei euch ja ooch nich, wa? Da hat er gefragt, ob ick glücklich bin. Ja, ick bin glücklich. Aber verdienste nicht zu wenig Geld? Nee, ick fühl ma wohl, so wie ick lebe.
Det war wirklich dufte mit dem Holländer, der war janz vernarrt in mir. Aber wie ick wieder bei Ralph war, war der Holländer vergessen. Eigentlich hab ick jar nich det Bedürfnis, mit andere Männer ins Bett zu jehn. Mir machts Spaß zu flirten, bißchen Küßchen und so. Richtig jut im Bett isset nur mit Ralph. Inzwischen haben wir uns so erzogen, wie wirs beide gern haben. Ralph könnte dreimal am Tag, der hat unheimlich Energien. Mensch, ick bin jespannt, ob sich det hält. Ick hab Angst, daß er sich verausgabt.
Der, von dem ick det Kind hab, war Musiker in unserer Band. Echte Liebe wars nich gewesen, det war reine Dummheit. Da hat er mich mal eingeladen zu sich nach Haus, da war der Zug weg, nu kochen wir noch 'n schönen Kaffee. Und die liebe doofe Ute jeht ihm uffn Leim. Ach je. Det erstemal, wo ick mit ihm jeschlafen hab, gleich isset passiert. Gloobt mir keener. Ick fand det dermaßen abstoßend. Der hat seine ganze Überredungskunst uffwenden müssen, und ohne Schnaps wärs überhaupt nich jegangen. Ick konnte den Typ nich mehr sehn, ick hab ihn richtig gehaßt. Von dem Kind hab ick ihm nischt erzählt, habs mir vielleicht nich getraut. Mein Bruder hat mir erst erklärt: Also, Ute, in den und den Tagen mußte uffpassen! In der Schule haben wir det wissenschaftlich erklärt bekommen,

vom marxistisch-leninistischen Standpunkt, welche Verantwortung man trägt. Aber wie det nu in der Praxis aussieht, hat uns keener gesagt. Mit achtzehn noch so blöd, wa? Wenn es damals schon die Pille oder die freie Abtreibung jegeben hätte, wär Jens bestimmt nich da. Det Verhältnis zu ihm war janz komisch. Wat, det soll meen Kind sein, ach Jott, nee, kann ja nich wahr sein! Erst als er angefangen hat, Mama und Auto zu sagen, hab ich die berühmte Mutterliebe bemerkt.
Bevor ick schwanger war, hab ick jerade een Ökonomie-Studium angefangen. Ick bin vor Heimweh fix und fertig gewesen, und denn die janze Uffregung wegen dem Kind. Ick kannte keen da unten. Wir wußten ooch jar nich, wat studieren wir denn eigentlich? Wenn wir nach vier Jahren fertiggeworden wären, Diplom hätten wir gehabt, aber vom Tuten und Blasen keene Ahnung. Also, nischt wie nach Hause! Dann hab ick angefangen im Betrieb. In zwee Betrieben bin ick nich anjekommen: Schwangere können nicht Schicht arbeiten, demzufolge tuts uns leid. Det hat mich mächtig geschockt, det manche Betriebe es sich so leicht machen. Als ledige Mutter is man ganz schön benachteiligt. Vor vier Jahren hab ick mich für eine Wohnung angemeldet, weil es steht im Gesetzbuch, det ledige Mütter mit Kind als Familie gelten und eine angemessene Wohnung beanspruchen können. Obwohl sich viele Ehepaare später beworben haben als ick, haben die schon eine Wohnung, ick nich. Ick hab also Jens uff die Welt gebracht, und nach zwee Monaten hab ick ihn in die Wochenkrippe gebracht und bin Schicht gefahren. Kleene Kinder liegen viel im Bettchen und merken noch nich so, wat Sache is. Erst als er anderthalb war, da wollte er nich mehr weg von zu Hause, obwohl er in der Krippe 'ne Extrastellung hatte. Ach nee, der kleene Niedliche. Isser ooch, mit blauen Kulleraugen, janz nach mir. Drei Jahre isser im Wochenheim geblieben, dann hab ick ihn zu mir genommen. Det war det einzige Mal, wo ick zu Hause 'n Kampf siegreich zu Ende geführt hab. Meine Mutter hat zuerst gesagt: Ick hab jenug Kinder großgezogen, nu soll ick noch uffpassen, wenn du Spätschicht hast? Sie haben mir ja keene Normalschicht jegeben, und raus aus'm Betrieb wollte ick nich.

Nu mach ick Fachschulstudium nebenbei. Ick bekomme een Studientag im Monat, zusätzlich zum Haushaltstag, und eenmal in der Woche, wenn ick zum Unterricht geh, krieg ick ooch frei. Ick brauch so wat: wat lernen und mich beweisen. Wenn mir eener mal ein Lob erteilt, arbeite ick doppelt so jut, Mensch, da bin ick wie umgewandelt, da hab ick gleich viel mehr Kraft. Ick hab 'ne Menge Funktionen, manchmal wird mir det zu viel, aber die Trägheit der andern, die regt mich so uff, die hält mich in Trab. Da sind wir gleich bei eem janz duften Problem: Wir schicken im Betrieb Leute zum Studium, wa, von denen wir wissen, die machen keene gesellschaftliche Arbeet, die sind nur fachlich jut, bestenfalls, und werden später staatliche Leiter. Damit haun wa uns praktisch selber in die Pfanne. Wat wollen wir denn von solchen Leuten erwarten? Die aktivieren doch keen' andern. Und det is nu immer wieder een Kreislauf. Ick hab eben det Ziel, in mein' Kollektiv die Leute so weit zu erziehen, daß sie jenau wissen, warum sie arbeiten, und daß sie sich für allet verantwortlich fühlen. Det möchten Ralph und Tom ooch. Wenn man sich für 'ne Arbeit interessiert, so daß man wat verändern will, dann muß ja nich sein, daß man nur uff die Pausen lauert. Det könnte mich uffregen, wenn ick seh, wie die Leute bei der Arbeit schlafen und in den Pausen uffwachen. Manchmal is man ja machtlos, man kann die Leute nicht verantwortlich machen, wenn uff eenmal keen Material da is, wenn die Produktion nich läuft, det is det Traurigste von allem. Manchmal hab ick det Gefühl, als ob ick gegen Windmühlen kämpfe. Wir haben harte Brocken in unserem Kollektiv. Die sind dicke da. Sozialismus hurra, die machen allet, wie's uffgetragen wird, nu guckt mal, wie jut wir sind! Aber im Grunde genommen denken die janz reaktionär. Die muß man wissenschaftlich widerlegen und vor allen Dingen: nie zugeben, daß wat schlecht is. Sind ja ooch welche bei, mit denen man vernünftig reden kann, det dauert nur länger. Für Kompromisse bin ick nich, nich uff Arbeit. Mit Ralph is det wat anderes, da muß man viel zurückstecken.

Ralph schätz ick sowieso als een' ganz komischen Charakter ein. Der sieht vieles so richtig, und er hat eene unheimliche

Allgemeinbildung. Ihm hab ich zu verdanken, daß ick endlich een' klaren Standpunkt hab, eenen richtigen bejründeten Standpunkt, wa? So wat braucht der Mensch. Ralph is immer 'n Schritt voraus. Im Betrieb war er der erste, der sich mit Problemen der Produktion auseinandergesetzt hat, er war ooch der erste gewesen, der die Leitung kritisiert hat, als einzelner. Ideen hat er, sagenhaft. So wat reißt mit, wa? Er sagt zum Beispiel: Na schön, ick diktiere gern, aber ick merke, det du dich gerne diktieren läßt, und det jefällt mir nich, Ute. Oder er sagt: Sobald du druffkommst, daß Heiraten der größte Quatsch is, dann heirate ick dich, Ute. In anderen Sachen ist er wie 'ne Schlampe. Da wird 'ne Gardine angemacht, zack-zack. Ob die im nächsten Moment runterfällt oder nich, det is ihm scheißegal. Hauptsache, det Ding hängt erst mal. Alles provisorisch bei ihm. Ihm stört ooch nich, wat er anhat, wenns noch so schäbig is. Hauptsache, er hat wat an. Aber wenn erst mal eener da ist, der sich um ihn kümmert, der ihm sagt: Jetzt könnste dir wieder mal 'n Pullover koofen, denn macht er det ooch. Bloß, dann hat er wieder so 'n Talent, sich solche Momente auszusuchen, wo wir blank sind. Über Geld redet man nicht. Geld muß man haben. So is der! Seine Resolutheit in manchen Dingen verdeckt janz schön viel Labilität. Manchmal heult er wie 'n Schloßhund. Vielleicht sind alle Männer labil, so wie die Frauen, ick hab mir da nie Gedanken gemacht. Ick wollte immer 'n Mann haben, den ick anhimmeln kann. Ralph hat gleich gesagt, er will nich dieser knallharte Typ sein, det stößt ihn ab, weil det unnatürlich und unehrlich ist, genau wie die Unterwürfigkeit der Frau. Aber ick hab det damals nich verstanden. Und denn is noch jewesen, daß er eifersüchtig war bis zum Gehtnichmehr. Ick war damals in 'ner Band, det wollte er mir verbieten, weil alle Männer nach mir jeguckt haben. Wenn ick een jegrüßt hab im Café: Wat, mit dem haste ooch wat jehabt? Er hat mir schon 'ne Szene gemacht, wenn ick mich uff der Tanzfläche mit een' jeküßt hab. Mit allen, die ich kenne, kannste det, sagt er, aber die ick nich kenne, mit denen darfste nich. Ick fang immer gleich zu heulen an, wenn er mir 'ne Szene macht. Hinterher sieht er's ein, aber Fakt war, det er wegen so'n bißchen ... Ick

hab gesagt: Am besten, wir gehn auseinander, wird ja doch nischt. Da hat er jeheult, und in dem Moment war er so kleen für mich. Ick bin weg. Er hat in der Zwischenzeit 'ne andere gehabt, und ick hab ooch andere gehabt. Und trotzdem hats mich uffjeregt, wenn ick ihn mit der Christa gesehen hab. Die sah so jut aus, die ist heute noch mein Handicap. Da könnte ick so traurig werden, wenn er mir erzählt, daß er die Christa getroffen hat, janz uffjeregt ist er dann. Er hat mich verrückt gemacht mit Christa hin und Christa her. Andauernd hat er mir sie hingestellt, als müßt ick ooch so werden. Jetzt sag ick einfach: Na, dann geh doch zu deiner Christa! Und nu isset besser, nu bin ick icke, und Christa ist eben 'ne andere.
Det halbe Jahr, wie er bei der Christa war, hab ick richtig ausgenützt, det kam janz automatisch. In der Band, wa, alle um mich herum, du bist jut, Ute, du bist dufte, Ute. In der Schule haben sie mir immer prophezeit: schüchternet Mädchen, nie im Mittelpunkt. Die haben sich ganz schön verschätzt bei mir im Charakter. Mensch, hab ich mir gesagt, irgendwann stirbste, da gibts dich nie wieder, da mußte doch machen, waste am liebsten möchtest, ohne Rücksicht uff die andern, wa? Ick hab mal een Erlebnis gehabt, mit een Araber, det war furchtbar. Ick versuche immer, dagegen anzukämpfen. Der hat mir aus der Hand gelesen. Vergangenheit, Gegenwart und Zukunft. Und allet hat er vollkommen gedeutet, wa? Auch daß mein zweites Kind sterben wird. War ooch so jewesen. Ick hab mir een Kind von Ralph wegnehmen lassen. Studium am Hals, Aussicht auf Wohnung war nich, und Ralph hat gesagt: Mensch, Ute, wir können noch so viele Kinder haben. Det hat mir der Araber alles so gesagt und det ick mit fünfzig sterben werde!
Zwee Jahre hat det nu gedauert, bis wir uns so jut verstanden haben wie jetzt. Wat zerbrochen ist, det kriegt man nie wieder ganz. Aber bei uns isset noch besser jeworden. Jetzt hat sich det allet so stabilisiert, det sich eener nach dem andern sehnt, wenn er eene Weile weg ist. Früher haben mich meine Eltern uffgestachelt: Ute, möchste nich endlich heiraten? Und da bin ick uff Granit gestoßen bei Ralph. Jetzt sag ick mir, wozu soll ich ihn zu wat zwingen, dadurch verbessert sich unser Verhältnis uff

keen Fall. Det ist eben der Kompromiß, det ick meen Kopp nich immer durchsetze. Ick habe mich geändert, und er ooch. Und der Stempel uff so'n Pamphlet is ja wirklich nich det wichtigste im Leben. Ralph sagt immer: Frauen wollen gar keene Gleichberechtigung. Ick willse, kannst dich druff verlassen, hab ick gesagt. Sogar meen Sohn, der deckt schon den Tisch, putzt meene Schuhe mit, räumt sein Zimmer ohne Widerspruch uff. Da seh ick keene Schwierigkeiten.

Nur mit der Treue, ick weeß nich. Ralph sagt ja, Männer können jenau so treu sein wie Frauen, allet andere is ihnen nur anerzogen worden, aber wat heißt schon Treue? Meinetwegen andere Frauen, nur bleiben soll er! Er erzählt mir allet, dann seh ick ja, ob ick mich ärjern muß oder nich, wa? Manchmal hab ich mir totjelacht: Is ja dufte, einwandfreie Frauen haste uffjegabelt. Da hat er 'n Flirt gehabt mit eener Sechzehnjährigen. Ach, du meene Güte, wie een' Gockel! Baden waren sie gewesen, bei Mondschein, und sie hat gerufen: Ralphi, guck mal, die Sterne! Wie er reagieren würde, wenn ick mir mal so'n Ding leiste? Im Moment passiert ja nicht viel. In der Band spiel ick nich mehr, ist mir alles zu viel geworden. Klavierspielen haben mir meine Eltern verboten, weil die Bürger früher alle Klavier gespielt haben, drum spielen wir heute nicht mehr Klavier. Die wissen ooch nich so recht, wat Sache is, mal ja, mal nee.

Aber vielleicht haben wir alle unsere zwee Seiten, wa? Ick lieb ja ooch meene Bequemlichkeit ab und zu. Nur Ralph, der is immer im Rhythmus drin. Deshalb will ick in die Großfamilie, weil ick hoffe, det sich mehr Leute finden, auf die wir die Arbeit aufteilen können.

Schwierigkeiten mit Menschen hab ick nich. Diese Beschwerde mit der Brüderlichkeit, also nee. Immer wartet eener druff, daß eener kommt. Ick weeß nich, det sind so Kreise, die vor lauter Intelligenz nich mehr wissen, wat sie nu eigentlich wollen. Die kritisieren nur, det jehört zum guten Ton. Det is schon früher so gewesen. Zum Beispiel Schriftsteller, die sind mit ihrem Leben immer nicht fertig geworden, der eene hat sich umgebracht, der andere hat sich abgekapselt, wa? Die sind so groß in ihrem Schreiben, die Probleme von andern Menschen stellen die dar, und mit ihren eigenen werden sie nicht fertig. Klar, wenn der Mensch immer zufrieden wär, det wär traurig, wa? Ick hab jenug Schwierigkeiten gehabt, ick kann mitreden. Nee, ick würd mir keen Leben in Saus und Braus wünschen. Ick kenn die Leute, die wünschen sich det, aber die stehn dann vor so'm kleen' Problem, und die Welt bricht zusamm'. In der Schule, da barmste schrecklich, und det regt dich so uff, ick hab zwee Wochen gedoktert an eener Belegarbeit, und ick wußte nich und wußte nich. Und uff eenmal hab ick 'n Einfall gehabt und zog det Ding durch. Na ja, und es war gut gewesen, nu isset vergessen, wieder 'n Stück weiter. Gibt ja keen Ziel, wohin man will, bloß man muß sich bewegen.

Barbara F., 23, Graphikerin, ledig

Seht her, hier ist auch eine!

Warum wollen manche Frauen nicht erkannt werden? Wenn ich mich gebe, wie ich bin, können die andern doch besser eingehen auf mich, weil sie wissen, ich bin eben so. Wenn ich mich verstecke, sind auch die Menschen anders, dann komme ich nie zurecht. Ich bin offen, aber ich erzähle nicht viel.
Während des Studiums habe ich Karin kennengelernt. Karin ist eigentlich der erste Mensch, na, wie denn, der erste richtige Freund. Wie ist denn das mit uns? Jeder hat Achtung vor dem andern, trotzdem will jeder jemand sein, nicht nur ein Teil vom andern. Wir sagen uns nur, was wir für gut empfinden, was gediegen ist. Dadurch ist das ein richtig edles Verhältnis. Wir sind auch zärtlich zueinander. Wenns richtig schön ist, wenn man sich wohl dabei fühlt, nicht? Was dann die andern denken, ach! Irgendwo sind wir mächtig verwöhnt.
Karin und ich sind oft unterwegs, und das ist schön, wenn beide dieselben Erlebnisse haben, was gleich empfinden, im selben Moment. Ich merke eigentlich immer mehr, wenn man mit so

einem Menschen zusammen leben, wenn man sich gegenseitig interessant bleiben will, dann muß die Arbeit das allerwichtigste sein. Jeder muß mächtig mit sich zu tun haben, um aus sich was zu machen. Damit breitet sich ja auch die Atmosphäre nach Feierabend aus, nicht? Es muß schon sein, daß jeder für sich in seiner Arbeit steckt, daß da zwei Wege sind, die zusammenkommen und wieder auseinandergehen und wieder zusammenkommen und so. Nicht, daß jeder vom andern was erwartet, um froh zu werden. Man darf nicht ein schlechtes Gewissen kriegen, weil man was macht und der andere wartet, daß man auf ihn eingeht. Er muß schon selber jemand sein. Da war ein Nicki, von der Armee. Der wollte den ganzen Tag mit mir zusammen sein, so wie vorher mit seiner Tusnelda. Das geht aber nicht. Jetzt ist ein Georg da, das ist ein ganz Guter. Der hat aber mächtig mit sich zu kauen. So richtig auf die Dauer, er und ich, das bewältigt er nicht. Das macht mich traurig. Aber irgendwie spornt es auch mächtig an, wenn einer, den man mag, so viel macht und so neugierig auf alles ist. Wenn einer gleich so einen Besitzinstinkt hat, wenn einer gleich bleiben will, na ja, wie werd ich denn da? Da werd ich ein bißchen kalt und abweisend. Da weiß ich nicht, was das soll.
Manche halten es für gut, richtig abschalten zu können von der Arbeit. Das geht überhaupt nicht. Ich hab gelesen, die Arbeit ist der Stoffwechsel zwischen Mensch und Natur. So empfinde ich das. Mein Beruf ist eigentlich ideal, weil das alles eben zusammengeht. Auch wenn wir herumziehen, mit Zeichnen wird nicht viel, aber man guckt ja, man saugt sich richtig voll. Jetzt schaffe ich eigentlich nur so herum. Ich arbeite mal bei der Post, mach Telefondienst im Betrieb, dann hab ich wieder ein bißchen Geld und kann zeichnen. Manchmal steh ich Modell. Sechs Mark die Stunde. Es ist mächtig anstrengend. Ich muß mich jedesmal überwinden, hinzugehen. Aber oft kann ich lesen dabei, so daß ich nicht den ganzen schönen Tag verliere. Diese Jobs, die sind nur zum Essen und Mietebezahlen da. Vorher habe ich in einem Verlag gearbeitet, Zeitungsseiten entwerfen und kleine Zeichnungen hineinbringen. Das war alles so hektisch, man konnte nichts wirklich gut machen. Da bin ich

weggelaufen, obwohl ich einen Vertrag hatte.
Eigentlich habe ich in meinem Leben nie richtig Zeit gehabt, in mich hineinzuhorchen, was ich will. Ich will mich nicht so schnell festnageln lassen. Weil das Studium *mich* so gehabt hat, ich war nicht richtig da. An sich bin ich kein Schulmensch. Wenn das Studium ein Jahr länger gedauert hätte, wäre ich wahrscheinlich geschmissen worden. Jeden Tag mußten wir acht Stunden in der Schule absitzen. In der Entwurfszeit, wo sich jeder was ausdenken soll, geht das nicht, sieben Leute in einem Raum. Der eine braucht Musik, nicht? Der andere muß hin und her laufen und rauchen. Irgendwie läßt man etwas ganz Wichtiges beiseite, etwas Heiliges. Das muß man danach wieder hervorkramen und richtig stark machen. Wenn ich die Schnauze voll hatte und dem Heulen nahe war, bin ich hinausgelaufen, das war schön. Einmal hab ich unterwegs eine alte Frau getroffen, ganz weiß und winzig, die viele Kartons in den Händen hielt, und sie wollte in ein Haus hinein, und ich hab ihr die schwere Tür aufgehalten. Da hat die Frau zu mir hochgeguckt mit ihren blauen Augen, das hat völlig gereicht, da konnte ich wieder in die Schule gehn. Überhaupt rede ich viele Leute an. Weil das so absurd ist, wie die Leute nebeneinanderstehn, und keiner sagt was.
Jetzt war ich sechs Wochen bei einem Bildhauer in Dresden, dort fühlte ich mich zu Hause. Aber eine richtige Heimat habe ich eigentlich nicht, weil ich so viel herumziehe. Ich schlafe überall schnell ein, mit dem Schlafsack auf dem Feld oder in fremden Betten. Hauptsache, ich habe tagsüber meine Arbeit gemacht.
Zu Hause bin ich jetzt auch in meinem Berliner Zimmer. Ich hab keine Gardinen dran, und jeder kann sehn, wenn ich hin und her gehe. Oder ich habe eine Kerze im Fenster stehen, die sagt, schaut her, hier ist auch eine. Ich darf nicht das Gefühl haben, in vier Wänden eingeschlossen zu sein. Wenn ich rausgucke, habe ich eine Silhouette von Schornsteinen und viel, viel Himmel. Ich habe schon auf den Dächern gesessen. Man kann so schön im Geviert herumwandern zwischen den Schornsteinen, wie ein Kater, man kann in die Höfe hineinschauen und

von einem hohen Baum die Blätter abzupfen. Mein Zimmer hat ein ganz großes Fenster. Und ich habe nichts weiter drin. An richtigen ernsthaften Möbelstücken nur einen Schreibtisch, den hab ich in einem Hof gefunden. Zwei Matratzen habe ich zusammengelegt, das ist mein Bett. Ein Reißbrett an der Wand und ein Regal mit Büchern. Und sonst spielt sich alles auf dem Teppich ab. Den hab ich auf dem Müllplatz gefunden, wo Schutt abgeladen wird aus alten Häusern. Die Wände habe ich weiß gestrichen. Zuerst waren furchtbar viele Möbel drin, wie ich eingezogen bin, die waren aber nicht gut. Da haben wir alles hinausgeschmissen auf den Hof. Couches und Küchenschrank und Stühle. Und dann kam die Gerümpelaktion. Ach ja, und ein herrliches schwarzes Ofenrohr ist auch da, das geht so und so und so und in die Wand hinein.

Schrank habe ich keinen, ich hab ja keine Kleider. Der braune Samtrock ist schön, nicht? Hab ich von Oma, nur enger gemacht, man fühlt sich wohl darin, nichts darunter. Und mit den Jesuslatschen und barfuß, solange es geht. Man muß merken, auf welchem Boden man läuft und wie beweglich man ist. Das ist schön. Sachen anziehen, die nicht schnüren, sich gerne ausziehn, nackt herumlaufen.

Mit achtzehn bin ich aus dem Haus. Wir sind sehr früh selbständig geworden, meine Schwester und ich. In der ersten Klasse hab ich schon Stullen geschmiert und Milch warm gemacht, für die Katze auch. Ich hatte eigentlich ganz schön zu knappern als Kind. Hanka hat nur rumgetobt, und von mir wurde verlangt, daß ich vernünftig sein soll, weil ich die Ältere bin. Einmal war Hanka sechs Wochen lang im Kinderheim an der Ostsee, weil Mutti verreist war. Und ich beneidete sie leidenschaftlich. Ich mußte immer zu Hause bleiben, weil ich so brav war. Das fand ich gemein. Und auch die Schule, die war nie richtig schön. Ich weiß genau, daß ich als Kind für später gelebt habe. Ne richtige Freundin hatte ich nicht, Marina war die einzige, mit der ich manchmal zusammen war. Die ist jetzt dick und hat Kinder und sitzt immer vorm Fernsehen und ist in die Partei eingetreten, ganz solide. Keine Probleme mehr. Die war schon immer anpassungsfähiger als ich. Aber es hat ihr ein

bißchen weh getan, weil bei mir auf einmal so viel passierte, und bei ihr war's eben vorbei.
Ich stromere jetzt viel herum und lerne mächtig viele Menschen kennen. Das verbindet mich sehr mit meinem Vater, der ist auch immer unterwegs. Was mich noch mit ihm verbindet, ist das Zeichnen. Wenn Vati gearbeitet hat und wir malten, sind wir oft hinübergegangen zu ihm. Da legte er die Arbeit zur Seite und guckte sich das an, das dauerte uns viel zu lange, so sehr machte er da mit. Na ja, dieses Gefühl, daß es gut war, was man macht, und ganz wichtig. – Meine Eltern haben beide ihr Gebiet, das sie ausfüllt, und jeder hat sein Eigenleben. Deswegen vertragen sie sich so gut. Mit Mutti wars manchmal ein bißchen schwierig, wenn sie so kaputt nach Hause gekommen ist. Da hat sie nur gesagt: Kinder, ihr müßt jetzt schnell weggehen, sonst brülle ich euch an, das geht nicht. Das hat sie uns in einer ruhigen Minute erklärt, und wir haben das verstanden. Mutti konnte in Ruhe Luft ablassen, und wir sind uns eigentlich nie richtig in die Wolle geraten. Wenn ich Kinder hätte, würde ich es nicht viel anders machen. Diese Ehrlichkeit zu Hause, mit nackt herumlaufen und so, daß man die Eltern eben in der Badewanne zusammen findet. Und daß sie Fehler machen und das auch sagen. Mutti hat eine Zeitlang an mir gezweifelt, ob ichs richtig mache, was ich für ein Leben führe und so. Sie macht sich leicht Sorgen, dann kann die liebe Barbara sagen: Ach je, Mutter! Aber sie schreibt uns nie was vor. Ihre Sorgen macht sie sich mehr im stillen, sie belästigen uns nicht. Unsere Eltern haben uns eigentlich nie ihre eigenen Vorstellungen vom Leben aufgedrängt, vielleicht haben sie keine sehr festen Vorstellungen. Sie haben sich mehr dafür interessiert, was wir machen. Wir haben immer das Gefühl gehabt, mächtig ernst genommen zu werden.
Während des Studiums, das war richtig schön, da hab ich meine Mutter in die Schule geholt, damit sie uns was aus ihrem Leben erzählt. Auf einmal hat das gerieselt und gebebt in mir, ich weiß nicht, ich war am meisten berührt von allen. Dieser Mensch da vorne, der ist so jung und lebendig, da guckst du, du kannst es nicht fassen, daß das deine Mutter ist. Und du bist so froh, daß du dazu gehörst, nicht?

Das Problem Emanzipation hat es für mich eigentlich nie gegeben, dazu kann ich nichts sagen. Man muß Gefühl und Verständnis füreinander haben, das ist alles.
Was ich ganz schön finde: Wir waren in Rumänien, Karin und ich, und wir haben beim Trampen zwei Jungs kennengelernt, die aus dem Kaukasus kamen. Wir haben dann eine Nacht zusammen verbracht, haben Lagerfeuer gemacht, die Jungs hatten mächtig viel zu tun, und wir haben für die schönen Sachen gesorgt, für Musik und Vorlesen und so. Lange, lange, lange. Bei uns wars auch so, daß Vati die schönen Sachen machte, der war der ruhige Pol, wie das bei Männern so ist, und Mutti kümmerte sich um alles. Am nächsten Morgen waren die Jungs zeitig wieder auf, da haben sie Mais gepflückt, gekocht, Blätter darüber gelegt, damit's warm bleibt. Irgendwie, ich weiß nicht, hatten wir keine Lust, mit ihnen zu schlafen, aber niemand hat das vermißt, es war richtig schön. Wenn man miteinander schläft und sich nicht weiter kennt, das müssen ganz gute Leute sein. Die Schönheit der Körper genießen, ach, das ist wunderbar.
Manchmal ist's schwierig, manchmal bin ich traurig. Da kenne ich den Stefan. Stefan ist verheiratet. Zuerst wars nur wegen der Wohnung, dann haben sie ein Kind gekriegt. In Stefan war ich richtig toll verliebt. Mensch! Wenn ich in der Schule so eine trockene Aufgabe hatte, und ich hätte alle umarmen können und lachen vor Freude, wer soll da ein Fachbuch gestalten, wenn er so verliebt ist? Jetzt denke ich, es geht eigentlich nicht mehr, es ist vorbei. Wegen seiner Frau hab ich mir nie Gedanken gemacht. Wenns wirklich schön und ehrlich ist, dann wärs doch schade, wenn man es nicht gemacht hätte, nicht?
Eifersucht, i wo, die ist mir fremd. Wenn mich einer vernachlässigt, dann stimmts eben nicht mehr, da kann ich nichts machen, als selber aktiv zu werden. Bei Menschen, die ich sehr achte, kann ich mich ganz toll freuen, wenn sie sich an jemand anderem freuen, ich kann als Dritter miterleben, wie was Schönes entsteht.
Ein Leben zu zweit kann ich mir überhaupt nicht vorstellen. Irgendwie denke ich mir, daß wir mal zu viert leben werden.

Karin und ich, wir gucken schon gegenseitig unsere Männer an. Aber Männer teilen ist nicht drin, wir sind zu verschieden. Na ja, wir haben schon solche Sachen probiert, da haben wir bloß gekichert hinterher.
Mensch, Kinder müßten wohl auch sein, nicht? Das ist ein Problem! Vielleicht verteilt sich das besser in einer größeren Gemeinschaft, so daß einem nicht leid tun muß, was man alles nicht machen kann wegen der Kinder. Karin will eigentlich keine Kinder. Sie ist ganz anders als ich, ein bißchen untersetzt, hat ein männliches Gesicht und wenig Busen, hat aber ganz weiche kleine Hände und schönes kurzes Haar. Ist eigentlich ein sehr anspruchsvolles Gesicht.
Ich geh auch gerne allein zu Feten. Immer einen an meinen Fersen, das mag ich nicht. Ich bin in keinem festen Kreis drin. Die bleiben immer so unter sich, die sind zu wenig offen nach außen. Eine Zeitlang tanzen sie, dann haben sie wieder ihre Diskutierzeit, dann langweilen sie sich miteinander. Ach, und tanzen! Da kommt's vor, daß ich zu Hause eine Weile gesessen habe, dann muß ich rumtoben. Einmal bin ich in den Studentenklub gerannt, kannte keinen, hab mir einen Jungen ausgesucht, mit dem ich tanzte. Das war für die andern ein bißchen komisch. Mensch, die Jungs haben zu tun in den Tanzpausen, um sich jemand zu suchen, das ist ganz schön blöde, nicht? Ich gehe deshalb selten in die offiziellen Tanzgaststätten, schon die Atmosphäre, dieser Lärm die ganze Nacht. Die schauen einen nicht richtig an, die reden kein Wort mit einem! Als Frau hat man das eigentlich nicht mehr nötig. Es kommt vor, daß ich irgendwo rumtobe, und alle anderen sitzen und gucken mir zu. Mir macht's Spaß, weil ich Platz habe, und die andern freuen sich. Ich empfinde das überhaupt nicht als überheblich.
Ach, bei mir sprudelt's heute richtig. Ich rede sonst nie soviel. Mitteilungsbedürfnis habe ich eigentlich nie, so was muß erst wachsen und groß werden, bevor ich einem anderen was sage. Beim Trampen ist es oft blöd, da fragt mich jeder dasselbe. Wenn einer mal was anderes sagt oder wenn die Fahrt aus Flöten besteht und aus Singen, das ist schön. Ich spiele ein bißchen Flöte, da spiel ich vor mich hin, wo ich gerade bin.

Mit Politik, vielleicht ist das eine Schande, fange ich überhaupt nichts an. Irgendwie kann ich da nur aha sagen, das sind doch nur Informationen. Warum muß ich denn auf dem laufenden sein? Um darüber schwatzen zu können? Na ja, diese Leute, die so viel reden können über alles, die leben nur außen, und innen sind sie leer. Oh, manchmal rieselt's, da erreicht es mich schon, aber ich darf nicht dazu gezwungen werden. Es muß alles aus mir selber kommen, sonst stimmt's nicht, sonst nützt es auch keinem. Nur wenn man mit Menschen zu tun hat, ist es gut. Ich habe den Dagermann gelesen, »Der Mann, der nicht weinen wollte«. Der hat als Kind seine Eltern verloren, lebte bei den Großeltern, sein Großvater ist dann von einem Verrückten umgebracht worden, seine Großmutter ist an dem Schock gestorben. Und sein Freund ist in den Bergen umgekommen. Darüber schreibt er. Und mit einunddreißig hat er sich das Leben genommen. Das versuche ich nachzuerleben, da bekomme ich einen Einblick in andere Lebensverhältnisse, das ist Politik für mich.
Was ich gerne machen möchte, ist Fliegen. Im Traum bin ich schon viel geflogen. Einmal bin ich auf einer Fußbank geflogen, wie eine Hexe, hab eine Wäscheleine hinter mir hergezogen, bin über die Stadt geflogen und hab die Wäsche getrocknet. Und über die Obstbäume am Puhl, die Zweige streicheln gerade so meinen Bauch, und dann hinunter ins hohe weiche Gras, ganz, ganz langsam, wie unter Wasser. Ich hab mir immer gewünscht, hopsen zu können wie ein Känguruh. So hopse ich heute noch, in ganz hohen langsamen Sprüngen, wenn ich Leute treffe, die ich eigentlich nicht treffen möchte, quer über den Alexanderplatz, oder wenn ich einem zeigen möchte, was ich alles kann.
Was ich noch gerne mache, lesen. Hölderlin, ein bißchen Rilke. Und »Nur einen Seufzer lang« von der Anne Philipe, das habe ich schon ein paarmal gelesen. Ich kann mir vorstellen, wie der Garten aussieht, in dem Gerard und Anne gelebt haben, ich wünsche mir, daß es ihn noch gibt. Und Anakreon mit seinen Gedichten, die sind so schön! Der Anakreon, der ist schon alt, und er freut sich über junge Mädchen und träumt von ihnen. Er will hingehen zu ihnen, da kommen die jungen Burschen, und

die Mädchen laufen mit den Burschen weg. Und Anakreon wacht auf und ist ganz aufgeregt und kann nicht wieder einschlafen. Da kommt ein schöner Jüngling, der schenkt ihm einen Kranz, und Anakreon ist ganz verliebt in den Jüngling. Sonst habe ich wenig gelesen, ich habe überhaupt keine Allgemeinbildung. Ich kenne Thomas Mann nicht, den »Tod in Venedig« nur vom Film, und so geht das weiter. Manchmal ärgert mich das. Ich finde es aber gut, wenn mir einer sagt: Mensch, Barbara, da hast du noch viel Schönes vor dir, was andere schon hinter sich haben, freu dich doch. Einer hat mich mal narzißtisch genannt. Aber das berührt mich nicht. Wie soll ich denn sonst leben?

Was ich noch im Leben machen möchte: Herauskriegen, was mit den Leuten in den Gefängnissen und Irrenhäusern geschieht, in der ganzen Welt. Das hat mich schon immer mächtig interessiert. Da hat einmal einer über mir in Untermiete gewohnt. Der hat einen Traktor gefahren, hat nur acht Klassen gehabt, keinen Vater und einen Haufen kleinere Geschwister. Und der ist manchmal zu mir hereingekommen, weil er gemerkt hat, ich bin auch allein. Ich hab aber nicht immer Zeit für ihn gehabt. Ich hab ihn auf mein Bett gesetzt, weil nichts anderes da war, und hab ihm ein großes Stück Papier und einen Stift gegeben, und dann hat er gezeichnet. Hat vorher nie gezeichnet, fand das blöd und hat auf einmal Gefängnisfenster gezeichnet, richtig mit Perspektive und so. Er hat mir erzählt, er hat mal mächtig randaliert, weil nichts in seinem Leben zusammenpaßte, ich weiß nicht, was noch, jedenfalls hat er gesessen. Nun war er wieder mit denselben Leuten wie vorher zusammen. Der spielte wieder Karten und trank Bier, aber nun hat er gemerkt, es gibt noch was anderes. Einmal ist er nachts gekommen und hat gefragt, ob er bei mir schlafen darf, er wird sich neben mein Bett legen und wird gleich einschlafen. Ich war so blöd, ich hab nein gesagt. Und da hat er den Gashahn aufgedreht, in derselben Nacht. Wollte nicht mehr allein sein. Ich lief zur Beerdigung, ach, Mensch! Die Mutter, ganz allein, und noch vier Jungs, die sitzen alle in Abständen. Der Junge hat doch nicht nur die Gefängnisfenster gemeint, für ihn war alles ein Gefängnis, sein ganzes Leben, aus dem er nicht herausgekommen ist. Ich hätte sehen müssen, was er da zeichnet. Der hat nach Hilfe geschrien. Ach, Mensch! Wenn alte Leute sterben, drückt mich das wenig. Ich weiß ja, daß wir alle sterblich sind. Deshalb soll man auch nicht lange trauern, sondern soll was Schönes machen, was dem Toten auch Freude gemacht hätte.

Susanne T., 16, Schülerin
Nur pünktlich zur Arbeit, das ist zu wenig

Meine Eltern halten mich zu locker. Wenn sie sagen: Um zehn bist du zu Haus, ganz forscher Ton, und ich komme erst um zwölf, dann heißt's nur: Susanne, wenn das wieder vorkommt, darfst du die ganze Woche nicht raus. Was ist? Das nächste Mal das gleiche Theater. Papa schreit, Mammi sagt: Hach, Tochter, wie kannst du mir das antun. Aber es passiert absolut nichts; nichts. Ich sage immer: Ja, ihr habt recht! und warte darauf, daß sie mal konsequent sind und mich einsperren. Bestimmte Prinzipien, die müssen sein. Schon als Kind habe ich versucht, meinen Kopf durchzusetzen. Ich ging einfach nicht in den Kindergarten. Da hat mir Papa Schokolade versprochen oder Radau gemacht. Aber ich war die Stärkere. Er hat immer alles gemacht, weil er sein Töchterchen lieb hatte. Einwandfrei. Kinder wollen aber, daß die Eltern manchmal stärker sind als sie. Das haben meine Eltern nicht verstanden. Oft habe ich lange Fernsehn geguckt, aber wenn Papa seine Launen hatte oder Magenkrämpfe, dann hat er einfach ausgemacht, und da wurde ich dermaßen hysterisch! Meine Freundin sagt: Meine Kinder, also, die werde ich nicht zu Duckmäusern erziehen, sondern ihnen alle Freiheiten lassen, damit sie ihre Persönlichkeit voll entfalten können. Aber schlechte Eigenschaften, die sind doch nicht angeboren.

Ich hab's heut nicht leicht mit meinem Charakter. Wenn ich

Jürgen nicht hätte, wäre ich aus dem Schlamassel nicht rausgekommen. Jürgen kritisiert mich sehr, und ich sage ihm, was mir an ihm nicht gefällt. Ich finde es dufte, daß mir einer mal meine Fehler sagt, ich war ja dermaßen überzeugt von mir. Susanne die Größte, Susanne die Schönste, Susanne die Klügste. Ich hab den Clown gespielt. Jetzt überlege ich mir, was ich sage und wie es auf andere wirken könnte.

Selbstsicher bin ich noch immer. Die Lehrer sind direkt geschockt, weil sie das nicht gewöhnt sind. Eine Lehrerin hat einmal gesagt: Wenn ich die schon laufen sehe! Ich hab aber einen ganz duften Gang, ich weiß nicht, was sie damit sagen will. Wenn ich aus der Schule komme, gehe ich sofort weg, wohin, weiß ich noch nicht genau. Ich habe viele Ideen, vielleicht in ein Kernkraftwerk, das ist was Neues und hat Zukunft. In einer Kleinstadt kann man sich nicht so entfalten. Da muß man schon ein Mann sein, um was vom Leben zu haben. Ich setze mich manchmal allein in die Kneipe und denke mir, die sollen ruhig glotzen, mich stört das nicht.

Kinder möchte ich keine haben. Ich will viel reisen und viel erleben. Ich seh doch, was Mammi für ein Leben führt. Vor fünf Minuten hat sie noch groß gesprochen, was sie alles anstellen wird, und wenn Papa kommt, ist sie so klein. Beispielsweise ein Betriebsfest. Papa sagt: Klar, Hannchen, da gehste hin, den offiziellen Teil machste mit, und wenn sie zu tanzen beginnen, hauste ab nach Hause. Und Mammi macht das. Und hinterher erzählt sie uns das Blaue vom Himmel, was sie alles angestellt hat. Und Papa ist so dumm und fällt noch darauf herein. So ein Theater. Das kommt alles, weil sie die vielen Kinder hatte und so angebunden war. Nee, ich möchte keine Kinder. Ich würde auch nie einen Mann heiraten, der so eine Einstellung hat wie Papa. Ich will erst mal frei sein, damit man sich gegenseitig nichts vormachen kann. Manchmal tut mir Papa leid, wenn er so sinnlos herumschreit. Das hat er von Opa, der war ein Herrscher. Das hat Papa immer gesehen, drum wollte er genauso werden. Nun kommt er auf einmal nicht mehr durch damit. Meine Brüder sind aus dem Haus, Claudia ist verheiratet, aber noch in Reichweite, da sind wir vier Frauen gegen unseren

Papa: Mammi, Petra, Claudia und ich. Das ist ganz neu für ihn, der Arme!
Die Mädchen in unserer Klasse halten sich alle an mich, weil ich meine eigene Meinung habe. Manchmal hab ich gar keine Meinung, aber dann tu ich so, als ob. Da hab ich erst mal meine Ruhe und kann nachdenken. Viele Mädchen wollen sich nicht als Frau fühlen, die wollen lieber wie die Jungs werden, weil Jungs sich noch immer mehr erlauben können. Die Lehrer sagen manchmal so einen Unsinn: Mädchen müssen ein Vorbild für die Jungs sein, immer brav, nie frech, nie unordentlich, nie laut. Manche Lehrer hinken toll ihrer Zeit hinterher. Jedenfalls, richtig unterhalten kann man sich nur mit jungen Leuten. Jürgen kann ich mir zum Beispiel gleichberechtigt vorstellen. Er hat keinen Vater, die Mutter hat ihn so erzogen, daß er dieselben Arbeiten wie eine Frau macht. Jürgen würde zu Hause bleiben, wenn mal ein Kind krank ist. Ich bin der Meinung, daß derjenige zu Hause bleiben soll, der am meisten pädagogisch ist. Gesetzlich ist das ja geregelt. In die Krippe würde ich ein Kind nicht geben. Die Gleichberechtigung soll ja nicht auf Kosten der Kinder gehen. Deshalb möchte ich lieber keine haben.
Wenn die Erwachsenen nicht so doof wären, dann hätte ich nie so schlechte Gesellschaft gesucht. Die hat mich dermaßen beeinflußt. Ich hab viel getrunken und geraucht und war nachts auf Feten. Praktisch hab ich ja freie Entscheidungsmöglichkeiten gehabt, weil meine Eltern mich nicht anbinden. Ich konnte allein herausfinden, was gut und was schlecht für mich ist. Wenn man immer kontrolliert wird, dann macht man schon aus Protest Unsinn, wenn man nicht ganz doof ist. Das stört mich so an den Erwachsenen, daß sie die Jugend zu Engeln erziehen möchten und ganz vergessen, wie sie selber waren oder gern gewesen wären. Wir wollen halt nicht so eintönig und spießig leben wie die Erwachsenen, ist ja furchtbar. Bis ich draufgekommen bin, daß wir uns gar nicht so von den Erwachsenen unterscheiden, wenn wir herumgammeln und saufen, das hat gedauert. Jedenfalls, ich hab das eine Weile mitgemacht, dann hab ich mir gesagt: Das kann doch nicht der Weg sein, um deine Ideale zu verwirklichen. Wo's langläuft, weiß ich noch immer

nicht genau, ich bin nur kritischer geworden, auch mir selber gegenüber. Das finde ich dufte. Jedenfalls, ich muß zugeben, und ich geb ja nicht gern was zu, daß ich von Jürgen sehr enttäuscht bin. Ich merke erst jetzt, wie spießig er ist. Es ist halt schlecht, wenn man mit einem Jungen gleich intim wird, obwohl man ihn noch gar nicht kennt. Der kann gut reden, aber Vorbilder hat er ganz andere. Ich hab so einen Einblick gekriegt, was der sich im Leben wünscht: einen Bungalow am Wasser und schön viel Geld raffen und Beziehungen haben, Beziehungen sind ganz toll wichtig, und immer alles für sich. Na gut, Kommune ist nicht jedermanns Sache, aber die Leute, die so was probieren, finde ich einwandfrei. Nicht nur pünktlich zur Arbeit kommen, das ist zu wenig, sein ganzes Leben überdenken, mal was anders machen als die Erwachsenen, das ist unheimlich gut. Darüber müßte man mehr im Fernsehen sehen oder in der Zeitung lesen. Ich seh's an meinen Brüdern, wie die es einfach nicht ertragen können, wenn irgendwo herumgeschlampt wird. Diese Einstellung hat Jürgen nicht. Ich hab ihm einen Brief geschrieben, da hab ich ihm alles gesagt, was ich nicht ausstehen kann an einem Menschen. Hör ich nichts mehr von ihm, ist's nicht weiter schade. Leute, die so spießig leben, die sind für mich gestorben, die sind tabu. Ich meine das Enge, Begrenzte, nie über den eigenen Haushalt hinaus, nur für sich schaffen. Mammi ist zum Glück ganz anders, ich sehe praktisch keinen Erwachsenen in ihr, die ist so wie ich. Mit ihr kann ich auch über das Sexuelle reden, einwandfrei, drum hab ich keine Komplexe.

Schlimm ist für mich, wie Papa sich verhält. Ich hör's mir immer an, wenn er über die Arbeit schimpft, ich versuch's zu verstehen, aber es deprimiert mich, wenn er Ärger hat mit der Partei. In der Schule spricht man ja ganz anders. Was stimmt denn nun? Manchmal hab ich direkt Angst, weil ich nicht mehr so hundertprozentig an alles glauben kann wie als Kind. Ich hab so blöd von unserem Schuldirektor geträumt. Der predigt uns ja immer, wie wir sein sollen. Auf einmal wollte er uns erschießen. Das kommt daher, weil ich mir einbilde, ich falle durch, und die zehnte ist ja so wichtig. Das ist ein unheimlicher Druck, so daß man gar nicht ruhig schlafen kann. Im Traum hab ich unserem Direktor dann alles klargemacht, ich hab mit ihm verhandelt, wie ich das immer mache, und dann hat er uns leben lassen. In unserer Klasse sind eigentlich alle für den Sozialismus. Jeder versucht, den anderen zu überzeugen, wie sehr er selber überzeugt ist. Unser Staat macht Fehler, na gut, aber das Prinzip ist einwandfrei. Richtig fanatisch sind wir manchmal.

Ein großes Vorbild ist unsere Geschichtslehrerin. Schon ihr Äußeres: Sie ist immer modisch gekleidet, gar nicht wie eine Lehrerin, sie sieht immer frisch und ausgeruht aus, als ob sie mit uns überhaupt keinen Ärger hätte. Sie arbeitet nicht stur auf ein Ziel hin und jubelt uns nicht ihre eigene Meinung unter. Mit ihr sprechen wir über alles, auch über Westfernsehen. Sie sagt nicht, das ist falsch. Sie sagt, ist gut, daß ihr so ehrlich seid. Sie sagt, man kann nur zu einer eigenen Meinung gelangen, wenn man offen sein kann und sich auch irren darf. Sie geht nicht mit uns um wie Lehrer mit Untergebenen. In der neunten hab ich ganz schön gestört, durch die schlechte Gesellschaft, in der ich war, und unsere Geschichtslehrerin hat immer Geduld mit mir gehabt. Die ist ein wahres Glück für mich.

Es gibt auch Vorbilder in Büchern. Die beeinflussen mich unheimlich. Papa hat mir ein paar Bücher von Malamud mitgebracht. Die erzeugen dermaßen nachhaltige Gefühle, der glaubt so stark an den Menschen, daß man selber gut wird. Und er zeigt, wie Menschen über Widerstände hinwegkommen. Oder das Buch von Merle über die Delphine. Das finde ich unheimlich gut, dieses Verständnis zwischen Mensch und Tier. Es ist doch oft so, daß die Menschen rücksichtslos gegenüber den Tieren sind. Ich seh das nicht ein. Das Tier ist auch in der Natur und ein Lebewesen wie der Mensch, es muß doch auch Rechte haben. Für mich ist die ganze Natur unheimlich wichtig. Ich bin oft draußen und fühle mich da ganz frei.

Mit einem Mann kann ich gar nicht so glücklich sein wie allein in der Natur. Spaß macht's mir schon mit Jürgen, aber richtig glücklich war ich noch nicht. Nie wieder mit einem Jungen schlafen, wenn ich ihn nicht richtig liebe! Es gibt Mädchen, die geben den Jungs Geld, damit sie mit ihnen schlafen. Jungs

glauben ja immer, daß sie untreu sein müssen. So ein Mann wie Jürgen, der wird schief angeguckt, weil er treu ist und das offen zugibt.
Glücklich bin ich auch, wenn mir meine Freundin alles erzählt, wenn sie Vertrauen zu mir hat. Man hat ihr jetzt ein Kind abgenommen, das hat sie fertiggemacht. Sonst hat sie es niemanden gesagt, nur mir. Glücklich macht mich auch, wenn ich in die Klasse komme und alle froh sind, daß ich wieder da bin. Oder wenn die Lehrerin akzeptiert, was ich sage, obwohl es mir schwergefallen ist. Wenn sie mich nicht zurückweist. Da bin ich ihr dankbar und möchte sie umarmen.
Ich erinnere mich an meine erste Verliebtheit, wie herrlich und wie traurig das war. Da war ich elf, da hat Lorenz, mein ältester Bruder, geheiratet, und wir haben drei Tage lang gefeiert. In die Freunde von Lorenz war ich dermaßen verknallt. Wie das zu Ende war und sie wieder abgefahren sind, war ich unheimlich traurig. Ich hab mir nicht vorstellen können, daß das Leben weitergeht.
Schönheit ist für mich nicht so wichtig. Ich habe eine häßliche Freundin, aber die ist so klug, die hat ihre eigene Meinung, gefällt mir eben, hat auch schon bei mir geschlafen. Mit der kann man über alles sprechen, auch über Politik, und dann nicht Hach Gott! und so. Und die Art, wie sie alles macht, die macht sie hübsch. An ihre Figur und wie sie aussieht, daran denkt man nicht mehr. Vielleicht bin ich so, weil Mammi zu viel Wert aufs Äußere legt und so schnell urteilt. Ich lasse meine Freundinnen an meine Schränke, die können sich alles nehmen. Nur meine bemalte Truhe kriegen sie nicht. Die hat mir Papa einmal mitgebracht, als ich nicht zur Schule wollte. An der hänge ich unheimlich. Wenn ich mal ganz schnell packen müßte, wenn ein Feuer ausbricht oder so was, dann würde ich erst mal meine Hosen retten, mein Bilderalbum, meine Truhe jedenfalls und meine Liebesbriefe.

Rosi S., 34, Sekretärin, verheiratet, ein Kind

Das Haus, in dem ich wohne

Irgendwo hab ich gelesen von einem, der auf der Suche ist nach einem unverbildeten Menschen und einer unzerstörten Landschaft. Das traf bei mir ins Mark. Jetzt hängt es über meinem Bett, damit ich es nicht vergesse. Ich hab immer irgendwas dort hängen, was mich sehr angeht. Schon als Kind habe ich das getan. Ich habe sogar Seiten aus Büchern herausgerissen.
Diesen unverbildeten Menschen hab ich vorläufig in meiner Tochter, und ich will alles tun, um zu verhindern, daß sie verbogen wird. Meine Eltern haben es mit mir genauso gemacht, ihnen habe ich alles zu verdanken. Später habe ich mich immer gewehrt, etwas aufzunehmen, was mir nicht entsprach. Ich weiß nicht, ob du das verstehst. Das Strammstehen in der Schule, diese äußerliche, sinnlose Disziplin, Fahnenappell, Augen links, Augen rechts. Was hat das mit Sozialismus zu tun? Das widerstrebt mir total. Ich kam mir wie vergewaltigt vor. Du weißt, daß es Eltern gibt, die in bester Absicht ihren Kindern raten, alles mitzumachen, um nicht unangenehm aufzufallen. Das ist unverantwortlich. Meine Eltern sagten immer: Du darfst nichts tun und nichts sagen, was du nicht ehrlich meinst. Sie haben mich gegen die Heuchelei erzogen. Meine Schwierigkeiten bewegten sich in den Grenzen des Zumutbaren, da mein Vater ein alter Kommunist war, über jede Verdächtigung erhaben. Insofern hab ich es leichter gehabt als andere, die brauchten mehr Zivilcourage. Dabei war ich keine Leuchte. Ich war nur scharf auf Abenteuer.
Ich bin das einzige Kind, aber meine Eltern haben mich nie von anderen Kindern abgekapselt. Auf unserem Gang allein wohnten zehn Kinder, da standen uns praktisch alle Türen offen. Wenn meine Mutter Steine klopfen war, bin ich eben in irgendeine andere Wohnung gegangen, wo gerade eine Mutter zu Hause war oder eine Großmutter. Mit fünf Jahren schickten mich meine Eltern schon zu den Großeltern. Da konnte ich noch nicht allein die Waggontreppen hinaufsteigen. Je mehr

Freiheiten man gehabt hat, desto lieber kommt man wieder nach Hause zurück. Mein Vater ist inzwischen gestorben. Töchter neigen dann dazu, ihre Väter in den Himmel zu heben. Meine Mutter ist zusammengebrochen, mein Vater war für sie der wichtigste Mensch auf der Welt. Ich war nie eifersüchtig, denn mein Vater hatte Platz für viele, sein Herz war weit, sagt meine Mutter, sie hat ihn schon im Blut.
Ich glaube, ich habe meinen Mann auch schon im Blut. Wir sind seit zehn Jahren zusammen, und ich kann mir einen anderen Mann nicht denken. Robert ist ein Stiller, einer, den man nicht hört. Er spricht leise, und er macht auch sonst keinen Lärm. Wenn er Holz sägt, im Hof ist ein Schuppen, dort hat er seine Werkstatt, wenn er Holz sägt, ist es das angenehmste Geräusch. Er geht leise, man hört ihn oft nicht hereinkommen. Manche Menschen behaupten, ich spiele ihn an die Wand. Doch die kennen uns schlecht. Robert hat nur einen Fehler, er kümmert sich nicht um unsere Tochter, er liebt mich mehr als sie. Am liebsten ist er mit mir allein. Auch wenn wir in Gesellschaft sind, ist er mehr mit mir beschäftigt als mit anderen Menschen. Es kommt vor, daß er mir begeistert von irgendeinem Mann erzählt, was der für ein Kerl ist. Dann muß ich diesen hervorragenden Mann auch kennenlernen. Und es ist seltsam: Diese Männer gefallen mir nie. Robert ist immer gespannt, wie ich reagiere, und dann ist er verwundert oder enttäuscht, wenn er merkt, daß ich andere Maße habe als er. Irgendwie erleichtert es ihn auch, als wollte er mich nur auf die Probe stellen. Diese ständige Vergleicherei beschäftigt ihn enorm, da er im Grunde mit sich unzufrieden ist. Er hat in seinem Kopf irgendein Männlichkeitsideal, meistens sind das enorm athletische Körper, mit Gesichtern wie Wildwesthelden. Für mich total reizlos – diese zupackenden, undifferenzierten Mannsbilder.
Ich gehöre nicht zu den Frauen, die sich einbilden, nur mit *einem* Mann glücklich sein zu können. Ich treffe ständig Männer, die mir gefallen und denen ich gefalle. Wenn tatsächlich nur zwei Menschen füreinander in Betracht kämen, unter den . . .zig Millionen auf der Welt, wie fänden diese beiden zueinander?
Aber glaube nicht, daß du von mir was enorm Spannendes für

dein Buch erfährst. Ich neige nicht zu leidenschaftlichen Ausbrüchen, ich bin neugierig, ich bin unruhig, ich bin wie ein Kind, sagt mein Mann. Und ich habe wenig Hemmungen, sage ich. Konkret, ja? Konkret gehe ich gelegentlich mit einem Mann ins Bett oder auf die grüne Wiese. Seltsam, daß ich dir das eingestehe. Es ist seltsam, da ein Mann so etwas ohne weiteres eingesteht, es würde sogar sein Prestige aufpolieren. Ich aber verberge diesen Teil meines Lebens vor anderen Menschen, da ich weiß, wie sie über Frauen wie mich urteilen und wie schlecht mein Mann dabei wegkommt. Die Tugendrichter sind ja weniger die Männer, denen man oft zu Unrecht nachsagt, sie würden sich an unsere Emanzipation nicht gewöhnen. Meistens gehen Frauen auf die Barrikaden, die ihren Neid hinter moralischer Entrüstung verstecken. Ist ja ein alte Hut.
Aber es ist nicht so, daß ich bei Robert zu kurz komme.
Robert arbeitet sehr schwer mit seinem Körper. Wenn er abends nach Hause kommt, bin ich meistens schon da. Dann gehen wir zusammen ins Badezimmer, das ist ein großes Zimmer, das wir vor kurzem umfunktioniert haben. Nun ist das eine große Sache für uns, dieses herrliche Bad! Es kommt vor, daß auch Sabine hinein will, und wir lassen sie herein. Und es kommt vor, daß wir Sabine wieder hinausschicken. Mit keinem anderen Mann war ich so frei wie mit Robert. Er hat mir noch nie etwas verweigert. Wir kennen unsere Bedürfnisse, Sexualität hat ja nicht nur mit Liebe zu tun, mit Streicheln und Lächeln, sie hat auch etwas mit Gewalttätigkeit zu tun, mit primitiven Trieben. Und genau das ist es, was die meisten Menschen nicht sehen wollen. Ich habe nicht zufällig diesen Arbeiter genommen. Ich will keinen Intellektuellen, der mit seinem Körper nichts anfängt. Ich hätte so einen haben können. Der war Chefingenieur. Ging mit einem weißen Mantel herum, und nach Feierabend hat er Tennis gespielt und ist mit diesen albernen Standfahrrädern in seiner Wohnung beschäftigt gewesen. Als er scharf auf mich war, hat er zuerst eine halbe Stunde geduscht und sich mit Körperspray eingenebelt. Inzwischen war mir alles vergangen. Und dann sollte ich auch unter die Dusche, vorher! Oh! Über das Laken, halte dich fest, hat er

zwei Handtücher gelegt, damit das Laken nichts Schlimmes abbekommt. Ich habe diese heilige Handlung einmal über mich ergehen lassen, aus Neugier. Wie er beim zweiten Mal, eine Woche später, die gleiche Zeremonie startete, bin ich abgehauen. Das arme Mannsbild hat jetzt Komplexe.

Du glaubst, du hast mich jetzt ertappt, ja? Warum trägt sie ihre Sexualität aus dem Haus, wenns mit ihrem Mann klappt, ja? Weiß ich nicht, weiß ich wirklich nicht. Ich kann dir nicht sagen, warum ich *nicht* mit ihnen schlafen soll. Es ist doch so: Man trifft unentwegt Menschen, in unserem großen Betrieb mit den vielen Beziehungen ist das beinahe unüberschaubar, und man ist doch nicht blind und taub. Ich habe gerne direkten Kontakt zu Menschen, die ich mag, auch zu Frauen. Frauenhaare und Frauenhaut sind was Phantastisches. Das geht bestimmt vielen Frauen so, sie gestehen es sich nur nicht ein. Ich sehe gerne Frauen, die große Brüste haben, sie müssen nicht schön sein. Man geht mit so vielen Menschen in die Kantine, ins Kino oder spazieren, sitzt in Versammlungen zusammen, lacht, streitet. Hundert Beschäftigungen, die man mit anderen tun kann, wenn man sich sympathisch findet. Gibt es einen einleuchtenden Grund, warum man ausgerechnet den Sex ausklammern soll? Weil unsere Großmütter das tun mußten? Ja? Alles, was natürlich ist, ist gut für mich.

Oh, das Bedürfnis nach Treue, das hab ich auch. Ich werde mit keinem anderen Mann leben und keinem andern Mann mein Innerstes anvertrauen. Das weiß ich genau, viel genauer als manche Frauen, die sich einreden, mit keinem andern Mann schlafen zu können. Sicherlich gibt es viele Gründe, warum Frauen sich das einreden. Sie sind so erzogen worden. Dann mag es wirklich Frauen geben, die können nur mit einem, wunderbar. Und die andern, die wollen vielleicht, daß ihnen ihr Mann Gleiches mit Gleichem vergilt und auch bei der Stange bleibt. Und manche Frauen sind einfach feige, nicht bereit zum Risiko. Es sind ja immer diese Abenteurertypen unter den Frauen, die ausprobieren wollen, was bisher den Männern vorbehalten geblieben ist. Na schön, und nun erleben wir eben die gleiche Ernüchterung wie die Männer. Mit manchen ist die

Liebe genauso öde, wie wenn man mit ihnen heiße Würstchen am Stand ißt. Unerfahrene Frauen machen ein Drama daraus, wenn die wüßten. Etwas fällt mir ein, das wirst du sonderbar finden. Wir schlucken jetzt alle diese grüne Pille zum Frühstück, die uns die Freiheit gebracht hat, ja? Ich weiß genau, ich gehe kein Risiko mehr ein, wenn ich mit einem Mann schlafe. Weißt du was? Wenn ich einen Mann liebe, dann *will* ich dieses Risiko eingehen! Weil der ganze Sex sonst auf die Dauer öde wird. Da wird eben was Wichtiges ausgeklammert, eine große Erschütterung. Man wird flach ohne dieses Risiko. Sex ist für mich ja nicht nur ein Spaß, sondern gelegentlich etwas Totales. Im Sex drücke ich meine ganze Persönlichkeit aus, viel direkter als sonstwo, ja? Ich bin keine Sexmaschine, ich bin eine Frau. Und es geht wunderbar, sobald ein Mann das begriffen hat. Enthemmung ist hervorragend, doch es bleibt eine Leere, die schlimm sein kann, wenn das alles überhaupt nichts mehr mit Verantwortung zu tun hat.

Eine gesunde Sexualität muß dem Menschen heutzutage anerzogen werden. Kleine Kinder haben schon ihren Sex. Als Sabine fünf war, lebte eine Weile ihr kleiner Freund bei uns, dem war die Mutter sehr krank geworden. Die lagen zusammen im Bottich, ich sehe noch ihre seligen Gesichter. Der kleine Mann hatte einen Ständer und machte mich darauf aufmerksam, daß er jetzt alles mögliche darauf hängen könnte. Heute ist die Sabine acht, dritte Klasse, da bekommt sie von ihrem Banknachbarn einen Brief, in dem wird angefragt, ob sie mit ihm ficken will. Sie fragt mich, was das heißt, ich erkläre es ihr, sie kannte den Vorgang, nicht das Wort, das wir nicht verwenden, damit hat sich die Angelegenheit. Würde die Lehrerin oder die Mutter von Christian auch so reagieren, was glaubst du? Welche Erfahrungen machen die Kinder mit uns Erwachsenen, und auf welche Weise werden Tabus erzeugt?

Jetzt beenden wir das schöne Thema, ja? Mein ganzes Geheimnis ist eben, daß ich herausgefunden habe, was ich zum Leben brauche. Ich brauche das Hinausgehen ebenso wie die Geborgenheit zu Hause. Und weil beides gut funktioniert, geht es mir gut. Das ist alles. Wie mein Mann sich dabei fühlt? Ach je, der

Stärkere wird immer den Schwächeren beeinflussen oder der Aktive den Passiven. Wenn das mit Takt geschieht, wüßte ich nichts dagegen einzuwenden.
Was heißt Überlegenheit? Ich führe ja nicht gerade ein feines Leben durch meine sogenannte Überlegenheit. Ich bade doch alles alleine aus, Elternbeirat, Gewerkschaft, betreue die Alten im Haus, erledige die Wege zu den Ämtern. Es ist nicht die Arbeit, die einen schafft, es ist die Verantwortung, die man alleine tragen muß. Ich gehöre nicht zu den Frauen, die ihr Leben lang gegen Windmühlen reiten. Ich hab früh begriffen, wie ich mit Robert zurechtkomme, was ich ändern kann und was nicht. Ach, wir haben schon Streit. Es geht nicht immer friedlich zu. Robert sagt, ich explodiere wie eine Handgranate. Aber der Zündstoff ist schnell verbrannt und richtet kein Unheil an. Die Stillen wie mein Robert, die setzen sich mit Schweigen durch. Wenn ich ehrlich sein soll, muß ich gestehen, daß ich gelegentlich enorm mutlos bin. Es gibt vieles, was ich nicht so hinnehmen kann. Aber ich *kann* es nicht verändern, nicht mit Robert, der so konservativ ist. Wenn man Dinge, die für einen wichtig sind, absolut nicht verändern kann, wird man müde. Das kennst du doch, das ist im Kleinen so wie im Großen. Die Menschen hauen auf die Pauke, aber dann geht ihnen die Puste aus. Das ist eine normale Abnutzung. Was ich in unserem Betrieb tagtäglich erlebe, das läßt mich staunen, was Menschen zustande bringen, über wieviel Reserven sie verfügen. Aber es stimmt mich traurig, es macht mir Angst, wenn ich sehe, was für ein Schindluder damit getrieben wird. Die Menschen wollen im Grunde gute Arbeit leisten. Nun sieht die Wirklichkeit in unseren Betrieben gelegentlich anders aus. Wie kommt diese Resignation, auf der nichts Gutes mehr gedeiht? Trotzdem, ich bin ein optimistischer Mensch, ich glaube daran, daß man durch größere Offenheit vieles reparieren könnte. Man muß über Fehler sprechen! Man kann nicht eine Sache falsch machen und immer weiter falsch machen, egal aus welchen Gründen, und den Arbeitern einreden wollen, es hätte alles seine Richtigkeit, sie wären nur nicht imstande, die Zusammenhänge zu überschauen. Wenn einer die Zusammenhänge nicht

sehen darf, kann er auch nicht verantwortlich gemacht werden, dann kann er auch keine anständige Arbeit leisten. Ich halte dieses Fachidiotentum, auf das wir zusteuern, für enorm gefährlich. Es liegt nicht in der menschlichen Natur, es schließt Verantwortung aus. Das begreift ein Kind. Unsere leitenden Kader aber sind so in dem Dreh drin, die haben die Kraft nicht, irgendwelche Konsequenzen zu ziehen oder ein Risiko einzugehen. Wenn es nicht wenigstens eine Handvoll richtiger Menschen gäbe, wie zum Beispiel unseren Gewerkschaftsvorsitzenden, ich sage dir, ich wäre schon Friedhofsgärtner geworden. Oder ich hätte mir einen Haufen Kinder angeschafft und mich in meiner Datsche verkrochen. Sieht diese Entwicklung denn keiner? Oder zieht man die falschen Schlußfolgerungen? Sitzen die falschen Leute in den Schlüsselstellungen? Das muß man sich doch fragen.
Das Schlimme ist, daß man sich das *nicht* mehr fragt. Man bleibt in den Gesprächen hübsch an der Oberfläche. Ich habe ein kleines, ganz kleines bißchen Philosophie gelernt, in meiner Abendschule, und unsere Direktoren haben enorme Parteischulen hinter sich. Was haben die ihnen genützt? Einerseits sind wir unentwegt mit Schulungen und Versammlungen gesegnet, die man heimlich verflucht, weil da immer das gleiche passiert. Leute hören sich gerne reden und haben nichts Neues zu sagen, nur Phrasen. Andererseits erleben wir täglich schlimme Dinge, die einem Angst machen müßten, die aber so gut wie keiner beachtet. Diese Gedankenlosigkeit, diese Voreingenommenheit und Dummheit! *Wir* haben ja keine Vergangenheit zu bewältigen, nicht? Wir haben ja mit der Gründung unseres Staates automatisch den Faschismus ausgerottet und die ganze deutsche Misere. Ich habe diesen hervorragenden amerikanischen Film »Das Urteil von Nürnberg« noch einmal gesehen, von Stan Kramer, der ging mir derartig unter die Haut, weil ich viele Verhaltensweisen wiedererkenne. Keiner hat mit der ganzen Sache irgend etwas zu tun gehabt, keiner hat etwas gewußt, nicht? Keiner konnte für etwas verantwortlich gemacht werden. Gestern in der Kantine. Einer ruft irgendwas wie: Du, die und die fährt nach Ravensbrück. – Oh, schreit eine Frau vergnügt,

dort gehört sie auch hin! Niemand hat was dazu gesagt, ich auch nicht. Ich friere ein, wenn ich so was höre. Ich denke an meinen Vater, und ich sage mir: Ihn hat es betroffen, und mich betrifft es auch noch ein wenig. Dann wird auch unsere Generation aussterben. Und wer wird sich daran erinnern? Wer? Fängt die Menschheit dann mit ihren Fehlern wieder von vorne an?
Über das alles kann ich mit Robert sprechen, er reagiert gefühlsmäßig, aus Sympathie zu meinem Vater. Aber es beunruhigt ihn nicht, er findet mich ein bißchen überdreht. Für ihn ist unsere Gesellschaft ganz in Ordnung, weil alle zu essen haben, weil wir persönlich weiterkommen, uns mit Sachen eindecken, Auto, Badezimmer, Kühlschrank, Datsche, Waschautomaten.
Hier ist so ein Spruch von meinem Nachttisch. »Ich habe etwas gegen das Enthüllungsspiel. Man kann der Zwiebel alle Häute abziehen, und dann bleibt nichts. Ich werde dir sagen: Man beginnt zu sehen, wenn man aufhört, den Betrachter zu spielen, und sich das, was man braucht, erfindet; diesen Baum, diese Welle, diesen Strand ...« Ich erfinde mir auch, was ich brauche. Ich sehe in Menschen was hinein, was möglicherweise nicht da ist. Das macht man, wenn man liebt. Meinen Mann sehe ich gelegentlich so schön, daß mir ein anderer sagen könnte: Du bist blind, der ist nicht so. Wer sagt dir, daß er nicht so sein *könnte*? Mit der Wahrheit und mit der Gerechtigkeit ist das so ein Ding. Denn jeder Mensch hat seine *eigene* Wahrheit, sein eigenes Lebensgesetz. Das kannst du bei allen möglichen klugen Leuten nachlesen, ich weiß, aber ich sage es dir mit meinen Worten, und darauf bin ich stolz. Mit der Wahrheit kommt man nicht weit, wenn man wie ein Richter von außen die Menschen beurteilt. Diese Selbstgerechten, weißt du, die nie zweifeln, schon gar nicht an sich selber, die sind die Pest in den menschlichen Beziehungen.
Da habe ich mir noch etwas herausgeschrieben. »Sehen, das ist doch nicht zu den Akten nehmen. Man muß doch bereit sein zum Widerruf. Du gehst weg und kommst zurück, und etwas hat sich verwandelt. Laß mich in Ruhe mit den Protokollen, die Form muß schwanken, alles muß schwanken, so brav ist das Licht nicht ...« Das ist richtig, das spüre ich. Und so halten wir

es auch in der Ehe. Jeder von uns hat das Recht wegzugehen und als ein anderer wiederzukommen. Meinem Mann muß es manchmal geschaudert haben, wenn ich zurückgekommen bin, von einer Dienstreise oder von einem Abend, wo ich mich allein auf die Socken gemacht habe. Doch er hat mich nie heruntergemacht oder ausgehorcht wie einen Dieb. Robert hat die Zeit darübergehen lassen und gewartet, bis ich wieder bei ihm angekommen bin. Wir haben uns nie damit aufgehalten, uns gegenseitig bei Widersprüchen zu ertappen: Du hast aber gestern das und das gesagt, was stimmt denn nun? Man kann sich etwas nicht zusammenreimen, und sofort kriegt der andere seinen Stempel: undurchsichtig, unsauber, verlogen, verrückt, unmoralisch – kleinbürgerlich! Und dabei bleibt es.

Ich könnte es ja auch so wie gewisse Frauenrechtlerinnen machen, die wie die Wilden schießen, weil man es ihnen erlaubt hat; die über ihre Männer schimpfen, weil sie ihnen den Abwasch nicht abnehmen oder die Scheißwindeln von den Kindern. Sie rennen Amok, die kommen nie zu einer Verständigung mit ihrem Mann. Man muß lernen, die kleinen Veränderungen beim andern wahrzunehmen, und sich vor allem selber ändern. Ohne Liebe bleiben diese ganzen Emanzipationsversuche ein Krampf. Was nützt es den Frauen, wenn sie sich *gegen* ihren Partner emanzipieren? Ich sehe eine Menge Zerstörerisches. Alles, was hemmt, sich einem in den Weg stellt, Leiden verursacht, das eigene Glück beschneidet, wird bekämpft. Ich glaube, man kann nur von Kompromiß zu Kompromiß gehen. Wenn man aus einer Bindung aussteigt, muß man bei einer neuen wieder von vorne beginnen, denn man läuft ja nicht vor sich selber davon. Die Schwierigkeiten, die man hat, überträgt man auf den anderen. Ist man selber ungeduldig, lieblos oder gemein, bezichtigt man natürlich den Partner, ungeduldig, lieblos oder gemein zu sein. Ist auch ein alter Hut. Eine kluge Frau hat gesagt, daß wir uns auf die alten humanistischen Ideale besinnen sollten. Nachgeben, Gütigsein, Dienen sind in schlechten Ruf gekommen im Zeitalter der Emanzipation. Man müßte aufpassen und unbeirrbar tun, was man für richtig erkannt hat.

Ich bin Sekretärin, schön und gut, aber ich bin auch ich, ich bin Rosa S. Daß in mir noch eine Menge drin ist, das ich nicht ausschöpfen kann, das spüre ich, und das macht mir Mut zum Weitermachen. Die Sekretärin ist purer Zufall, es gibt Schöneres, als Handlanger für ehrgeizige Männer zu sein. Aber ich habe keinen Ehrgeiz, ich kann gut zurückstecken. Ich kann mir nicht vorstellen, was sich groß ändern würde, wenn ich Kranführerin wäre oder Geflügelzüchterin oder Dichterin. Ich finde es beschämend, was manche junge Menschen an Weltschmerz verdampfen, nur weil sie ihren Traumberuf nicht kriegen oder weil ihnen einer Schwierigkeiten macht. Damit rechtfertigen sie ihre Unfähigkeit, mit irgendwas selbständig fertig zu werden. Unsre Schulen sind da nicht schuldlos. Jetzt haben sie mir einen Chef vor die Nase gesetzt, nachdem der gute Alte an Hirnschlag gestorben ist, der ist unfähig zur kleinsten Entscheidung. Ich habe ein selbständiges Arbeitsgebiet, und wenn ich es gut mache, verliert er kein Wort, dafür werde ich bezahlt. Aber wenn ich einen kleinen Ausrutscher mache, dann wird Gericht gehalten, vor versammelter Mannschaft, allein ist er zu feige. Er hat es mit der Gerechtigkeit, das macht mich verrückt. Was er da macht, ist zwar eine Gemeinheit, aber gerecht, eine Gedankenlosigkeit, aber gerecht – grausam, aber gerecht. Ein Theoretiker, frisch von der Hochschule, voller Rosinen. Mich nimmt er nicht ernst, weil ich so blöde praktisch bin und mich auf Erfahrungen verlasse. Männer haben eben einen weitreichenden Verstand, und Frauen sind für die praktischen Dinge zuständig. Das ist vielleicht ein Affe! Papiere, Mitteilungen, Verordnungen, Protokolle, Berichte, Bestätigungen, Erlasse, alles schriftlich, obwohl es auch ein Telefon gibt. Auf das Telefon ist aber kein Verlaß. Ich habe eine Nase entwickelt für das, was man wegwerfen kann, ohne daß ein Hahn danach kräht. Mein Chef toleriert das schweigend, weil die Vorteile auch für ihn auf der Hand liegen, wenn aber solch ein Schriftstück doch noch einmal gebraucht wird, kriegt er glasige Augen und teilt mir schriftlich mit, was er davon hält. Der scheut jede Konsequenz. Konsequent sein, das war doch eine der stolzesten männlichen Eigenschaften. Mütter sind weich und nachgiebig und ein wenig

dumm; Väter sind hart, konsequent und klug, nicht?
Da habe ich gerade durchs Fernsehen vernommen, welche Eigenschaften für uns Frauen typisch sein sollen, das haben westliche Wissenschaftler entdeckt: Passivität, Abhängigkeit, Konformismus, Ängstlichkeit, Nervosität, Narzißmus, Gehorsam. Ich bin also ein Mann, dem nur das Stückchen Schwanz fehlt. Oder ich lebe in einer anderen Welt, in der man sich schon andere Charaktereigenschaften zulegen darf. Und den Herren der Schöpfung wurde zugebilligt: Aggressivität, Gefühl für soziale Rangordnung, größere Risikobereitschaft. Erhöht sich allerdings die Aggressivität der Männer, sinkt ihre Intelligenz. Das kann ich bescheinigen. Bei den Frauen liegts andersherum. Höhere Aggressivität ist mit höherer Intelligenz gekoppelt. Soll eine Angelegenheit der Hormone sein.
Wo sind wir stehengeblieben? Ach ja, unser sozialistischer Konformismus. Wie soll eine Gesellschaft weiterkommen, die nicht mehr in Frage stellt, nicht mehr verändern will, Risiken scheut? Da hätten wir doch den lieben Gott und die Dogmen unserer Großeltern übernehmen können. Zweifeln, Forschen, Fragen, das sind alles Dinge, die uns abhanden gekommen sind. Schon mit den einfachsten menschlichen Beziehungen hapert es. Wenn einer Kummer hat, wenn es bei einem ans Sterben geht, wenn einer Krebs hat oder wenn er Pole ist – ich weiß, was ich sage –, wenn einer irgendwie aus der Norm heraustanzt, da versagen wir. In unserem Hof ist ein Kind ertrunken, beim Spielen in die Regentonne gefallen. Die Leute haben einen Riesenbogen um die armen Eltern gemacht, sie haben sich gewunden, in eine andere Richtung geguckt oder Dummheiten geredet. Es war bestimmt nur Hilflosigkeit, aber woher kommt denn die, woher kommt dieses feige Verhalten, wieso sind wir so schlecht aufs Leben vorbereitet, was lernen wir eigentlich in den Schulen? Das sind doch Fragen, nicht? Und denkst du, bei gebildeten Leuten ist das anders? Wir haben hier ein paar Intellektuelle wohnen, die sind mit Scheuklappen auf die Welt gekommen. Ich könnte dir sagen, geh zu Frau Sch., die führt ein interessantes Leben, die soll auch mal auspacken. Aber das wird sie nicht tun, das kann sie gar nicht, weil sie ihre Lage überhaupt

nicht begreift. Die leidet stumm wie ein Fisch und verbittet sich jede Annäherung. Stolz und mißtrauisch, die braven alten Bürger! Man geht natürlich zu den Parteiversammlungen und läßt keine falsche Diskussion aufkommen, so wie ihre Eltern früher in die Kirche gegangen sind und keine Fragen über Gott zuließen. Wenn du ein bißchen an der roten Farbe kratzt, kommt der ganze alte Mist hervor, eine Tapete nach der andern, zurück bis zu Kaisers Zeiten. Ich habe andere Häuser kennengelernt. Meine Mutter wohnt noch heute in dem Haus, wo ich aufgewachsen bin. Dort hat man mir von klein auf beigebracht, wie Menschen einander beistehen können, nicht nur mit Salz und Mehl. Im Krieg haben die Frauen den Luftschutzwart entlassen, weil er sie bespitzelt hat, und nichts ist ihnen geschehen, weil es so viele waren. Wir Kinder haben während der Bombenzeit in den Kellern gelebt. Das wäre überhaupt nicht möglich gewesen, ohne daß wir schweren Schaden genommen hätten, wenn dieser hervorragende Zusammenhalt unter den Frauen und den alten Männern nicht gewesen wäre. Heute noch finde ich es wunderbar, wenn ich in dieses Haus gehe, wenn die alten Frauen ihren Kopf aus dem Fenster stecken und über den Hof rufen: Die Rosi ist wieder da. Darf man denn noch du zu dir sagen, Rosi?

Ruth B., 22, Serviererin, ledig, ein Kind
Warten auf ein Wunder

Ich glaube, mein Zwiespalt ist der: Ich lebe in einer Zeit, wo vieles schon möglich ist für eine Frau, aber ich bin feige. Ich suche erst Verbündete, damit wir uns gegenseitig stützen können, weil ich allein überhaupt nichts tauge. Dieser irre Zwiespalt zwischen den Möglichkeiten und meiner Angst, der bringt mich um. Ich schwindle viel, aber nicht mit Absicht, ich bin einfach gewöhnt, den Leuten was vorzumachen. Laß nur, ich bin auch irre kritisch mir gegenüber. Früher war ich das nicht, früher hab ich mir nicht selber weh getan, nur den andern. Immer wenn es mir schlecht gegangen ist, bin ich aggressiv geworden. Ich geh jetzt in so eine Gruppentherapie, wo man aufhören muß, gescheite Reden zu führen. Das geht nur, wenn die Leute ehrlich zu sich selber sind. Die sagen, ich schwindle mir so viel vor, weil ich das Leben, wie es ist, nicht ertrage, ich gebe mich immer viel mutiger als ich bin.

Ich jammere sonst nicht, das mußt du mir glauben. Ich spiele allen Leuten vor, was für eine tolle Person ich bin. Bei meinen Kunden im Café bin ich der reinste Müllschlucker. Da kommt keiner auf den Gedanken, daß ich auch meine Probleme habe. Alle laden sie bei mir ab. Das halte ich nicht lange durch. Noja, zuerst spiele ich den Clown, den nichts umwirft, aber auf einmal fühle ich mich ... fühle ich mich so fremd unter den Menschen. Manchmal, manchmal setze ich mich in die Straßenbahn oder in ein fremdes Restaurant und mache so ein Gesicht, so eins ... Ich stell mir vor, welchen Ausdruck die Schauspieler in ihr Gesicht legen, wenn sie verzweifelt sind oder traurig. Ich sitze da, es ist ja nicht gespielt, es ist nur, damit jemand es merkt. Aber niemand merkt etwas. Noja. Wenn ich so bin, so schwach und hilflos, da verachte ich mich. Es gibt doch Menschen, die sind nie unten.

So ein Mensch, der nie unten ist, das ist mein Vater. Der steht wirklich über den Dingen. Ich hab meinen Vater nie wütend gesehn, immer still ... nie Stimmungen. Nun lebt er in der Dichtung ... Ich weiß nicht, ob man das sagen kann. Der lebt mit unwahrscheinlich vielen Büchern zusammen. So wie meine Tante mit ihren Vögeln. Das was er in den Büchern findet, das findet er im Leben nicht, sagt er.

Du mußt mich daran erinnern, daß ich nachher den Kleinen suche. Der treibt sich schon herum, wie ein Mann! Die Nachbarin wollte auf ihn aufpassen, aber die ist ihm auch nicht gewachsen. – Mein Vater? Der lebt im Haus von meiner Mutter. Ich nenn sie sonst nie Mutter, nur dir zuliebe. Er lebt in seinem Zimmer, das ist eigentlich ein Gartenzimmer und ziemlich kalt, aber er lebt da, mit seinen Büchern, und manchmal, da hat er so ein Leuchten im Gesicht ... Was ist, warum schaust du so? Man kann es nicht genauer erklären. Es kommt alles auf das Gefühl an, das einer hat. Die äußeren Verhältnisse, in denen einer lebt, die sind vollkommen gleichgültig. Ein Mensch kann so weit kommen, wenn er will! Ich bin doch auch nirgends zu Hause, ich *will* nirgends zu Hause sein. Am wenigsten in dieser Neubauwohnung. Weißt du, wie ich mich hier fühle? Ich sitze in meinem neuen Sessel vor dem Fernseher, und da sehe ich ganz deutlich, wie in jeder Wohnung einer auf so einem Sessel vor so einem Fernseher sitzt. Die könnten doch miteinander reden, könnte man doch, aber man kennt sich überhaupt nicht. Das macht mich kaputt. Über mir wohnt einer, den sehe ich manchmal im Fahrstuhl oder in der Kaufhalle. Der sieht unwahrscheinlich gut aus, und abends, wenn ich im Bett liege, träume ich von ihm. Aber denkst du, ich hätte schon einmal guten Tag zu ihm gesagt? Im Café bin ich ja auch nicht auf den Mund gefallen. Aber dieses verdammte Riesenhaus, das verändert einen so.

Manchmal, manchmal komme ich mir selber unwirklich vor. Noja. Ich meine, der Körper, der hat mit mir auf einmal nichts zu tun, den beobachte ich nur so. Schau her, diese langen dürren Finger, was die mit den Männern anstellen, die sind ja wie Tiere, Spinnen oder so was. Und wenn ich auf meinen Busen schau, unter diesen Herrenhemden hab ich doch nichts an: Was die für kleine Blumen hat, durchsichtige, wie Malven, kennst du Malven? Bei mir verändert diese blöde Pille überhaupt nichts. Vielleicht würde ich eine richtige Frau werden, wenn ich richtige Brüste hätte. Noja, das geht mir oft durch den Kopf.

Wie soll ich dir das alles erklären? Mein Vater, der ruht eben in sich. Wenn man in seine Stube kommt, nun ist er sechsundsechzig und geht zu keiner Arbeit mehr hinaus, da kann man nicht einfach von sich erzählen, das würde ihn stören, weil es uninteressant ist, was man erzählen will. Ich habe einen eigenen Sessel in seiner Stube, aus dunkelgrünem Leder, ganz abgeschabt, da habe ich schon als Kind gesessen, wie ich noch durch die Ritzen fallen konnte. Der riecht so gut, der Sessel. Ich habe nur einmal einen Mann getroffen, der hat so einen Geruch gehabt wie mein Vater, und bei dem habe ich mich ganz irre verhalten. Der hat natürlich gar nicht herausfinden wollen, was mit mir los ist, der ist einfach nicht wiedergekommen. Man muß Männern immer was vorspielen, sonst verschreckt man sie. Ich habe noch keinen gekannt, der dahinterkommen wollte, wie ich wirklich bin und warum ich so bin. Die haben alle was Bestimmtes mit mir vorgehabt.

Natürlich kennt mich mein Vater. Wie kommst du denn darauf? Ich kann doch zu ihm kommen, wann es mir paßt. Er hat ein unwahrscheinliches Vertrauen zu mir. Aber das ist vielleicht was Komisches: Wenn ich ein Buch in die Hand nehme, nur so in die Hand nehme, dann macht es mir ein bißchen Angst. Ich habe natürlich Bücher gelesen, mußte ich doch, in der Schule. Jetzt lese ich unwahrscheinlich gerne Hesse und Henry Miller. Manchmal verschlinge ich so ein Buch, dann spüre ich direkt, wie anfällig ich für so was bin. Ist das nicht komisch? Mein Vater bedauert es nicht, daß ich so wenig lese und so ungebildet bin. Der verlangt nie was von mir. Er hat Buchhändler gelernt, aber nach dem Krieg war er in der Volksbildung und zum Schluß Funktionär, ich weiß nicht genau, was. Es hat mit Buchhaltung zu tun gehabt, aber sein eigentliches Leben, das war immer woanders.

Meine Mutter? Laß nur, das lohnt nicht. Ich weiß nicht, wie die ist. Ich möchte sagen, sie hält ihr Haus sauber. Aber nicht einmal das macht sie richtig. Das Haus verfällt, nichts ist mehr heil. Noja, ich mache mich auch nicht zum Sklaven meiner Wohnung, das siehst du ja. Meine Mutter aber, die strahlt so einen widerlichen Optimismus aus, die ist so was von satt und zufrieden mit sich, die lebt vom Schwatzen und vom Gutessen und Trinken. Die trinkt furchtbar gern, dann macht sie obszöne Witze, und wenn einmal in der Woche die Sonne scheint, dann reicht ihr das vollkommen. Die stellt keine Ansprüche ans Leben. Die hat auch nie begriffen, was für ein Mensch unter ihrem Dach wohnt. Ach Gott, dieses Puppengesicht mit den braunen Locken und den braunen Äuglein, alles niedlich und dumm. Und älter wird so ein Gesicht auch nie. Ich bin so froh über mein Pferdegesicht, daß ich schwarze glatte Strähnen habe.

Auf keinen Fall möchte ich dieser Frau ähnlich sein! Mein Vater hat sie immer wie ein Kind behandelt und sie irre verwöhnt. Er ist ja achtzehn Jahre älter als sie. Ich weiß nicht, was er an der Frau gefunden hat. Er hat ein paar Fotos von ihr in seiner Stube hängen, da sieht sie wie die leibhaftige Madonna aus. So unschuldig, ach nein! Vielleicht war sie einmal so, oder sie hat es ihm vorgespielt, weil er solche Frauen liebt. Jetzt ist sie jedenfalls eine ganz gewöhnliche Person, für die ich mich schäme, wenn sie mich besuchen kommt. Einmal habe ich sie so gereizt und hochgeschaukelt, da hat sie gesagt, sinngemäß: Ich lasse mich bezahlen für das, was er mir nicht bieten kann. Wenn er zu einer Prostituierten gehen würde, die ihn in Schwung bringt, müßte er ja auch dafür bezahlen. Für dieses Geld kaufe ich mir schöne Sachen.

Diese Geldgeschichten, die haben mich immer so angewidert, daß ich niemals von einem Mann was annehmen könnte. Wenn ich mit einem schlafe, kostet ihn das nie was. Ich werde wild, wenn ich sehe, daß mir einer Geld zuschieben will. Ich bezahle alles von meinem Geld, auch wenn es hinten und vorn nicht zusammengeht. Nur guten englischen Tee von drüben lasse ich mir schenken.

Weißt du, jetzt ist es genug. Frag mich keine Einzelheiten mehr. Wenn mich was anwidert, dann diese amerikanische Art, über alles zu quatschen, das ist pervers. Ich hatte einmal einen Amerikaner, der wollte schon nach drei Tagen in meinen letzten Seelenwinkel kriechen. Der saß noch schneller vor der Tür als die andern. Kann ich dir sagen. Alles am Menschen muß schön sein, muß irgendwie Stil haben. Was fällt dir ein, wenn du *schön* hörst? Noja, Stalin beispielsweise, der war ein schöner Mann. Meine Mutter hing sehr an diesem Mann. Sein Bild in ihrem Schlafzimmer – im goldenen Rahmen – jaja. Als sich das nicht mehr schickte, versteckte sie ihn in ihrem Wäscheschrank. Ach je, wie hockte ich als Kind unter der offenen Schranktür, und wie finster blickte Väterchen Stalin auf mich hernieder! Vor meinem Vater brauchte ich nie Angst zu haben, der kriegte überhaupt nicht mit, was ich anstellte. Aber vor Stalin hatte ich oft ein schlechtes Gewissen.

Die armen, armen Lehrer, die waren so was von hilflos. Je entsetzter sie über mich waren, um so mehr bin ich aus der Rolle gefallen. Von allem immer das Gegenteil! Diese Erwartungen, mit denen sie einen behämmern, die sind was Irres. Ich denke an meine Kindheit wie an eine Straße mit lauter Verbots- und Gebotsschildern, nicht der kleinste Feldweg, wo du abirren kannst, ohne schlechtes Gewissen zu haben. Manchmal war ich voll von was Großem, ich kam mir wie ein Gott vor, aber die Lehrer sagten, ich hätte wieder nicht aufgepaßt, und quälten mich fortwährend mit ihrem langweiligen Gerede. Die Schule war eine Folteranstalt. Wenn die Erwachsenen wüßten, wie furchtbar alleine die Kinder sind, die andauernd Unfug machen. Je störrischer ich war, desto unglücklicher fühlte ich mich. Manchmal aber war ich irre glücklich, das wissen die Erwachsenen auch nicht. So glücklich war ich später nie wieder. Man erlebt in der Kindheit alles wie in einem Rausch. Und die Erwachsenen stören fortwährend. Das bringt die Kinder um. Ich habe überhaupt nichts von mir hergezeigt. Niemandem. Heute noch halte ich Frauen für dumm, die keine Geheimnisse haben.

Ich mache alles wie eine Verrückte, irre lesen, irre lieben, dann wollte ich auf einmal studieren, obwohl ich nicht einmal den Zehnklassenabschluß habe. Kannst du dir vorstellen: Ich und studieren? Beinahe hätte ich auch das noch geschafft, da war ich zufrieden. Nur das Schwierige reizt mich. Wahrscheinlich ist es das, was die Leute an mir für verrückt halten. Diese Leute, die es so mit der Wirklichkeit haben. Die Leute tun so, als ob das ein sicheres Ufer wäre, von dem man sich nur ja nicht entfernen darf, sonst ersäuft man. Aber man muß sich doch mal ins Wasser trauen oder ins Feuer. Und die Angst, die muß man eben überwinden. Ich habe irre Angst. Wenn die Leute wüßten, wie es manchmal in mir ausschaut! Hast du schon beobachtet, wie die Leute reagieren, wenn sie einen seelischen Knacks wittern? Dabei ist mir gerade das andere so unheimlich, wie die Leute so flau dahinleben können, wo das Leben doch so verwirrend ist. Merken die das nicht?

Das ist auch so ein Zwiespalt: Ich will eigentlich immer weg vom sicheren Ufer, ich möchte alles ausprobieren. Die Wirklichkeit ist kein Maßstab für mich, ich halte mich lieber an meinen inneren Traum. Aber die Leute in der Psychogruppe sagen, ich möchte immer Herr der Lage sein und keine Überraschungen erleben . . . Weißt du, was mich erschüttert? Ich sags dir. Da hab ich mich zur Nibelungensage verurteilt, die hat mir einer vermacht, an dem mir was lag. Nun komme ich von dieser Brunhilde nicht los. Dieses stolze unbesiegbare Weib, wie die von Gunther besiegt wurde, im Bett. Durch Siegfrieds List, weil der jetzt diese Krimhild hatte. Dieser gemeine, hundsgemeine Betrug! Das ist irre, weil einem so was auch passieren kann.

Eigentlich ekelt mir vor den Männern. Aber es ist mir eine unwahrscheinliche Befriedigung, wenn ich sehe, wie sie weich werden, wie sie die Beherrschung verlieren. Zuerst so stark und dann so schwach. Da kann ich sie nur verachten. Hemmungen habe ich überhaupt keine mehr. Seelisch bin ich eigentlich reif für den Strich.

Wenn du's aber genau wissen willst: Ich hab noch nie einen Orgasmus gehabt. Ja, ist wahr. Wenn ich einen kennenlern, im Café, denke ich aber sofort an Sex, weil ich mich da auskenne. Das ist mein Gebiet, verstehst du? Sobald einer an Bindung oder so was Komisches denkt, der braucht nur den Mund aufzumachen, da krieg ich Zustände, da schick ich den weg! Am liebsten sind mir die Verheirateten. Andererseits, die sind auch die langweiligsten. Hingabe – das Wort ist mir zuwider. Hat was mit Schwäche zu tun.

Ach, der Kleine! Der ist mein ganzes Problem. Nun ist er schon fünf, und ich bin noch immer keine richtige Mutter. Ich verurteile mich, ja, ich verurteile mich selber zu den härtesten Pflichten. Und kein Mensch fragt danach, wieviel Überwindung mich das kostet. Ich kellnere zum Wochenende fast nie, obwohl mir dadurch das meiste Trinkgeld verlorengeht. Ich vergesse, wie jung ich bin, nur um den Kleinen rechtzeitig aus dem Heim zu holen. Dann verbringen wir die ganze Zeit zusammen, und ich sehe zu, daß mich keine Männer besuchen. Aber der Kleine hat Männer gern, weil er im Heim nur mit Frauen zu tun hat. Der ist ganz ausgehungert nach einem Vater. Ich lebe mit dem

Kleinen wie Mann und Frau. Ich behandle ihn nicht wie ein Kind, weil ich das so furchtbar gefunden hab, wie sie mit mir umgesprungen sind, ich gehorche ihm sogar, weil er so praktisch veranlagt ist und weil, noja, weil ich es schön finde, wenn sich jemand um mich kümmert.

Ich kann dir einen Traum erzählen, den ich gehabt hab, weil der so typisch ist für mein Verhältnis zu dem Kleinen. Wir sind ja in dauerndem Protest gegen die Umwelt. Nun habe ich ganz schön Angst, daß er mir durch die Schule fremd wird. Da hab ich diesen Traum gehabt. Wir sind in einem Klassenzimmer und warten auf irgendwelche geheimnisvollen Männer, Schuldirektoren oder so. Wir liegen angezogen in einer Badewanne, der Kleine und ich, und lassen die Beine über den Rand baumeln. Rotzfrech. Wenn einer der Herren hereinkommt, begrüße ich ihn mit den Worten: Ihr Chef beauftragt mich, Ihnen zu sagen, daß Sie entlassen sind! Der Kleine neben mir platzt fast vor Lachen, und ich flüstere ihm zu: Sei still, erst wenn wir sie alle los sind, sind wir in Sicherheit!

Ich weiß, daß ich alles falsch mache. Ich tauge ja nicht einmal zum Bemuttern. Und das macht nicht einmal ein Tier falsch. Aber woher soll ich's denn haben? Sag mir das! Ich bin hart geworden. Manchmal empfinde ich überhaupt nichts, ich tu nur so. Ich möchte mich ins Bett legen und schlafen, nur schlafen, einen langen, langen Winterschlaf. Aber ich bin immer in Bewegung, damit keiner was merkt. Ich halte es nur in der Stadt aus, wo immer was los war, am liebsten würde ich nach Berlin ziehn. In der Natur, die ja sehr schön ist, da werde ich immer traurig. Ich würde auch im Sommer in der Stadt bleiben, aber das verträgt der Kleine nicht. Seine Interessen und meine, die gehn vollkommen auseinander. Und es gibt keinen Menschen, der würdigt, daß ich es trotzdem versuche.

Ich bin, ich bin ... vollkommen verkrustet. Nun heule ich ... siehst du. Immer ... immer glaub ich noch, noja, an die Wahrheit, an irgendwas, was noch kommen *muß*. Das kann doch nicht alles gewesen sein! Diese Leute im Café, und vormittags schlafen, und diese Wochenenden, allein mit dem Kind. Die Nächte sind mir am liebsten. Es ist keine Ordnung da, in die man sich pressen muß. Die Männer haben nachts Zeit für dich, die sind ganz anders als am Tag darauf, wo sie dich schon vergessen haben und an ihre Frauen denken und an die Arbeit. Und immer, immer noch hoffe ich auf das Wunder. Einmal *muß* eine Frau doch so was erleben. Ich hoffe und hoffe, und ich glaube überhaupt nichts mehr. Ich glaube nicht, daß der Orgasmus die Offenbarung sein wird, und deshalb wehre ich mich gegen ihn. Ich fürchte mich davor, so ausgeliefert zu sein. Manchmal liege ich wach, weißt du, da fürchte ich mich so irre vor dem Sterben. Ich möchte jemanden haben, zu dem ich beten kann: Lieber Ichweißnichtwas, laß mich noch ein wenig glücklich sein. Ich zahle dir jeden Preis. Manchmal überlege ich mir jetzt, ob ich nicht mit einer Frau zusammenziehen soll. In der Therapiegruppe ist eine, mit der versteh ich mich großartig, die lebt in Scheidung und hat auch einen Sohn. Warum sollen wir nicht zusammen leben? Ihr Mann könnte meine Wohnung übernehmen, dann wäre doch allen geholfen, nicht?

Jetzt ist dieser Chilene da, schon eine Woche. Mit dem Kopf habe ich überhaupt nichts gegen ihn. Aber ich bin schon wieder so kribbelig, weil der so zutraulich ist. Ich fühle mich für diesen Typ verantwortlich, weil er mir seine traurige Geschichte erzählt hat und weil ich ein paarmal mit ihm geschlafen habe. Und zwischendurch mit keinem andern! Ich könnte wütend werden! Ich weiß doch, wo das hinläuft. Der Kleine kriegt nie einen Vater! Mit mir nie! Stell dir vor: In zehn Jahren ist er fünfzehn, und ich bin erst zweiunddreißig, das wird doch irre.

Den Männern irgendeine Schuld zuschieben, ach du, darüber bin ich hinaus. Es hat ganz gute Typen gegeben, die es mit mir und dem Kleinen ausgehalten hätten. Aber irgendwie, ich weiß nicht, war immer der Wurm drin. Ich hab mir jetzt gedacht: Das sind so unterschiedliche Typen, und die fliegen alle so auf mich, weil ich selber noch nichts bin. Sie können ja alles in mich hineinsehen, und ich stelle mich auf jeden ein. Das ist ja das Irre. Mit meinen ersten Männern hab ich immer gleich Pläne geschmiedet, aber nie *meine* Pläne, immer nur ihre. Da war ein Töpfer, ein wunderbarer Typ, wir wohnten in Gedanken schon in einem Bauernhaus im Erzgebirge und töpferten zusammen.

Und ein anderer, das war ein halber Portugiese, aber schon ewig hier, der wollte ausgerechnet zur UNO nach Genf und Portugiesisch dolmetschen. Ich ich mußte sofort Portugiesisch lernen, um auch nach Genf zu können. Das haben wir für ganz real gehalten. Erst jetzt frage ich mich: Wo bleib denn *ich* eigentlich bei all diesen Geschichten? Was ist denn nun *meins*? Ich hab keinen blassen Schimmer. Ich hab so viele Leben kennengelernt, nur meines kenne ich noch immer nicht. Ich hab immer Vorbilder gesucht, aber es waren immer nur Menschen da, die an mir herumerzogen: Das machst du falsch, und das machst du auch falsch, und das siehst du nicht richtig, und schau dir doch die X an! Das war schon in der Schule so. Was in mir drin war, das sahen die nicht. Dabei bin ich überhaupt nicht schwierig, ich fresse nur nicht, was man mir vorsetzt. Ich möchte mich selber finden und nicht irgendeinen anderen, vielleicht so einen kleinen Spießer wie meinen Stiefbruder, den mein Vater mit in die Ehe gebracht hat. Den haben sie mir als Vorbild hingestellt, ein Mensch ohne einen eigenen Gedanken, nur mit dem Drang nach viel Geld, was darzustellen, Sicherheit zu haben. Solche Typen unterscheiden sich doch überhaupt nicht von meiner West-Oma. Dabei ist der in einer leitenden Stellung. Ich frage mich manchmal: Welche Gesellschaft bauen wir eigentlich auf? Man hat doch einen Traum. Die Menschen werden geboren und haben einen Traum. Ich träume: Die Menschen werden wie Menschen miteinander umgehen, es wird keinen Egoismus mehr geben, keinen Neid und kein Mißtrauen. Eine Gemeinschaft von Freunden. Noja. Jemand wird doch dann da sein, der ja zu mir sagt.

Gudrun R., 18, Oberschülerin
Die noch kämpfen konnten

Früher war alles in Ordnung. Da waren eben drei Kinder, ein Vater, eine Mutter und Großeltern, das ging ganz prima bis zur Scheidung. Dadurch, daß meine Brüder nicht viel älter sind als ich, war ich jungshaft, hab nie mit Puppen gespielt, nur draußen herumgetobt. Mein Großvater war ein einfacher Bauer, ohne Bildung. Meine Mutter, die hat es schon leichter gehabt, sie hat mit dreißig Jahren ihren Lieblingsberuf gelernt, Jugendfürsorgerin. Und ich, bei mir ist der Weg ganz glatt. Wenn ich die zwölfte Klasse beendet habe, kann ich gleich studieren. Mein Vater kam ungelernt aus dem Krieg und wurde Neulehrer. Das muß eine ganz unwahrscheinliche Zeit gewesen sein, die wir uns nicht mehr vorstellen können.

Als ich zwölf war, hat Vati eine andere Frau kennengelernt, er hat gedacht, das ist die große Liebe, und hat sich scheiden lassen von Mutti. Die andere Frau wurde eine gute Tante für uns. Ehrlich gesagt, auf uns Kinder hat sich das gar nicht so schlimm ausgewirkt. Vati war genauso da wie früher, er hatte sogar seine Pflichten in unserem Haushalt. Und wir haben überhaupt nichts gemacht, das hat ihn immer aufgeregt. Dann war's mit dieser Frau auch wieder aus. Vati war wieder oft bei Mutti, das fand ich schlimm, weil sie ja geschieden waren, und ich konnte nicht verstehen, wie man da wieder zusammen sein kann. Das war so eine moralische Tour von mir. Sie haben ihre Liebe versteckt vor uns Kindern, vielleicht habe ich deshalb so gedacht, denn Verstecken ist ja was Schlechtes. Und auf einmal hat Vati dieses Mädchen kennengelernt. Das war für Mutti ein Schlag, sie war viel krank in dieser Zeit. Ich bin heimlich zu meinem Vati gegangen. Und das war ein richtiger Konflikt für mich. Ich hatte meinen Vati inzwischen als Lehrer bekommen, er ist als Lehrer ja ganz toll gewesen. Die ganze Klasse war begeistert von ihm. Sie sind zu ihm nach Hause gegangen, mit ihm konnte man über alles sprechen. Mutti hat mir viel erzählt von ihm, sie mußte es ja jemandem erzählen. Aber es war zuviel

für mich, ich konnte es nicht verkraften. Ich habe zugehört, dann ging ich in mein Zimmer und hab geheult.
Vatis Tod kam ziemlich unerwartet. Ich hab mir nur gedacht: Na ja, nun hat sich das von selbst gelöst. Wenn ich überlege, das hat mich so beschäftigt, ich dachte, das bleibt ewig in mir. Und jetzt denke ich überhaupt nicht mehr daran.
Selbstmord finde ich gar nicht so schlimm. Ich habe mir vorgenommen, das mache ich später auch, wenn ich merke, daß es rückwärts mit mir geht und ich nicht mehr alles so stark fühle. Vor dem Sterben habe ich keine Angst. Angst habe ich nur vor dem Altwerden. Wenn ich Großvater sehe! Er hört die Klingel nicht mehr, er vergißt alles, er merkt nicht, was er ißt. Ich nehme mir vor, *das* nicht zu erleben. Schluß machen, wenn es am schönsten ist.
Früher hat mich Fröhlichkeit abgestoßen. Ich habe mir immer Gedanken gemacht über Dinge, die kleine Kinder sonst als selbstverständlich hinnehmen. Wenn ich jemanden weinen sah, wollte ich immer wissen, warum er weint. Ich ändere mich fortwährend. Vor Jahren habe ich die entgegengesetzte Meinung über mich gehabt. Wenn in der Schule die Darstellung unserer Entwicklung verlangt wird, können wir das alle nicht. Wir gehen vom äußeren Lebenslauf heran, und der ist nicht interessant.
Wenn ich meinen Charakter verändern könnte, würde ich mir wünschen, nie falsch auf die Menschen zu wirken. Irgendwie spielt im Leben doch eine große Rolle, daß man anerkannt wird. Da kann man schnell falsch werden, anders, als man eigentlich ist, oder anders, als gut für einen ist. Ich möchte immer ich selber sein, ohne die Menschen dadurch zu verletzen. Das ist schwierig. Eine Kritik aus meiner Klasse, die haut mich fast um, die nehme ich sehr ernst. Man weiß ja manchmal nicht, wie man selber ist. In der Schule habe ich immer als die Liebe, Gute, Kluge gegolten. Ich wurde immer als Vorbild hingestellt, da haben die andern Mädchen natürlich sauer reagiert. Ich hätte gern irgendeinen Blödsinn gemacht, aber das ging einfach nicht. Zensuren habe ich oft ohne Leistung bekommen, ich hatte sofort eine Eins. Dadurch bin ich in einen richtigen Konflikt

geraten, weil ich spürte, eigentlich müßte ich diese Ungerechtigkeit zurückweisen, aber ich traute mich nicht. Vielleicht haben sie Rücksicht auf mich genommen, weil mein Vati Lehrer war und weil alles so tragisch ausgegangen ist. Aber ich war gar nicht so traurig. Ich wäre viel lieber behandelt worden wie die andern Kinder. Dann hätte ich mehr Freunde gehabt. Freundschaften in der Klasse hatte ich nie, das hat mir sehr gefehlt. Ich bin zu kritisch, das ist das Schlechte an mir. Meine erste Freundin, Anke, die war von der siebenten Klasse mit mir zusammen. Anke ist viel reifer als ich. Einerseits ist sie sehr gefühlvoll, aber sie versteht es, ihre Gefühle zu lenken. Mir hat auch imponiert, was für einen starken Willen sie hat. Sie nimmt sich was vor, und das macht sie auf jeden Fall. Ich kann das nicht. Wenn mir was nicht liegt, fliegt es in eine Ecke.
Ich interessiere mich für alles und für nichts. Ist was Neues, bin ich Feuer und Flamme, aber ich knie mich in nichts hinein. Was mache ich eigentlich gern? Ich diskutiere gern. Ich lese gern. Ich mag ganz toll die Touristikgruppe. Da bin ich schon seit der siebenten Klasse drin. Man wird so früh selbständig, weil man ohne Eltern auf Fahrten gehen kann. Und man kommt zum erstenmal richtig mit der Natur in Berührung. Zu Pfingsten haben wir eine Zeltwanderung durch Böhmen gemacht, unsere Füße waren voller Blutblasen. Als es ganz toll geregnet hat, sind wir in eine Riesenscheune gekrochen, zwanzig Mann im Heu, das war ein Bild. Man hat viel Zeit, jeden einzelnen kennenzulernen. Ein paar Mädchen waren darunter, die erzählten ihre Liebesgeschichten, die sind vollkommen frei. So war ich nie.
Eigentlich fehlen uns die Wanderjahre. Nach der Schule müßte es eine Zeit geben, um Luft zu holen und alles kennenzulernen. Es muß ja nicht ein ganzes Jahr sein, aber irgendeine Zeit braucht man, um freier zu werden. Die Schule engt furchtbar ein. Ich bin schon ziemlich vielseitig, aber die meisten haben nur die Schule und den Fernseher. Das finde ich ganz schlimm. Wie soll man denn später einmal wissen, was man will? Bei meinem älteren Bruder war von vornherein klar, schon mit neun Jahren, daß es nur was Elektronisches sein darf. Der liest ein Fachbuch wie einen Liebesroman. Tagelang hockt er in

seinem Zimmer, Fenster zu, stickige Luft, der weiß gar nicht, wie draußen das Wetter ist. Mit Wanderjahren fängt er gar nichts an, der baut und bastelt und liest seine Bücher.
Bücher hole ich mir stapelweise aus Vatis Regal, und dann merke ich, daß ich viel zu langsam lese. Anke hat mich sehr beeinflußt, aber jetzt lese ich auch ohne sie, was mir in die Hände kommt. Das Buch über Hiroshima, von dieser Morris ... So arm wie die sind und was die für einen menschlichen Reichtum haben! Den »Siebenten Brunnen« [Roman von Fred Wander] fand ich ganz wunderbar, weil er so menschlich ist. Und die »Franziska Linkerhand«, da hab ich ein halbes Jahr gebraucht, dieser Trojanowicz ... so stelle ich mir eine Freundschaft vor. Was mir noch gefallen hat, das ist »Das ungewöhnliche Mädchen« von der Ruth Werner. Ich habe mich nicht getraut, es den andern in der Klasse zu sagen, weil das so ein Kämpferbuch ist. Die beneidet man so, die noch richtig kämpfen können! Die geht nach China, ach, und dann kriegt sie ein Kind, und der Mann ist mit dem Auto verunglückt. Und sie sitzt ganz allein in einem Haus und versucht, eine Radioverbindung zu kriegen. Man stellt sich das richtig vor: Dieses große dunkle Haus, und sie hat ihren Auftrag. Die hatte doch eine tolle Sache, für die sie kämpfen konnte. Und die gleiche Sache haben wir auch, den Sozialismus, aber den haben wir ohne Konflikte bekommen. Dafür kämpfen, wozu? Das haben die anderen schon für uns erledigt. Das ist wirklich ein Problem für mich, daß man einen großen Charakter als Vorbild sieht und seinen eigenen Charakter nicht entwickeln kann. Ich könnte nie so fanatisch kämpfen für eine Sache, ich würde immer meine Persönlichkeit in den Vordergrund stellen. Das ist traurig. In der Schule kapituliert man schon bei Kleinigkeiten.
Sie als künftige Kader – das hören wir in der Schule jeden Tag. Wir sind schon ganz benebelt von lauter Lob. Aber wenn ein Lehrer sagt: Gibt es Fragen?, gibt es natürlich keine. In Staatsbürgerkunde habe ich mich für einen Vortrag gemeldet: Kampf der Gegensätze im Sozialismus. Schön, dachte ich, dann werde ich mal Gegensätze zeigen, um gegen diese verfluchte Gleichgültigkeit anzugehen: Ich gab mir Mühe und brachte viel Eige-

nes. Die Lehrerin war begeistert. Die Schüler hörten artig zu. Ich hatte das Gefühl, überhaupt nichts erreicht zu haben, und war tief enttäuscht. Beim Vortrag eines anderen aber erwischte ich mich, genauso uninteressiert zuzuhören. Wie kommt das? Ich glaube, zum Teil sind auch die Lehrer schuld daran. In Stabü hat man manchmal das Gefühl, die Lehrerin versteht es selbst nicht richtig. Wenn wir über die Wahrheit diskutieren wollen, wird von vornherein gesagt: Das kommt beim Abi nicht dran, damit braucht ihr euch nicht zu belasten. Mich interessiert das aber. Es ist das erstemal, daß wir mit Philosophie in Berührung kommen. Nun entsteht bei einigen gleich die Meinung, das ist was Abstraktes, Trockenes, das brauchen wir im Leben nie. Ich komme mir blöd vor, wenn ich Fragen stelle. Und die Fragen werden so beantwortet, daß man keine Lust hat, die nächste zu stellen. Man nimmt den Stoff einfach an, erwartet von den Lehrern nichts besonderes, was man nicht kapiert, na, das schaut man sich zu Hause an. Früher gab es offene Kritik, auch den Lehrern gegenüber.
Wir hatten zum Beispiel einen in der zehnten Klasse, der hat was angestellt, kam vor die Konfliktkommission, und er sollte von der Schule fliegen. Unsere Klasse war total dagegen, und wir haben das begründet und mit den Lehrern gestritten. Der war ein labiler Charakter, zuerst kam er in die Klasse und markierte den großen Mann, und wir haben gemerkt, wie wir ihn beeinflussen konnten. Der ist so intelligent, mir war er immer angenehm, man kann einen Menschen ja nicht so schwarz-weiß sehen. Der sieht Probleme, die andere nicht sehen, der sagt oft: Wieso denn, das versteh ich nicht, das muß man mir erklären. Der wollte Philosophie studieren. Die Richtung war schon was für ihn, aber vielleicht war er zu egoistisch. Und schludrig war er, kam oft zu spät zur Schule und hatte immer Ausreden parat. Wenn der sich bereit erklärt hätte, Offizier zu werden, hätte er das Abi machen können, glaube ich. Unsere Lehrerin war eigentlich auch dafür, daß er in unserer Klasse blieb. Dem lag so viel daran, von uns anerkannt zu werden. Aber er mußte gehn. Das fand ich gemein. Jetzt sitzt er in einer Facharbeiterklasse, nicht einmal mit Abitur, lei-

stungsmäßig ist das kein Problem für ihn, in der Schule pennt er, nachts hat er sein tolles Nachtleben, wo er sich groß aufführen kann. Und der ist so unglücklich dabei! Das beschäftigt mich heute noch, aber die meisten von uns nehmen das ganz schnell als Tatsache hin.

Unser Verhältnis zu den Lehrern haut überhaupt nicht hin. Die haben mit uns keine Schwierigkeiten. Die interessiert nur ihr Stoffgebiet, darüber sehen sie nicht hinaus. Und wir, wir sind einfach eingestellt aufs Konsumieren von Wissen. Früher waren die Zensuren die Hauptsache, heute ist es der Stoff. Das ist gut, man muß sich aber mit dem Wissen auseinandersetzen und seine Phantasie spielen lassen, Zusammenhänge begreifen, sonst hat das Lernen keinen Sinn. Ein Trott ist das: noch ein Jahr und noch ein Jahr, das spüren wir schon gar nicht mehr.

Ich arbeite jetzt im Klubrat von unserem Jugendklub mit. Das begeistert mich toll, weil ich zum erstenmal erlebe, wie sehr man sich für eine Sache engagieren muß, um andere anzustekken. Das möchte ich in meinem späteren Beruf auch erreichen.

Ganz depremierend finde ich die Betriebsarbeit. Wir sind alle vierzehn Tage einmal im Betrieb. Man sitzt herum, macht praktisch nichts, und alles ist so unpersönlich. Niemand hat Erfolgserlebnisse, der Chef geht nie auf uns ein. Wie können Frauen so etwas das ganze Leben durchhalten?

Die Schule geht zu Ende, und das macht mir Sorgen. Das Studium kann ich mir noch vorstellen, aber der Gedanke an den Beruf ist eine schreckliche Belastung. Ich muß erst lernen, mit Menschen zu reden. Wie das in der Klasse vor sich geht, weiß ich. Alles andere ist eine fremde Welt, vor der ich mich fürchte.

Einesteils beneide ich die Sechzehnjährigen, die nach der zehnten Klasse abgehen können, sie werden früher selbständig. Andererseits haben sie keine Vorstellung von ihrem Leben. Nur Ausbildung, Beruf, Ehe, Kinder – aus.

Wenn ich an meinen künftigen Mann denke, kriege ich Komplexe, weil ich so unheimlich kritisch bin. Es wäre schön, wenn er ein Typ wie Anke sein könnte. Einer, der mich anstachelt, damit ich nicht in diesen Trott hineinfalle. Gleichberechtigung auf jeden Fall. Das gibt es doch gar nicht mehr, daß die Frau wäscht und der Mann Fernsehen guckt. Unser Vati hat mehr gemacht als Mutti. Wichtig ist, daß ich mich mit ihm über alles unterhalten kann. Manchmal hab ich die Vorstellung, daß ich nicht treu sein werde, mich stößt zu schnell etwas ab. Da möchte ich mir die Freiheit bewahren, einen anderen Mann zu suchen. Es gibt doch viele Männer mit einem interessanten Charakter.

Ich habe mich gewundert, wie mir Ronny auf einmal gefallen hat. Ich dachte immer nur an einen älteren und klügeren Jungen, und auf einmal war's einer, den ich schon lange kannte und mit dem ich einmal in derselben Klasse war. Mit dem Verstand war mir völlig klar, warum das dann auseinandergegangen ist. Im Gefühl hat das aber sehr weh getan. Warum hat er mich so schnell aufgegeben, warum hat er so wenig Geduld gehabt? Ich hab gedacht, es könnte richtige Liebe werden. Er wollte mit mir schlafen, und das hat mich entsetzt, ich konnte das nicht verstehen, ich wußte ja, daß es noch keine Liebe war. Jedes Mädchen stellt sich vor, daß man sich lieben muß, bevor man miteinander ins Bett geht. Und dann in der Praxis, ich weiß nicht, wird man irgendwie überrumpelt.

Viele prahlen mit ihren Erlebnissen, die wollen zeigen, wie erwachsen sie sind, dazu gehört eben Rauchen, Trinken und Lieben. Vom Küssen bin ich enttäuscht, weil das eigentlich bei jedem geht. Es ist schön, und trotzdem empfinde ich nicht viel dabei. Manchmal schlafen Anke und ich am Seeufer, in unseren Schlafsäcken. Da wundern wir uns, wie sehr sich der Himmel und der See verwandeln, wenn es dämmert. Na ja, da kommen manchmal irgendwelche Jungs zu uns, und wir bestaunen die Sterne und kuscheln uns aneinander, weil es kalt ist, und wir küssen uns auch. Aber mehr war nie, und jetzt krieg ich Angst, weil ich nicht weiß, wie man sich dabei benimmt. Unsere Jungs haben die gleichen Probleme, nun kommen sie zur Armee nächstes Jahr und haben noch keine Freundin gehabt. Lange haben wir das überhaupt nicht vermißt, jetzt sehen wir uns manchmal an und kriegen einen Schreck.

Gott und Weltanschauung und so, das interessiert mich ganz toll, ich finde es blöd, daß man darüber nicht redet. Unser

Pfarrer hat den persönlichen Kontakt zu den Menschen, den die Lehrer nicht haben. In unserer Klasse wollte einer Theologie studieren, weil der Pfarrer so toll ist und nicht so primitiv gegen den Marxismus argumentiert. Der sagt eben nicht: Diese Frage ist entschieden, taugt alles nichts. Wenn uns die Lehrer den Marxismus so interessant machen könnten wie dieser Pfarrer die Religion, dann wäre der arbeitslos. Jugendliche geben nun mal gern kontra, die interessiert das Ungewöhnliche. Sie wollen keine fertigen Wahrheiten, die sie nur zu schlucken brauchen. Wenn ich in der Schule ein Wort darüber sage, bekomme ich im besten Fall einen Aufklärungsvortrag, und dann bin ich wieder allein mit meinen Fragen. Alles Materie, kein Platz für Gott! Aus jedem bißchen Chemie, wenn wir zum Beispiel das Massenwirkungsgesetz behandeln, müssen wir herauslesen, daß die Materie zuerst da war. Das bringen die Schüler schon gar nicht mehr, so langweilig ist das. Es kann nicht meine Schuld sein, daß mich Politik nicht interessiert. Als ich die »Olga Benario« [Biographie von Ruth Werner] gelesen habe, ging mir auf einmal Chile nahe. Man hat doch sonst keine Vorstellung von diesen Dingen. Unser ganzes Wissen bleibt abstrakt und theoretisch, damit können wir nichts anfangen. Man muß dem Verbrechen ein Gesicht geben, habe ich gelesen. In der Schule hat es aber kein Gesicht, die Lehrer kennen es ja selbst nicht.
Es müßten bessere Bücher in den Lehrplan, nicht immer nur »Die Väter« von Bredel. Man dürfte nicht soviel Wert auf die klare Linie legen, die kennen wir ja inzwischen, sondern mehr auf Menschlichkeit. Die Bücher von Aitmatow haben sogar unsere Jungs schön gefunden. Wir wollen einfach nicht mehr soviel Mittelmäßiges und Vordergründiges. Wenn die Jugendlichen aus unseren Schulen herauskommen, lesen sie nur noch Schundhefte, das ist dann das Ergebnis.
Es ist schrecklich, daß mir Hunger und Not in der Welt nicht nahegehen. Ich möchte, daß alle Menschen im Kommunismus leben. Aber noch läuft es mir zu glatt dahin. Vielleicht wünsche ich mir ein Leben wie in unserer Klasse, wo sich alle verstehen. Draußen ist es mir manchmal zu reaktionär. Widerspreche ich mir jetzt selbst?

Erika D., 41, Dramaturgie-Assistentin, geschieden, zwei Kinder

Mein Mann war immer Chef im Ring

Ich bin eigentlich irrsinnig froh, daß ich dieses große Glück kennengelernt habe. Weil ich so viele Menschen sehe, die irgendwas suchen und irgendwohin rennen und niemals so etwas erlebt haben. Das stelle ich mir ganz furchtbar vor. Ich war ja manchmal so selig, daß ich die Luft anhalten mußte und dachte: So kann's nicht weitergehen! Glück kann ja immer nur die Spitze von einem Eisberg sein. Ich weiß noch, ich kannte meinen Mann vielleicht zwei Jahre, nun gibt's ja immer sexuelle Huddeleien, wenn man so jung ist, ich dachte immer nur, was findet denn der dabei? Ich hab gehofft, daß es klingelt und Besuch kommt, wenn ich bei ihm im Bett lag. Aber heute weiß ich, was Glück ist. Davon kann ich jetzt viele Schöpflöffel nehmen, um was Neues aufzubauen.

Aber ich weiß nicht, was das ist, eine emanzipierte Frau. Wir haben uns den »Faust« angesehen und entdeckt, daß die Gretchen-Geschichte uns nicht mehr berührt. Vielleicht ist das Emanzipation, daß Dinge, die früher zu Katastrophen geführt haben, heute kein Problem mehr sind. Daß eine Frau sagen kann: Wenn du nicht mitmachst, dann mach ich es alleine. Obwohl das nicht einfach ist. Mein Sohn wächst mir über den Kopf, und manchmal könnte ich ihn zusammenschlagen, so hilflos bin ich.

Es hört sich alles so einfach an, aber es muß sich erst der große Sturm legen, der über einen hinwegrast, wenn man auf einmal alleine ist. Mensch, dachte ich, zweiundzwanzig Jahre nie alleine gewesen, du wirst verrückt! Ein Mann muß her! So als hätte ich keine Bettwäsche mehr und renne um neue, weil man ja welche braucht, ja? Mein Mann hat immer orakelt: Es wird dir nicht gelingen, ein Vierteljahr ohne Mann zu leben. Hab ich gedacht, wenn er das sagt, wird es schon stimmen. Nun lebe ich fast drei Jahre ohne Mann, und ich habe das Bedürfnis überhaupt nicht mehr.

Etwas macht mir Sorge. Es kann nämlich eine ganz gefährliche Gleichgültigkeit aufkommen, wenn du glaubst, viel kann dir nicht mehr passieren. Dann funktionierst du nur mehr. Wenn man frei von Bindungen wird, fällt die Angst weg, aber es gehen auch die Höhen verloren, und das ist erschreckend. Was ich in unserer Ehe so schön fand, guck mal, wir sind niemals nur nebeneinander hergelaufen. Diese Ehen, wo einer den andern nicht mehr interessiert, wo jede Spannung wegfällt, das finde ich entsetzlich. Deshalb bin ich auf unsere letzten Wochen so stolz. Ich habe nicht ein Stück in meiner Ehe, das ich wegschmeißen könnte, nicht ein Stück.

Ich bin auf dem Dorf aufgewachsen. Mein Vater hatte eine Mühle und einen Laden, die wurden ihm enteignet, und er ging nach dem Westen, als ich dreizehn war. Er wollte drüben etwas aufbauen und uns in normale Verhältnisse hineinbringen. Aber mein Vater wurde krank und starb bald. Ich hing mit einer riesigen Liebe an ihm, und weil ich ganz eindeutige Vorstellungen von gut und böse hatte, fühlte ich mich irgendwie rechenschaftspflichtig ihm gegenüber. Nun kamen aber zu meiner Mutter, die war ja mit mir und meinen beiden jüngeren Geschwistern allein geblieben, unentwegt sogenannte Freunde.

Als die jungen Männer aus dem Krieg zurückkamen, landeten sie auf Arbeitssuche bei uns, und die Pflichtjahrmädchen wohnten auch noch in unserem Haus. Und eines Tages hieß es: Zwei von den Mädchen sind geschlechtskrank. Da kaufte meine Mutter eine große Flasche und putzte unentwegt Türklinken und jammerte: Wir stecken uns alle an, wir stecken uns alle an! Nun wußte ich es: Wenn Mann und Frau zusammenkommen, werden sie geschlechtskrank. Das hat mich wahnsinnig erschüttert. Daher rührt eigentlich eine ziemliche Ablehnung Männern gegenüber. Als ich konfirmiert wurde, hatte ich einen großen Schwarm, das war der Sohn des Hausfreundes meiner Mutter, und der war Schauspieler. Und weil er genauso verklemmt war wie ich, verstanden wir uns ausgezeichnet. Der hatte einen Spazierstock, das war das Größte an ihm. Aber er hatte auch ein Gedichtbuch in der Tasche, und er setzte sich hin und las mir Gedichte vor, ganz leise. Ringelnatz und Rilke. Und er hatte so

eine schöne Stimme. Da überkam mich immer eine große Zärtlichkeit, die führte zu einigen Küssen im Dustern. Und zu meinem Entsetzen erwartete ich dauernd Kinder von diesen Küssen. Da ging ich zu meiner Mutter, die war ja erst vierunddreißig, und sagte: Ich krieg ein Kind! Und nicht einmal da sprach meine Mutter aufrichtig mit mir. Sie lachte nur und sagte: Unsinn, Küssen macht keine Kinder. Sie hatte mir einmal ein aufklärendes Buch in die Hand gedrückt, aber das lehnte ich ab, weil mich das furchtbar genierte. Mein ganzes Wissen bezog ich aus einem Buch, Schnitzler, glaube ich. Da wurde eine Liebe beschrieben zwischen einem jungen Mädchen und einem Arzt, und die küßten sich dauernd, mehr schrieb man ja damals nicht. Und der Arzt verschwand, und das Mädchen bekam ein Kind. Und da habe ich gedacht: Wenn ein Arzt nicht einmal weiß, wie Kinder zustande kommen, na denn!
Meine Mutter hielt weiter ihre Moralvorträge, daß ein Zusammensein ohne Ehe nicht stattfinden darf, weil Gott das nicht gutheißen könne. Und ich habe niemals begriffen, warum sie es trotzdem tat. Ich muß sagen, ich haßte sie manchmal so schrecklich, daß ich aus dem Zimmer ging, weil es nirgendwo mit ihr stimmte. Eigentlich habe ich das, was sie tat, verachtet und habe das, was sie mir predigte, für bare Münze genommen. Ich bin auf dem Dorf aufgewachsen, aber wenn der Bulle an unserem Fenster vorüberschritt, da wurden die Vorhänge zugezogen. Meine Mutter ist in einem christlichen Internat erzogen worden, und sie glaubte, wenn sie ständig von Moral spricht, hat sie ihr Gewissen besänftigt. Meine Schwester ist nur zwei Jahre jünger als ich, aber ihr ist die Sexualität nie ein Problem geworden, während ich in ständiger Panik lebte. Ich konnte keine Schokolade mehr riechen, weil uns diese verheirateten Männer unentwegt Schokolade mitbrachten. Ich kannte doch alle, den Tierarzt, den Kaufmann, den Arzt, alles diese Kreise. Aufbegehrt habe ich nur ein einziges Mal. Einer hieß Willi, aber meine Mutter nannte ihn Vilmos, das fand ich zum Kotzen. Vilmos brachte also Schokolade für uns drei und mußte natürlich bei uns übernachten. Da hab ich vom ganzen Haus die Schlüssel eingesammelt, von Schränken und Türen, hab sie alle

an ein Bändchen gebunden und in eine Emailleschüssel gelegt und mit einem langen Faden an Vilmos' Zudecke festgebunden, unterm Bett durch, und hab gedacht: Wenn der ins Bett steigt, dann klappert es, dann reiß ich die Tür auf und schlag Krawall. So war mein Programm, aber ich bin nicht aufgewacht.
Mit dieser ganzen verknuddelten Kindheit im Gepäck bin ich dann nach Berlin abgeschoben worden. Da war ich mittlerweile fünfzehn, furchtbar dürre, aber irgendwie, ich kann's mir nicht erklären, da war eben dieser Mann, den meine Mutter sehr mochte, und der spielte Klampfe. Und meine Mutter merkte, daß er mich anklampfte und nicht sie. Da durfte ich nach West-Berlin ins Internat. Wenn einer seinen Kindern Berlin antat, dann fühlte sich die übrige Dorfprominenz aufgefordert, ihren Kindern das gleiche anzutun. Berlin war große Mode und schick. Aber in Berlin hatten alle Leute rote Fingernägel, lauter verworfene Gestalten. Man kann niemandem vermitteln, was man da empfand. Dann kamen die Ferien, und wir fuhren zur Ostsee, meine Mutter, meine Geschwister und ich. Es war das erstemal, daß wir zusammen verreisten. So was gab's ja früher nicht. Da wurden viele Kleider genäht und ein riesiger Schrankkoffer vollgepackt. Diese Reise war für meine Mutter ebenso was Großes wie für uns Kinder, nur haben wir das nicht gesehen. Wir kamen an, der Koffer auch, der hatte neben einem Kanister mit grüner Ölfarbe gestanden, und der Kanister war ausgelaufen. Kein Stück aus unserem Koffer war zu retten. Nun trugen wir jeden Tag dasselbe, was wir auf der Reise anhatten. Ich war ohnehin ein häßliches Entchen, trotzdem, eines Abends kam ein junger Mann an unseren Tisch, wir tanzten, und er sagte: Wollen wir heiraten? Ich fand das unwahrscheinlich komisch. Nun war er ein sehr gut aussehender Mann, viel älter als ich, aber das wichtigste an ihm waren eigentlich seine Kreppschuhe, die kamen gerade in Mode. Am nächsten Tag am Steilstrand küßte er mich, das kannte ich schon. Aber dann begann etwas, was ich noch nicht kannte, und da hab ich gesagt: Nein. Weil ich ein paar ganz blöde gelbe Badehosen anhatte. Er behandelte mich nun wie ein Kind, und meine Mutter fand es hinreißend, daß ein junger Mann mit einer so fabelhaften Erzie-

hung seinen Urlaub mit uns verbrachte. Das schönste aber war für mich, daß er aus Berlin war und Musik studierte. Es begann eine wunderbare Zeit. Ich ging mit zu seinen Musikvorlesungen und schwänzte die Schule. Und abends nahm er mich mit nach Hause und spielte stundenlang Klavier.
Nach einem halben Jahr begannen die theoretischen Aufklärungsstunden. Und zwar erklärte er mir die Natur. Er begann mit den Kaninchen im Felde und mit den Eichhörnchen, und ich fand das so süß. Und wußte überhaupt nicht, wo er hinwollte. Und hab dann meine Mutter gefragt: Weißt du, was ich nicht verstehe? Er erzählt mir immer Geschichten von Eichhörnchen und vom Frühling. Was macht ihr denn, wenn ihr allein seid, fragte meine Mutter. Dann küssen wir uns. Und was noch? Sonst eigentlich nichts. Nu mußte aufpassen, sagte meine Mutter, da kann die Zeit kommen, wo er mehr will. Was, hat sie nicht gesagt. Dann gibt es zwei Möglichkeiten, sprach sie, entweder er nimmt ein Taschentuch oder er schwitzt es durch die Rippen.
Ja, was war nun dieses ES? Ich hab also aufgepaßt, wenn wir uns küßten. Da er aber nie ein Taschentuch hatte, dachte ich, er schwitzt ES durch die Rippen. Dann hab ich ihn danach gefragt, und er schrie vor Lachen. Später kamen die ersten Versuche. Und ich sagte immer schön, nein, das geht nicht, nein, die Mutter ... Gut, hat er gesagt, dann trennen wir uns. Und da haben wir uns getrennt. Meine Freundinnen im Internat sind ausgegangen, die hatten ihren Freund, und ich saß immer da. Da hab ich ihm nach sechs Wochen einen Brief geschrieben: Ich bin bereit. Und wußte noch immer nicht, wozu. Er dachte, ich wäre so raffiniert, aber ich war einfach blöde, mein Sohn würde sagen ›urst‹ blöde. Wir trafen uns Bahnhof Westkreuz, und er sagte sofort: Heute findet es statt. Da hab ich gedacht, bevor du überhaupt nicht mehr ins Kino gehst und nichts mehr, beißt du in den sauren Apfel.
Von dieser Transaktion hatte ich überhaupt nichts. Ach, du liebe Güte, wenn *das* schön sein sollte, es tat nur weh. Nachts wachte ich auf, da hatte er den Kopf an meiner Schulter liegen und lächelte im Schlaf. Und das fand ich wunderbar. Ich hab ihn

angeguckt, und er wachte auf. Da hab ich gedacht, er *muß* ja aufwachen, weil ich so glücklich bin. Am nächsten Morgen bin ich in die Schule gefahren und hab gedacht, alle Leute in der U-Bahn merken jetzt, was du getan hast. Das war so eine Übung, wem soll die schon nützen? Das nächstemal kommt die erst wieder dran, wenn du heiratest. Sein Körper interessierte mich überhaupt nicht. Es war nur das Gefühl, dieser reife Mensch, der so schöne Musik machen kann und alles weiß, der fällt ausgerechnet auf dich kleines Licht vom Lande. Als ich zum erstenmal etwas dabei empfunden habe, das hat Jahre gedauert, da war ich so verwundert, ich dachte: Jetzt ist etwas Schlimmes passiert, jetzt bist du ganz verworfen. Es darf doch nicht sein, daß du so etwas als schön empfindest. Und er war selig und tanzte um mich herum.

Er hat lange studiert, weil er vorher im Krieg war und keine Zeit dazu hatte. Wir sind viel verreist, und ich bin von einem Arzt zum andern gesaust, das war ja die pillenlose Zeit, und ich war dauernd in anderen Umständen. Trotzdem wars wunderschön. Wenn ich Musik höre, kann alles andere zurücktreten. Ich bin nur auf klassische Musik aus. Ich dachte, er muß es ja wissen, er ist der Fachmann. Dazu kam mein Drall, ich wollte immer alles anders machen. Im Internat ist das Radio von morgens bis abends gelaufen, immer irgendwelchen Schlagerkram. Mensch, dachte ich, du bist eigentlich wunderbar dran, du findest so was doof. Ich hab auch keine Kreppschuhe mehr getragen, als sie alle andern trugen. Und ich hab alte Klamotten aufgetrieben, weil die andern sich jetzt neue Kleider leisten konnten. Gegen meinen Mann aber gab's nie eine Kontrastellung. Nachdem wir zusammengefunden hatten, war er absolut Chef im Ring. Ich durfte nirgends mehr hingehen, zu keiner Schulveranstaltung, zu keiner Freundin. Bei der Schulabschlußfeier, ich hatte alles mit organisiert und freute mich so darauf, da rief er an und sagte, er hätte Blut gespuckt, der Arzt wäre da, und ich müsse selber entscheiden, wohin ich gehöre. Da bin ich natürlich zu diesem todkranken Mann gefahren. Der lag im Bett und holte eine Flasche Wein hervor und sagte lachend, es wäre bloß ein Scherz gewesen.

Nach der Schule habe ich kaufmännisch gearbeitet. Das war eine wunderbare Zeit, die noch Kollektive zustande brachte. Wir arbeiteten bis fünf, dann trafen wir uns dreimal in der Woche zum Steineklopfen. Ein Netz voll Bier, und mein Mann immer dabei. Mit meinen Freundinnen war das seltsam. Ich dachte mir, wenn ich mir sehr schöne Mädchen aussuche, dann darf ich sie vielleicht mitbringen. Ingrid hatte schöne lange Haare und große braune Augen, und die durfte ich manchmal mitbringen. Und dann war Hella, die war auch sehr schön, aber Hella durfte ich nicht mehr mitbringen. Mein Mann war ein ungeheuer sexueller Typ, er spürte sofort, wenn eine Frau auf einen Mann ansprang. Und er hatte furchtbare Angst, daß mich eine solche Frau zu Männergeschichten verleiten könnte. Wenn er spürte, daß eine Frau Sex-Appeal hatte, hat er sie sofort für unmoralisch erklärt. Da passierte nun das gleich wieder, was meine Mutter mit mir getrieben hatte: Sex und Unmoral waren eins. Und dieser Mann ist wirklich der einzige in meinem Leben geblieben.
Meine Schwiegermutter war allein geblieben und hat ihren Lebenssinn darin gesehen, sich um das körperliche Wohl ihres einzigen Sohnes zu kümmern. Noch mit dreißig zog er nur das Hemd an, das sie ihm hinlegte. Aber er hatte einen väterlichen Freund, den Bruder seines Vaters, der war Mitglied der KP von der Gründung an, und durch ihn ist mein Mann in den Marxismus eingeführt worden in einem Alter, wo man sehr aufgeschlossen ist für alles Neue. Dieser Onkel hat seinen Geist in Behandlung genommen. Er war der einzige Mensch, den wir manchmal zu uns einluden. Er brachte immer eine Flasche Sekt mit, und dann haben sich die beiden unterhalten. Ich fand diese Abende umwerfend schön, weil da etwas passierte, was ich noch nicht kannte, weil da Menschen sich ihre Gedanken wie Bälle zuwarfen. Eigentlich war das meine erste Bekanntschaft mit etwas anderem als mit Geldverdienen. Der Onkel sagte immer: Die mit dem vielen Geld sind nie große Männer gewesen!
Meine Mutter war außer sich, als sie erfuhr, daß mein Mann kommunistischen Ideen anhing. Andererseits hatte mir dieser

Kommunist Verständnis für meine Mutter beigebracht, und das wußte sie. Sie konnte ihrer Familie nicht mehr in die Augen sehen, aber sie hat akzeptiert, daß wir heirateten. Ein Jahr später passierte das Ungeheuerliche, da wurde unser Sohn geboren. Als er unterwegs war, hab ich immer dagesessen und meinen Mann angeguckt und hab gebetet: Laß dieses Kind genauso werden wie sein Vater, bitte, lieber Gott, das erstemal mach das. Und dieser Sohn ist wirklich ein unglaublicher Abklatsch seines Vaters geworden. Ich bin mit dem Kind spazierengefahren und hab gedacht, jeder wird hier hereingukken und sagen: Ein Wunder! Dann haben wir sofort das zweite Kind in Auftrag gegeben. Das war ein Siebenmonatskind und starb. Jonas hat gerade die ersten Schritte gemacht und Mama sagen können. Wenn das nicht gewesen wäre! Später kam die Kleine. Diese Schwangerschaft war schlimm, weil ich eine so wahnsinnige Angst hatte, es könnte wieder eine Frühgeburt werden. Und die Kleine kam auf die Welt und war ein Nervenbündel. Nun hab ich wie verrückt Mutter gespielt. Da passiert ja erst einmal nichts anderes, ne? Geld war keines da. Aber wir hatten auch keine Anforderungen. Was wichtig blieb, das waren die Konzerte. Er hatte noch seinen Studentenausweis, und wir sind zu halben Preisen überall reingekommen.
Nach und nach hatte ich aber große Huddeleien mit dem Haushalt. Ich konnte auf einmal den Deckel vom Wäschetopf nicht mehr sehen. Da hab ich mir nachts ein Kinderbuch ausgedacht. Das Manuskript hab ich einer Frau vom Verlag gezeigt, ich dachte, das wird die umschmeißen. Die fing aber an, mir die Geschichte ihrer Ehe zu erzählen, ohne sich zu erkundigen, was für wesentliche Dinge ich ihr auf den Tisch gelegt hatte. Ich hab das Manuskript dort gelassen, aber sie hat sich nicht gemeldet. Naja, hab ich gedacht, sie wird traurig sein, weil sie selber nicht so was Tolles hervorbringt, man muß Verständnis haben. Dann rief sie an: Sie sollten schreiben, das hier geht aber wirklich nicht. Da hab ich gedacht, ich werd verrückt!
Das war aber das erste Problem, das ich mit mir allein ausgetragen hatte. Davon erfuhr mein Mann nichts. Inzwischen war die Kleine drei. Da lernte ich einen Rundfunkmenschen kennen,

der eine Mitarbeiterin suchte, und ich sagte sofort ja. Plötzlich fand ich das ganz normal. Bei mir war's immer wahnsinnig undramatisch, nie große Entscheidungen, in alles bin ich nur so hineingeschlittert. Ich bin also mit der Kleinen losgezogen. Die saß unterm Tisch und hämmerte mit ihren Bausteinen. Und mein Chef sagte: Ich kann nicht denken, das Kind macht mich verrückt! Da bin ich in den nächsten Kindergarten gezogen und hab gesagt: Guten Tag, ich arbeite dort und dort, das ist ungeheuer wichtig, aber das Kind sitzt unterm Tisch und kriegt Depressionen. Es passieren ja manchmal Wunder, ne? Die Frau sagte: Dann bringen Sie das Kind her!

Jeden Abend ging ich nun mit Herzklopfen nach Hause, weil ich dachte, ich hätte nur Mist gebaut. Da fielen Namen von Politikern und Hauptstädten, die ich in meinem Hausfrauendasein nie gehört hatte. Und meinen Mann interessierte das überhaupt nicht. Das ist *deine* Sache, sagte er, *du* wolltest arbeiten gehen! Nun mußt du dir aber vorstellen, mein Mann hat mir seine Arbeiten immer vorgelesen, er hat auf mein unfachmännisches Urteil großen Wert gelegt. Und wir haben jedes Buch zusammen gelesen. Unser letztes war die »Anna Karenina«. Und nun stand ich auf einmal alleine da. Mir fehlten ganz elementare Dinge, ich war ein Urmensch. Ich begann mich für Leute zu interessieren, ich fand die alle unerhört gut, weil sie Bescheid wußten. Der eine konnte eine Tonanlage bedienen, der andere konnte Auto fahren. Und ich stellte allen Fragen, von morgens bis abends, ich dachte manchmal: Die werden dir bald auf die Schnauze haun.

So wurde ich Vertrauensmann, weil ich ein sozial denkender Mensch bin, ja? Wenn einer krank wurde, bin ich hingesaust und dachte: Der muß ja gesund werden, wenn du ihm Blumen bringst. Und dann kamen die Frauenförderungspläne. Mein Chef hatte eigentlich keine Ambitionen, der sagte, das wäre alles Quatsch, man sollte sich am Arbeitsplatz qualifizieren. Aber ein anderer meinte, warum denn nicht, sie fragt doch dauernd, und wir haben bloß drei Frauen in der Abteilung. Um Gottes willen, rief mein Chef, in ihrem Alter, hat sie denn überhaupt Abitur? Nee, sagte ich. Na also, schreit mein Chef,

ist doch Quatsch. Der andere blieb aber dran, und ich sagte wie immer: Gut, mache ich. Ich wußte ja gar nicht, was auf mich zukam.
Bin also zur Volkshochschule gewandert, und dort traf ich eine Frau! Wir sprachen eine Stunde zusammen, dann sagte sie: Es ist erstaunlich, was Sie alles nicht wissen. Die Aufnahmeprüfung für die elfte Klasse schaffen Sie nie. Wir machen das anders. Ich gebe Ihnen alle vierzehn Tage eine Stunde in den Deutschfächern und viel Hausaufgaben. Wir werden versuchen, ob wir mit Deutsch und Geschichte ins Abi reinkommen. Na klar, dachte ich, was soll sein? Lesen, schreiben, ne? Abends hab ich zu meinem Mann gesagt: Ich hab keine Zeit mehr, ich muß lesen. Da hat mein Mann nicht gefragt, was ich lese und warum ich lese, er hat nur dauernd gewimmert, daß kein Knopf am Hemd war. Und hat ferngesehen. Und ich saß in der Küche und hab studiert. Hab Heine gelesen, den ich nur von der Überschrift »Wintermärchen« kannte. Habe Lessing gelesen, den ich überhaupt nicht kannte. Mir ging eine Welt auf. Aber mein Mann hat immerfort nur Geschichten erzählt, wie ein Studium jede Ehe zum Platzen bringt.
Diese Frau war Deutschlehrerin an der Volkshochschule, sie hat eigentlich immer gesagt, daß sie es nur macht, weil sie unter ähnlichen Verhältnissen rangegangen ist wie ich. Sie war geschieden und mußte sich stellen. Da war aber bei mir von Scheidung noch lange nicht die Rede. Die war, als ich sie kennenlernte, so um die Fünfzig und machte ihre Dissertation. Und während unserer Konsultationen hat sie mir die Geschichte ihrer Ehe erzählt, was da für schreckliche Dinge passiert sind. Mensch, dachte ich, so was gibt's, und die Frau hat noch die Kraft, so einen wunderbaren Beruf zu finden, du würdest das nie schaffen. Die war eigentlich eine Besessene. In der Stunde hat sie mir Dinge vermittelt, die man sonst in Jahren nicht zusammenkriegt. Jedes Wort von ihr hielt ich für ungeheuer wichtig. Und das schönste war, wenn sie einmal sagte: Frau D., hier ist ein Absatz, ein eigener Gedanke, der ist gut. Da waren aber sieben Seiten zum Wegschmeißen, ne?
Ich hab geackert und geackert und hab mich gezankt zu Hause.

Manchmal hab ich mir vorgenommen: Heute zankst du dich so lange, bis großer Qualm entsteht, und dann gehst du lernen. Das hab ich über die Bühne gebracht, die Türen flogen, ich war so wahnsinnig wütend auf meinen Mann, weil der nie fragte: Kann ich im Haushalt was machen, kann ich Schularbeiten bei den Kindern nachsehen? Nichts, gar nichts. Hat mir nur immer gesagt: Jetzt endlich siehst du, was du alles nicht weißt. Und hat Klavier gespielt. Hab ich mir oft gedacht: Du Scheißkerl! Kurz und gut, ich habe nach einem Jahr das Deutsch-Abitur mit Eins gemacht. Der Direktor war sehr hart, weil er nicht glaubte, daß das geht, nur mit Konsultationen. Er hat mich gefragt, kreuz und quer, ich hab sie angeguckt und wußte alles. Geschichte haben wir 'ne Zwei gemacht. Und Staatsbürgerkunde, das war ein Jahr Philosophie, mein Mann hat zwar viel Philosophie erzählt, aber eine Methodik war da nirgends drin. Meine Bekanntschaft mit dem Marxismus war ein hilfloses Wühlen in Dingen, die ich nicht verstand – also da war's 'ne Drei, und ich war noch recht zufrieden.
Aber was denkst du, zum Studium kam ich nicht! Es kam nur ein Brief: Liebe Frau D., Ihr Aufnahmegespräch und Ihre schriftlichen Arbeiten haben leider nicht den Erfolg gebracht, den wir erwarten. Ihr Alter ist eigentlich auch ... Na, schönen Dank! Nun hast du endlich den Beweis, du bist halt doof. Zu dieser Lehrerin hab ich mich nicht mehr hingetraut, und zu den Leuten hab ich nur gesagt: Ich krieg das nicht mehr unter einen Hut, ich hab vom Studium Abstand genommen. Nun war ich fein raus, ne?
Da spielte sich in unserer Ehe etwas Kolossales ab: Sie ging plötzlich wieder. Nach zwanzig Jahren so ein Aufschwung! Ich bin nach Hause gerast, ich war selig, das Studium nicht machen zu müssen, weil ich nun Zeit für ihn hatte. Es war eine Zeit, wo eigentlich alles stimmte: der Mann, die Kinder, die Arbeit, die ganze Welt. Er wurde immer zärtlicher, das war ja das Verrückte, und begann dann mit solchen Redewendungen: Nichts, was passiert, wird uns auseinanderbringen. Ich dachte: Warum sagt er so was? Und dann verreiste er. Kam wieder, sagte: Du glaubst nicht, wie ich mich nach dir gesehnt habe. Ich dachte:

Warum verreist er dann? Bis eines Tages die Frage auftauchte: Was würdest du sagen, wenn eine Frau in mein Leben getreten wäre? Hab ich gesagt: Das ist eine theoretische Frage, warum sollen wir uns mit so etwas befassen?
Jetzt kann ich schon darüber sprechen. Ich finde es großartig, daß ich nicht mehr heule. Naja, eines Tages sagte er: Es *ist* eine Frau in mein Leben getreten. Da hab ich mich so maßlos gebärdet, ich glaube, ich habe geschrien, getobt. Hör auf, rief er, hör auf, es stimmt nicht, ich wollte nur sehen, wie du reagierst. Na, ich hatte reagiert, aber ich war auch vorsichtig geworden. Auf einmal war er ein ungeheuer geselliger Mensch und ständig eingeladen. Obwohl wir überhaupt keine Freunde hatten. Ich sagte: Das kann doch nicht sein, daß ein Mensch nur noch zu Geburtstagen geht. Da steckt doch eine Frau dahinter? Nein, da ist keine Frau!
Diese Spannungen, weißt du, die sind für eine Frau gar nicht schlecht. Ich wollte immer schön sein, ich wollte immer klug sein, und ich hab schön gekocht. Ich war in der Küche, und er hat hinter mir gesessen und hat vorgelesen, wie in alter Zeit: Gulasch und Flaubert, Linsensuppe und »Anna Karenina«, wer hat das schon? Unser Liebesleben nahm einen ungeheuren Aufschwung.
Im Februar sagte er, er müsse verreisen, mit Kollegen, die Adresse wisse er nicht. Und er fing an einzukaufen, Skier, Skistiefel. Ich sagte, du fährst doch auf Urlaub, ne? Nein, er nannte mir die Namen seiner Kollegen, weil er wußte, ich würde das nie nachprüfen. Es kam der Tag der Abreise, es war ein Freitag. Er verabschiedete sich lieb, und nachts um zwölf ging die Tür, da flog er in meine Arme: Ich fahre nicht! Eine riesige, himmlische Nacht. Und wieder nichts. Am nächsten Morgen sagte er, er müsse Zigaretten holen. Kam eine halbe Stunde später, sagte: Ich fahre doch. Verschwand. Ich gehe ins Wohnzimmer, da liegt seine Pfeife. Dieser Mensch ist ohne seine Pfeife nicht denkbar. Ich bin in der Küche, auf einmal sagt Jonas: Du, da ist die Tür gegangen, die Pfeife ist weg. Wir rennen zum Fenster, da sehe ich, wie er unten in ein Auto steigt. Wie ich über den Sonnabend und Sonntag gekommen bin, weiß

ich nicht. Da ist bei mir der Film gerissen. Montag früh habe ich in seiner Arbeitsstelle angerufen. Herr D. war auf Urlaub. Das waren zwei irrsinnige Wochen. Ich konnte auf einmal nichts kauen, die Zähne funktionierten nicht. Ich konnte nur trinken. Da hab ich mir so komische Sachen gemixt: Malzbier und drei Eier hinein und Traubenzucker, weil ich dachte, irgendwas mußt du haben für die Nerven, sonst gehst du kaputt. Ich hab gearbeitet und gearbeitet und hab unentwegt Witze erzählt.
Dann kam er. Und ich dachte: Jetzt fällst du bestimmt in Ohnmacht. Und ich bin nicht in Ohnmacht gefallen. Hab ich mir gesagt, na gut, dann spielst du es eben, du mußt ihm ja zeigen, wie unglücklich du bist. Vorher habe ich aber einen Brief geschrieben, mit verstellter Handschrift, wo mir ein Unbekannter alles mitteilt. Da hab ich einfach hineingeschrieben, seine Freundin kriegt ein Kind. So. Nun lag ich da, schön auf dem Teppich, und er rief immer: Wir müssen reden, wir müssen reden. Da hab ich mir gesagt, mach kein Theater, steh auf, er ist ja selber ganz verzweifelt. Paß auf, hab ich gesagt, wir gehn zu dritt Abendbrot essen, und dann regeln wir alles. Ja fein, und ging gleich ans Telefon. Im Restaurant stellt er mir eine Dame vor: Das ist die Frau, die ich heiraten werde. Aha, angenehm, sage ich. Und die andere sagt keinen Ton. War ganz unscheinbar, in einem blöden Kleid mit furchtbar viel Schmuck, und er kann Schmuck nicht leiden. Und ganz kurz ging sie, wie ich nie gehen durfte. Hab ich mir gedacht: Das ist alles eine riesengroße Sauerei!
Nun saß er uns beiden gegenüber wie ein Kind, das seinen alten Teddy hat, voller Flecken und abgeschabt, von dem er sich nicht trennen kann, und nun kommt ein neuer Teddy, und man verlangt von ihm, daß er nur mit *einem* Teddy spielen soll. Auch eine Gemeinheit, ne? Ich sage: Welchen Teddy willst du haben? Er verstand gleich: Ich weiß nicht, beide. Ich sage: Sind Sie damit einverstanden? Nein, sagt sie. Ich auch nicht, sage ich. Auf einmal kommt ein Bekannter an unseren Tisch, das wurde eine irre Geschichte. Weißt du, sagt der zu meinem Mann, man kann hingehen, wo man will, überall Ehescheidungen, das muß doch einen Grund haben. Ich versteh's auch nicht, sage ich, wie

kommt denn das? Und die Frau guckte mich immerzu an. Da hatte ich wieder diesen Überdrehten, wo ich gleich säuische Witze losließ. Ich dachte, das gibts in keinem Film. Ich kam mir vor, als würde ich neben mir stehn und mir zurufen: Mach das und das und das, und immer immer schneller! Dann haben wir die Dame nach Hause geleitet, und ich hab was ganz Kluges gesagt: Sie hören von uns. Ich hab gedacht, da kann er sich später an meine forschen Worte erinnern. Auf dem Heimweg sagte er: Du warst wunderbar, ich habe mich schon entschieden. Na, dachte ich, das war aber ein leichter Erfolg. Ich wußte ja nicht, daß die Dame einige Tage später zur Kur fuhr und er deshalb vier Wochen abends zu Hause bleiben konnte.
Irgendwann beim Frühstück sagte er auf einmal: Jonas hat am sechzehnten April Geburtstag, da gehe ich ... Ich hab gesagt, schön, dann verleben wir die drei Wochen so, als hätten wir uns heute kennengelernt, danach gehste. Du, da hab ich diese drei Wochen exzellent geschafft, mit dem Mut der Verzweiflung. Eigentlich fand ich es auch romantisch, so wie's im Roman steht, ne? Ich dachte, wir müssen uns wie vernünftige Menschen betragen, nach dem sechzehnten April kannste heulen, so viel du willst. Wir sind immer ganz spät schlafen gegangen, aus jedem Tag haben wir zwei gemacht. Im Bett waren wir jede Nacht miteinander, und jede Nacht erzählte ich ihm eine Geschichte. Ich dachte, nun soll sich die andere erst einmal jeden Tag eine Geschichte ausdenken, wie die Scheherezade, ne? Und er klagte: Ich weiß nicht, ich weiß nicht, ich bin völlig durcheinander. Und ich hab wie ein Engel über ihm gesessen und hab ihm geraten. Ich hab gedacht: Wenn du ihm drei solche Wochen bescherst, kann er gar nicht weggehen. Ich hab ihm sogar geraten, zu ihr zu gehen, weil ich ganz sicher war, daß er bleiben würde. Dann haben wir Jonas' Geburtstag gefeiert, er hat mir noch einmal ewige Liebe geschworen. Da wußte ich, es ist zu Ende! An der Tür sagte er, ohne Koffer und sonstwas: Tschüs, das war's. Ich sagte: Laß es dir gut gehn.
Das nächstemal gesehen habe ich ihn drei Monate später, da hat er sich die ersten Sachen geholt. Jonas heulte und heulte und wollte nicht mehr in die Schule gehn. Und als sein Vater kam,

da hatte ich das Zimmer vollgelegt mit gebügelten Hemden, gebügelten Hosen und gestopften Strümpfen. Und Jonas, es war schrecklich, hat sich die Hemden und Hosen von seinem Vater angezogen und hat zu ihm gesagt: Wenn du die neue Frau heiratest, soll ich dann Blumen streuen?

Weißt du, mich hat nicht gestört, daß er mit ihr schläft. Schlafen kann ein Mann mit jeder Frau. Aber daß er mit ihr um den See herumgeht oder in unserer Kneipe sitzt, das hat mich wahnsinnig gemacht. Unsere Scheidung war kurz, die erste Verhandlung dauerte eine Viertelstunde. Am schlimmsten traf mich, daß er in seiner Begründung geschrieben hatte, ich könnte ihm geistig nicht mehr folgen, er hätte mittlerweile eine studierte Frau kennengelernt, die ihm neue Horizonte eröffnet hat. Jeder Mensch eröffnet dir neue Horizonte, weil er ja ein neues Leben mitbringt, ne? Was ist denn eigentlich so ein Mann? Ein Mann braucht jemand, dem er seine Geschichten neu erzählen kann. Es interessiert ihn gar nicht so sehr, was der andere mitbringt, er braucht einen neuen Spiegel. Ich bin heute noch davon überzeugt, daß er in den zwanzig Jahren, die wir zusammen waren, nie eine andere Frau gehabt hat. Das war sicherlich verkehrt. Aber man kann ja Erfahrungen nicht übernehmen. Jeder muß über seine eigenen Steine stolpern, das ist ja das Verrückte. Manchmal bin ich ganz stolz auf ihn, weil er alles hinter sich gelassen hat. Er war leidenschaftlicher Klavierspieler, den Flügel hat er aber stehn lassen, er hat so viele Annehmlichkeiten sausen lassen. Das ist eine Konsequenz, die ich bewundere.

Den Rest finde ich irre. Die Frau lebte früher mit ihrer Mutter zusammen, die haben sie ausgebootet. Meine Schwiegermutter hat ihren Sohn auch nie wiedergesehen. Sie haben ihre Probleme gelöst, indem sie alle Weiber, die er nicht leiden konnte, hinausgeschmissen haben. Er hat verlauten lassen, daß er mit seinem ersten Leben abgeschlossen hätte. Wie macht der das eigentlich mit der Verantwortung? Er sagt: Auf Wiedersehn, ich weiß die Kinder bei dir in guter Hut. Da stehe ich als Nichtgenossin da und soll aus den Kindern des Genossen gute Genossen machen, ne? Denn zur Scheidung schenkte er mir Marx' Gesammelte Werke.

Das finde ich einfach grandios, zur Scheidung Marx geschenkt zu bekommen, ne?
Paß auf, der Mann war weg, und ein paar Tage später bekam ich die Zuschrift: Sie sind immatrikuliert. Ich hatte mich noch einmal beworben, es war ein absoluter Zufall. Aber ich war so kaputt, ich dachte: Du hast versagt auf allen Gebieten, du schaffst das Studium nie. Während er sein Kind gekriegt hat, habe ich Urlaub gemacht mit den Kindern und meiner Freundin. Und dann habe ich mir gesagt: Mensch, was machst du jetzt? Guckst abends in die Röhre, alleine, liest, alleine? Eigentlich ist dieses Studium deine einzige Chance.
Da passierte etwas Irrsinniges: Jeder riet mir ab. Mein Chef war besonders süß, der sagte: Ja, was machen wir denn da, gehen wir tanzen? Nee, sage ich, wir gehen studieren. Was, sagt er, in Ihrem Alter? Sie sollten sich noch ein bißchen amüsieren. Und der war nun auch ein Marxist! Kurz und gut, dieses Studium wurde eine wunderbare Geschichte. Jetzt geht es dem Ende zu, und ich habe einen Horror vor der Zeit danach. Dieser Austausch mit anderen Menschen, der bleibt im Beruf ja nicht erhalten. Im Beruf muß man einfach funktionieren. Ich bin ein Mensch, der voll in seiner Arbeit aufgehn kann, aber ich brauche immer einen Gefühlskontakt. Dieses Alleinlosrennen, wie manche Männer das können, das kann ich nicht. Wenn mir einer sagt, er ist glücklich, wenn er für die Gesellschaft tätig sein kann, dann kann ich das nicht nachempfinden.
Mein Mann hat immer gesagt: Ich bin der Rationale, und du bist die Emotionale von uns beiden. Diesen Unterschied fanden wir eigentlich sehr schön. Wie wir aber diese typische Mann-Frau-Rolle probeweise ausgetauscht haben, klappte es nicht mehr. Auf einmal war *er* von Gefühlen überschwemmt, und *ich* gab kluge Ratschläge. Meine Freunde sagen mir heute: Erika, das kann nicht gut gehn, wenn Menschen zwanzig Jahre lang eine Rolle spielen, ohne was anderes ausprobieren zu können. Vielleicht hat diese Frau andere Seiten in ihm angesprochen, vielleicht hat sie in ihm nicht den geistig Überlegenen in jeder Lebenslage gesehen. Für mich war mein Mann immer der absolute Widerspruch. Er hatte alles, was ich nicht hatte, er

hatte Selbstbewußtsein, er war egozentrisch, und ich war glücklich, ihm alles hintragen zu können. Er hatte vor keiner Situation Angst, und ich kam vor Angst um, wenn ich irgendwo fremd war und was sagen sollte. Jetzt habe ich Freunde, die auf meiner Wellenlänge liegen. Das ist eine seltsame und eine sehr sehr schöne Erfahrung, für die ich dankbar bin. Ich habe kein Bedürfnis mehr nach dem absoluten Widerspruch. Es ist vorbei. Ich erzähle dir die ganze Zeit von etwas Abgeschlossenem, zu dem ich keinen Schlüssel mehr habe. Neulich habe ich ihn doch einmal getroffen, da hab ich gedacht: Gott, nee, *der* Mann ist es nicht mehr, den du geliebt hast.

Margot W., 36, Physikerin, verheiratet, zwei Kinder
Alraune oder Das ungelebte Leben

Warum hat man eines Tages keine Lust mehr, so weiterzuleben wie bisher? Das weiß man nicht so ohne weiteres, das muß man erst herausfinden.
In meinem Leben verlief alles sehr glatt. Ich hatte früh meinen Berufswunsch, ich hätte ziemlich alles machen können, in allen Fächern war ich gleichmäßig gut. Ich wählte Physik. Physik ist die Königin der Wissenschaften, sie braucht von vielen Gebieten etwas und geht in alle Gebiete ein. Der Meinung bin ich heute noch. Später bin ich von der Experimentalphysik auf die theoretische Physik umgestiegen, weil die experimentellen Dinge mich zu ungeduldig gemacht haben. Man mußte lange was aufbauen, und dann hatte man doch nicht Weltniveau, die Geräte waren nicht gut genug. Was brauche ich in der Theorie? Bleistift, Papier und die neueste Literatur, an die kam ich ran. Fertig. Ich wollte alles aus eigener Kraft machen. Auch im gewöhnlichen Leben. Mein Mann liebt mich, die Kinder sind intelligent und nett, ich habe alles erreicht. Und jetzt ist es plötzlich aus, jetzt macht es plötzlich keinen Spaß mehr.

Ich denke darüber nach, daß man verstehen muß, traurig zu sein. Das habe ich noch nie verstanden, das habe ich immer weggedrängt. Irgendwie kommt mir jetzt die Erkenntnis, etwas Wichtiges versäumt zu haben, was auch zum Menschsein gehört. Ich wollte, daß meine Organisation sich überall durchsetzt. Wenn aber alles läuft, wie man es plant, wenn man irrsinnig kämpft, weil es mal nicht so läuft, wenn man Nuancen nicht mehr beachtet und einfach zu vieles ausklammert, dann verarmt man mit der Zeit, etwas Großes verströmt, und plötzlich weiß man, man hat viel zu hastig gelebt.
Wenn man so unter Leistungsdruck arbeitet wie ich, jahrelang, kriegt man Komplexe, wenn man nicht jeden Moment nutzt, wenn man einfach ruhig dasitzt und nicht eingreift in die Ereignisse. Es ist eine gewisse Tragik, nicht mehr ans Ziel zu glauben und trotzdem weiterzuhasten, als ob man Ameisen im Blut hätte. Ein Mensch kann nicht Sand von einem Haufen auf den andern schaufeln und wieder zurückschaufeln, ohne wahnsinnig zu werden. Für die Gesellschaft irgendwas zu bewirken mit seiner Wissenschaft, dieser Weg ist oft so weit, daß man die Verbindung überhaupt nicht mehr erkennt. Ich bin nicht prinzipiell gegen Leistung, ich wollte immer geben. Aber man muß sein Ziel ständig überprüfen, und der Mensch darf dabei nicht kaputtgehen.
Es war wichtig für mich, daß ich zuerst Physik gemacht habe. Ich bin ein schlampiger Mensch, ich mußte mir bestätigen, daß ich das überwinden kann. Wenn ich es nicht gemacht hätte, würde ich denken, ich hätte versagt. Auf einmal spürt man, man ist nicht mehr unterwegs, man ist irgendwo angekommen, man hat seine eigenen Möglichkeiten ausgeschöpft. Es gibt nichts mehr zu kämpfen. Aus! Wenn man sich lange auf Leistung trimmt, zerstört man etwas Wichtiges in seiner Persönlichkeit. Ich weiß nicht, ob man das wieder regenerieren kann. Jetzt möchte ich weg von dem Leistungskomplex, aber wahrscheinlich kann ich das gar nicht mehr, so daß immer wieder alles auf Leistung hinausläuft, was ich anfange. Wenn ich nicht arbeite, bin ich mir selber fremd.
Man muß sich vielleicht deutlich machen, daß man sich selbst

mehr Raum geben muß. Es ist gefährlich, auch im Privaten Erfolg haben zu wollen, und es paßt zu meiner ganzen Entwicklung, daß auch die familiären Dinge so laufen, wie *ich* sie mir vorstelle. Für meine Kinder ist es bestimmt nicht schlecht, daß ich wenig Zeit für sie habe. Mit meiner ganzen Energie auf sie loszugehen, das wäre entsetzlich. Das Gefühl für die Verantwortung verleitet zu Übertreibungen. Der ältere Junge ist sehr eigenwillig, ein typisch ungezogenes Kind, das sich nicht einordnen läßt. Und ich habe ihn unbedingt einordnen wollen. Das hat zu großen Konflikten geführt, bis mir eines Tages klargeworden ist, ich muß ihn laufen lassen. Jetzt kann ich mit ein bißchen mehr Ruhe an alles herangehen, so daß auch er mehr Ruhe hat, sich zu formen.

Ich bin sehr empfindlich gegenüber dem Leistungsdruck geworden, dem schon die Kinder ausgesetzt sind. Ich denke darüber nach, wie man Kinder verbilden muß, um sie überlebensfähig zu machen. Mit Freunden in Konkurrenzkampf zu treten, das ist doch scheußlich. Ich habe viel mit jungen Leuten zu tun, und auf einmal fällt es mir schwer, Begeisterung auszustrahlen. Ich habe das Gefühl, ich verführe sie zu irgendwas. Das ist ein großer Konflikt für mich.

Ich brauche einen neuen Anfang. Ich muß mich auf einem anderen Gebiet erproben als in der Physik. Das ist ein ganzer Prozeß des Umdenkens und Umfühlens. Und manches interpretiert man sich als Anlaß. Ich habe plötzlich einen jungen Mann sehr gern gehabt, ein Mensch mit vielen Häuten, der schwer durchdringbar ist, ein bißchen zynisch, das hat mich unheimlich gereizt. Einerseits hat es mich geschockt, weil ich so eine alte Frau bin, andererseits hat es mich verführt, über Menschliches nachzudenken. Ich wollte eine Persönlichkeit sein, die über diese Alterskomplexe erhaben ist. Diese Liebe habe ich nicht als schön empfunden, weil mir zu vieles Ungelebte bewußt geworden ist. Ich habe versucht, davon loszukommen durch Seitensprünge. Irgendein verklemmtes Selbstgefühl war sehr geschockt. Das hat sich in einem zermürbenden psychologischen Kampf hingezogen, ich wollte nicht aufgeben, war dieser Liebe aber überhaupt nicht gewachsen. Sie hat mich belastet bis zu Magengeschwüren. Wahrscheinlich war es auch das Gefühl, beruflich festgefahren zu sein. Später habe ich diese Liebesgeschichte als psychisches Doping empfunden, das mir Spannkraft gegeben hat. Vielleicht habe ich mir einfach auf erotischem Gebiet die Spannung verschafft, die ich im Beruf verloren hatte.

Wenn man mit so vielen Verklemmungen groß geworden ist wie ich, von einem Vater erzogen, der strenge bürgerliche Moralvorstellungen hat, von einer Mutter, die höhere Tochter war, dann muß man versuchen, ganz bewußt erste Schritte zu tun, die einen lösen. Man kann sich nicht nur treiben lassen. Man muß erst lernen, sich zu bewegen, richtig zu gehen, zu lieben. Sex hat mir eigentlich immer Spaß gemacht. Auf dem Land war es so, daß die Mädchen zusammen ins Heu gingen, mit neun oder zehn Jahren. Da habe ich schon geahnt, daß mir das viel Spaß machen wird. Die Verklemmungen entstanden erst später, als meine Mutter meine Sexualerziehung in die Hand nahm. Männer sagen mir heute, ich sei hypersexuell. Ich kann das nicht so beurteilen, weil ich nicht weiß, wie andere Frauen sind. In der Ehe hat mir auf die Dauer die erotische Spannung nicht gereicht. Sicherlich hat mich das auch bedrückt. Viele Leute halten mich für abscheulich unmoralisch, weil ich so ehrlich bin, auch in meiner Ehe. Sie würden es ganz normal und in Ordnung finden, wenn ich meinem Mann allerhand vorflunkerte.

Daß mein Mann der erste war, lag nur daran, daß es noch keine Pille gab und die anderen Möglichkeiten. Ich hatte furchtbar viel Angst, ich könnte ein Kind kriegen von einem Mann, der mir dann zuwider ist, und ich würde bei dem Kind immer nach seinen schlechten Eigenschaften suchen. Obwohl ich die Pille auch heute nicht nehme. Das ist ein Eingriff in die Hormone, ich habe Angst, die Freude am Sex zu verlieren.

Ich bin in einer Gegend groß geworden mit einem sehr harten Menschenschlag, wo ich mich nie wohl fühlte. Ich habe immer Angst vor den Menschen gehabt. Ich habe furchtbar viel romantisches Zeugs gelesen aus der Bibliothek meines Vaters. Und im Kontrast zu diesen Büchern erlebte ich die Menschen, die waren schrecklich. Ich habe immer auf einen Märchenprinzen gewartet, der mich erlösen würde. Niemand hat mir geholfen. Mein Vater war beschäftigt, das Leben zu organisieren. Und meine Mutter in ihrem Hausfrauendasein hat immer eine untergeordnete Rolle gespielt und sicherlich auch gelitten unter der starken Persönlichkeit meines Vaters. Als ich meinen Märchenprinzen endlich traf, war ich so verstört, daß ich mich dieser ersten Liebe nicht wirklich hingeben konnte, und ich habe Schlaftabletten geschluckt, wie man das eben macht mit sechzehn. Mein Vater hat das nicht als Hilferuf empfunden, sondern als eine Herausforderung, er hat sich fürchterlich über mich aufgeregt: Du bist unausgeglichen, du bringst den Menschen Unglück, du kannst nicht lieben, du bist eine Alraune! – Meine Mutter hat mir andere Komplexe eingeredet: Nimm dich vor den Männern in acht, sie wollen alle was von dir, anschließend lachen sie dich aus. Dem jungen Mann sind dann beide Beine abgefahren worden. Er lag im Krankenhaus und schrieb so nette tapfere Briefe. Da kam mir die fürchterliche Erkenntnis, daß mein Vater recht hatte und daß mir wirklich nichts an dem Mann lag. Ich kannte ihn ja gar nicht, ich kannte nur mein Phantasiebild. Danach habe ich über alle Stränge geschlagen. Na ja, über alle Stränge nicht, ich war ja verklemmt, aber ich habe die Leute vor den Kopf gestoßen, war leichtsinnig, hab die Rolle der Verworfenen, der Alraune gespielt, obwohl ich in Wirklichkeit mit keinem Mann was hatte. Man hat mir geglaubt, ich wurde abgestempelt und hatte eine gewisse Macht über die Menschen, die ja auch verklemmt waren in diesem spießigen, kleinbürgerlichen Klima von E., wo ich studiert habe. Bis ich dann meinem Mann begegnet bin. Er war der erste Mensch, der nicht irgendwas gesucht und verworfen hat in mir. Er hatte Geduld und hat nur geguckt, wenn ich ihm weh getan habe. Es hat absolut keinen Spaß gemacht, so einen zu beschwindeln. Es war keine berauschende Liebe für mich, aber seine Haltung hat mich so beeindruckt, daß ich genau wußte, ja, das ist der Mann, mit dem ich leben kann. Was Liebe wirklich war, da war ich mir sehr unsicher. Diese blöden romantischen Bücher hatten mich ja völlig verdreht. Wir haben schnell geheiratet, auch wenn wir nicht gleich sexuellen Kontakt hatten. Er hat mir mit allem Zeit gelassen. Es wuchs eben alles ganz normal und natürlich. Geheiratet haben wir vor allem, um meine Eltern nicht zu schokkieren. Es gibt einfach zu viele Situationen, die Heiraten nötig machen. Im Prinzip würde ich es moralisch klarer finden, wenn man nicht heiratet und nach außen demonstriert, daß man aus freien Stücken zusammen lebt. Bevor man sich Kinder anschafft, muß man aber wissen, ob man ein gutes kameradschaftliches Verhältnis lange durchstehen kann.

In der Physik habe ich mir dann ein neues Gebiet gesucht, das gerade im Entstehen war. Es hat mir unerhörten Spaß gemacht, mich immer wieder zu überwinden. Ohne Überwindung ist die Arbeit nie gegangen. Es war ja kein Lehrer da, der mir ein schönes Problem gestellt hätte, ich mußte das schöne Problem selber herauskristallisieren. Es fehlte ja die Generation der Lehrer; und die der Krieg übriggelassen hatte, waren mit sich beschäftigt. Wir haben alle autodidaktisch gearbeitet, recht und schlecht. Recht, weil wir sehr selbständig wurden, und schlecht, weil uns die Kritik, der Maßstab fehlte. Als ich meine Dissertation schrieb, war keiner da, der sie echt anerkennen konnte. Ich habe mich sehr engagiert für die Wirksamkeit der Wissenschaft, für konkrete Schritte. Unser System der Diagnosen und Analysen, wenn man da hineingerät, wird man aufgerieben, ohne etwas auszurichten.

Mein Mann ist Wissenschaftler mit Leib und Seele. Er hat mir immer gesagt: Du bist eine gute Physikerin, was anderes kannst du nicht, niemand will das, was du malst, es ist sowieso dekadent. Aber ich glaube, ich muß jetzt malen. In meinem Innern hat sich was angestaut, das ich mitteilen muß. Ich möchte etwas tun gegen die Gleichgültigkeit und Unehrlichkeit, gegen die Kälte und Resignation. Mit dem Malen sehe ich eine Möglichkeit, mich wieder auf den Weg zu machen. Gemalt habe ich von Anfang an, obwohl man mir auch da Komplexe angedichtet hat. In der Schulzeit habe ich gewaltige Gemälde gemacht, und wenn ich sie dann meinen Eltern gezeigt habe, hatte ich unerhörte Lacherfolge. Ich habe wirklich mit Herzblut gemalt, und die haben gelacht. Aha, hab ich gedacht, ich kann nicht malen,

ich muß zuerst was ganz Trauriges erleben.
Heute würde ich keine Gemälde mehr malen. Ich würde meine Vision malen: die Angst, wie das menschliche Leben entarten kann, wie die Dinge die Menschen aushöhlen. Wie Menschen massenweise in ihren Betonzellen hausen, und keiner hat Zugang zum andern. Und die Datschen vor der Stadt, mit Zäunen herum. Wieder Isolation. Es ist eine Tatsache, daß wir noch zu wenig Möglichkeiten für Kommunikation schaffen können. Es gibt aber wenigstens Versuche in der Arbeitswelt, einander näherzukommen und so etwas wie gesellschaftliches Bewußtsein zu entwickeln, im Unterschied zu den westlichen Ländern. Als wir mit diesen Brigaden anfingen, was haben wir gelacht! Aber das funktioniert doch schon. Die Leute lächeln ein bißchen darüber, sie stöhnen sogar, aber sie machen das ganz gern. Sie haben nur Hemmungen, es zu zeigen.
Ich interessiere mich für alle Menschen, mit denen ich zu tun habe, für ihre Weltanschauung, ihre familiären Verhältnisse, ihre Einstellung zum Leben, zur Arbeit. Menschen zwischen dreiundzwanzig und dreißig, das ist für mich das interessanteste Alter. Es ist mir aber nie gelungen, eine Freundin zu haben. Ich weiß nicht, woran das liegt, ich schiebe es einfach auf meinen Männerberuf. Sicherlich habe ich hohe Ansprüche. Ich erwarte von einem Freund, daß man einander immer wieder fordert und immer wieder entdeckt. In der Ehe fühle ich mich nicht mehr so gefordert. Man kennt sich zu genau. Was man erwartet, trifft meistens ein. Man wird träge. Sicher, ich finde meine Ehe gut, gerade weil ich weiß, ich werde akzeptiert, ich muß nicht unbedingt weiter. Man braucht eben beides, das In-Ruhe-gelassen-Werden und die Anforderungen. Mit einem Mann befreundet zu sein, das ist schwierig, da kommt Erotik hinein, so daß einer anfängt, es zu wichtig zu nehmen. Man ist nicht mehr ganz offen.
Ich habe darüber nachgedacht, daß wir von so vielen Verhaltensnormen geprägt sind, die die Jugend gar nicht mehr kennt. Frauen unserer Generation verhalten sich auch in der Sexualität anders als die Männer. Wenn ich mir vorstelle, was mir im Laufe einer Woche zustößt und wie grotesk das wäre, wenn ich

es umkehre, wenn ich mich in die Männerrolle denke. Es sind lauter Trivialitäten, die insgesamt doch das Lebensgefühl der Frauen prägen. Beruflich bin ich dem Mann absolut gleichgestellt. Ich habe mich daran gewöhnt, daß mir mein Beruf Unabhängigkeit gewährleistet und eine große Sicherheit, die ich als junger Mensch nicht gehabt habe. Daß mir das alles nicht mehr reicht, ist eine andere Sache.

Was mich auch geprägt hat und meine Entwicklung ein bißchen erklärt: Ich sah mich verschiedene Male mit dem Tod konfrontiert. Während meiner Krise glaubte ich, Magenkrebs zu haben. Erst wars ein Geschwür, dann sagten die Ärzte gar nichts mehr, und ich wurde immer weniger. Dieses Grauen überdeckt alles. Man wird gleichgültig, sogar den Kindern gegenüber, man kann es einfach nicht ertragen, an irgendwas Lebendiges zu denken. In der Jugend stürzte ich mit dem Segelflugzeug ab. Segelfliegen habe ich nur gemacht, um mir zu beweisen, daß ich mit der Angst fertig werde. Leute, die Angst vorm Autofahren haben, fahren bekanntlich sehr schlecht, sie verfügen nicht über ihre natürlichen Reaktionen. Ich hatte diese Angst beim Segelfliegen. Nun lag ich im Krankenhaus, keine Menschenseele, meine Eltern durften es nie erfahren, kleiner Knacks an der Wirbelsäule, der Röntgenapparat war kaputt, man dachte an Querschnittslähmung. Diese Tage vergißt man nicht. Wenn junge Menschen solche Erlebnisse haben, ist das scheußlich. Man lebt fortan hungriger, unter einem starken Druck, man hat immer das Gefühl, das alte Leute haben: Die Zeit wird knapp. Wenn man einigermaßen phantasiebegabt ist, wird man immer mit seinem eigenen Tod konfrontiert, man erreicht die Ruhe und Gelassenheit nicht, die das Leben nötig hat.

Doris L., 30, Unterstufenlehrerin, verheiratet, ein Kind
Ich bin wer

Man soll sich nichts vormachen, die Lehrer sind heute mächtig überbelastet. Sie sollen der kommenden Generation auf den Weg helfen, von ihrer Einstellung zur Gesellschaft wird viel mehr verlangt als von anderen Berufstätigen. Das ist richtig, aber manchmal hat man die Kraft nicht, da denkt man sich: Laßt mich bloß zufrieden, schreibt, was ihr wollt, denkt euch was aus, aber laßt mich zufrieden. Ich weiß nicht, wie's an anderen Schulen ist, aber an unserer Schule wird die Persönlichkeitsentwicklung der Kinder sehr ernst genommen. Wenn es Schwierigkeiten gibt, wird jeder Lehrer erst mal nach den Ursachen fragen und den Fehler bei sich selbst suchen. Ich meine, solche schwachen Momente, wo man einfach Zettel an die Eltern schreibt oder Eintragungen ins Hausaufgabenheft macht, weil man nicht weiterkommt, die haben wir auch. Wenn wir aber merken, daß ein Lehrer so etwas intensiv betreibt, dann sprechen wir mit ihm und suchen andere Wege.
Unser Chef ist kein besonders gute Leiter. Ich meine, ein Leiter muß auch mal treten können. Ja, ich meine wirklich treten! Nicht seine engsten Mitarbeiter. Meinetwegen, wie's bei uns war, daß Schüler strafversetzt werden in unsere Schule, wir wollen sie aber nicht. Unser Chef kann nie nein sagen, er kann nie widerborstig sein. Er hat sehr viele Vorzüge, viel Geist, macht alles auf die ruhige, menschliche Tour. Das ist für die Kinder gut. Aber da wir noch nicht im Kommunismus leben und noch zu unterschiedlich sind und oft Eigenarten haben, die für einen Lehrer nicht gut sind, kann man nicht alles laufen lassen. Manchmal machts Spaß mit ihm, weil man mitregieren kann. Aber wiederum möchte man auch wissen: Mach ich meine Arbeit gut, ist man zufrieden mit mir? Unser Chef hat die Devise: Du weißt ja selbst, was du zu tun hast, ich verlasse mich auf dich.
Warum ich Lehrerin werden wollte? Kann ich Ihnen auf Anhieb sagen. In der Unterstufe hatten wir einen Lehrer, der war

nicht beliebt, der hat Schüler vorgezogen, andere ungerecht behandelt und hat Kümmernisse der Kinder als Lappalien abgetan. In der fünften Klasse kam ein neuer Klassenleiter. Probleme, die ich mit meiner Mutti hatte, hat er geklärt, wie ein Vater, und nicht nur bei mir, sondern bei allen. Der hat gewußt, daß man Schule und Freizeit nicht trennen kann und daß man immer da sein muß für seine Klasse. Das hat dann solche Ausmaße angenommen, daß von siebenundzwanzig Schülern dreizehn Lehrer werden wollten. Und nur einer ist angekommen. Ich bin auch nicht angekommen. Aber mein Traum war's eben. Ich wollte werden wie er. Da mußte ich eben den gleichen Beruf haben, mußte Genosse werden, ich mußte alles so machen, wie er es gemacht hat. Nun hatte ich ein bißchen Fähigkeiten in Chemie, da hab ich erst mal bei Erdgas angefangen. Dann war's aber so, daß mein Mann, den ich schon kannte, von der Armee zurückkam und wir beizeiten ein Kind gekriegt haben. Damals war's mit Krippenplätzen noch schlecht, da hieß es: Was wollen Sie denn? Sie haben doch einen Ernährer. Da bin ich zu Hause geblieben. Hab bei Schwiegermutter gewohnt, und die Großmutter von meinem Mann hat auch da gewohnt. Wenn so viele Generationen in zwei Zimmern hausen, gibts Krieg. Und wenn man die Schlacht nicht kämpfen darf, dann geschiehts eben im ehelichen Bett, ist Fakt. Da läßt man den Mann gar nicht mehr ran vor lauter Gnatz. Ich sah nur einen Ausweg: Wir bewerben uns in einer Neustadt, dort bieten sie uns am schnellsten eine Wohnung und einen Krippenplatz. Naja, zu einer guten Ehe gehört eben auch Geld. Bin erst mal Pionierleiterin geworden, hab einen schweren Start gehabt, aber immer den großen Traum vor Augen: Einmal Lehrer sein: Die FDJ hat es sich damals einfach gemacht, indem sie Pionierleiter einstellte, die keine pädagogische Ausbildung hatten. Die haben sie auf die Kinder losgelassen. Ich hatte immerhin fünfhundert Mark ausbezahlt, da verdienen die Frauen bei Erdgas ihr Geld schwerer.

Dann hatten wir erst mal eine schöne Zweizimmerwohnung. Wir sind nicht prüde, nicht, daß ich mit Stefan nicht bade oder nie nackt herumlaufe, aber Stefans Bett stand neben unseren

Ehebetten, und dann gab's ja auch Zeiten, wo das von uns betrieben wurde, und Stefan immer daneben, der war schon drei. Da hab ich gesagt: Wir ziehn um! Haben durch Zufall nach N. getauscht, die Zweizimmerwohnung gegen diese Dreizimmerwohnung. Alles bestens. Zu der Zeit habe ich auch mit der Ausbildung angefangen. Zuerst ein halbes Jahr Direktstudium, dann drei Jahre Fernstudium. Stefan war während des ersten halben Jahres bei meinem Mann. Der hat voll die Pflichten übernommen, daher resultieren seine Kenntnisse im Kochen und bei der Wäschepflege.

Werner ist von Beruf Werkzeugschlosser, hat ein Studium angefangen, hat es wieder aufgegeben, mir zuliebe, weil ich weiter wollte. Aber es war auch Ausrede, er hat wenig Lust zum Studieren. Er übt seinen Beruf gerne aus, verdient auch ordentlich Geld damit, und so ist alles bestens.

Es bringt natürlich Probleme mit sich. Als ich mit dem Studium angefangen habe, war ich klein und unwissend. Ich bin wirklich mit dem Studium gewachsen, das hat Werner erlebt. Als er allein hauste, hat er mir Geld geschickt, recht knapp, und ich hab mir das gefallen lassen. Ich meine, zu Hause konnten wir auch keine großen Sprünge machen, und während des Studiums mußte man maßhalten, die Wohnungseinrichtung zusammenkriegen, Kostgeld im Internat bezahlen. Nach den drei Jahren ließ ich mir aber in nichts mehr dreinreden, ich akzeptierte keine Zuteilungen mehr. Ich wollte endlich raus aus der Enge, egal mit welchen Mitteln. Ich bin keine Feine. Da gab's dann Momente von Kaufwut, wo ich einfach für zweihundert Mark Bücher und Schallplatten kaufte, um ihm zu beweisen: Ich bin wer!

Wir haben oft eine Woche nicht miteinander gesprochen. Dann habe ich wieder wortstark versucht, die Gleichberechtigung durchzuziehen. Wenn man gut verdient, muß man nicht auf dem Geld sitzenbleiben. Man muß nicht unbedingt auf ein Auto sparen, man kann sich ja auch geistige Nahrung verschaffen. Was ich auch nachzuholen hatte, war modische Kleidung. Wir stritten uns immer um Geld. Dieses Problem ist jetzt geklärt, dafür kommen andere auf uns zu. Meinetwegen, daß sich

schlechte Charaktereigenschaften bemerkbar machen. Ich meine, in der Schule stellt man was dar, da muß man eben ab und zu kommandieren. Und das kann ich zu Hause oft nicht abstellen. Stefan kennt das, der richtet sich darauf ein. Aber bei Werner ist das so, daß er irgendwie doch Mann sein will. Er ist ein ruhiger Partner, aber oft wird es ihm zu viel. Eigentlich spreche immer ich, und er sagt ja oder: Ach hör auf, du willst immer recht haben. Und damit ist die Auseinandersetzung gelaufen. Es geht mir wie manchem Arbeiter, der seinen Verbesserungsvorschlag macht, und der Chef hat nie Zeit. Dann sagt man sich: Du kannst mich mal. So ist's bei uns. Wir haben uns lieb, keiner hat die Absicht, sich scheiden zu lassen. Aber: Laßsiedochplappern, laßdochallessoweiterlaufen!
So richtige Trotzreaktionen, daß man meinetwegen mal fremdgeht, weil man so gnatzig auf den andern ist, die gibt's bei uns nicht. Ich hatte nur ein einziges Erlebnis. Vor Jahren war unser ganzes Pionierleiterkollektiv in der ČSSR, lauter Weibchen, wie das so ist. Wir waren auf einer Berghütte, und da gab es eben diesen Urlauber aus Prag, groß, blond, braungebrannt. Auf diesen Typ flog die ganze Pionierleitermannschaft. Für mich stand das Problem Fremdgehenwollen überhaupt nicht. Ich war einfach das erstemal im Ausland, weg von meinem Mann, ohne Pflichten. Ich war außer Rand und Band. Und ausgerechnet mich hat dieser Mann als die Schönste empfunden, ist Fakt. Nun kann man in einem Kollektiv schlecht irgendwelchen Zauber veranstalten. Es gab Küßchen mit Spaziergehn und Händchenhalten, jawohl. Aber das war so intensiv, daß ich im Mai darauf, zu meinem Geburtstag, eine Fahrt nach Prag wünschte, die mir mein Mann finanzierte.
Vielleicht war's gut, vielleicht war's schlecht, ich weiß es nicht; am Tag, als ich fahren sollte, da hat mein Mann alles erfahren. Er kam angebraust, hat die Wohnungstür zugeschlossen, Schlüssel weg, und draußen wartete das Taxi. War das affig! Ich habs aufgegeben. Männer sind ja triebhafter als Frauen; als ich diesen Tschechen nicht so bald wiedersehen konnte, schlief eben von seiner Seite alles ein.
Jedenfalls hab ich dann gewußt, daß die Arbeit, die ich mit

Kosmetik leiste, etwas nützt. Damit wir uns verstehen, Flirt reicht mir. Vielleicht bin ich nicht an den richtigen Mann geraten, oder ich bin wirklich so, ich weiß es nicht, ich mag weder gern küssen noch gern einen Beischlaf haben. Mein Mann ist zum Glück ein ausgeglichener Partner. Ich weiß nicht, ob er's braucht, jedenfalls wird das bei uns selten betrieben. Nur als wir ein Baby wollten, wurde das so intensiv, daß es sogar ihm zu viel wurde. Werner hat sich das abgewöhnt in den dreizehn Jahren. Und ich vermisse nichts. Ich sage, wie's ist. Vielleicht haben wir die Technik nicht raus. Werner hat vor der Ehe viele Frauen gehabt, wie das bei der Armee üblich ist, aber für mich war er der erste Mann und wird es auch bleiben. Ich habe nichts vom Beischlaf, warum soll ich mir noch einen anderen suchen? Ich empfinde es einfach nicht als schön, es ist eine Belastung. Ich tu so, als ob ich mich hingebe, um Werner eine Freude zu machen. Zuerst hab ich gedacht, er kriegt das mit, aber er glaubt daran. Zärtlichkeiten ja, die habe ich gern. Wenn Werner nach Hause kommt, wenn ich mich auf seinen Schoß setzen kann, um ein wenig gekuschelt zu werden ... Aber das artet dann gleich so aus! Da könnte ich das erstbeste Stück nehmen, so wütend werde ich. Früher war nichts Schlimmes dabei, wenn eine Frau kalt war. Heute macht man sich Gedanken darüber, weil so viel über diese Dinge gesprochen wird, und wie wichtig sie angeblich sind. Ich meine, ich habe nicht direkt Komplexe deswegen, ich müßte nur mehr an mir arbeiten. Mein Mann ist aber nicht gerade der überzeugende Liebhaber, der mich allmählich dahin führt. Entweder brutal oder: Naja, lassen wir's. Einmal ist er tief beleidigt gewesen, weil ich das Licht angemacht und geguckt habe, wie spät es ist. Bist du denn noch nicht fertig? Da war's aus. Ich hab gedacht, er braucht mal so einen Schock, anders krieg ich ihn nicht nüchtern. Aber daß die Ehe darunter leidet, kann man nicht sagen. Ich meine, dort wo Liebe ist, ist auch Eifersucht, und die muß man nähren, in Maßen. Wobei ich wahrscheinlich zu eifersüchtig bin. Mein Mann arbeitet oft länger, um Geld fürs Auto hereinzukriegen. Heute abend kommt er erst um sieben, und so geht es die ganze Zeit, und manchmal ist das so, daß ich

direkt was heraufbeschwöre: Na, wo warst du denn? Wie riechst du denn?
Ach, dieses Telefon! Morgen hat ein Lehrer Geburtstag, da mache ich wieder den Clown vom Dienst. Ich bin sehr kontaktfreudig, ich könnte jeden Tag viele Leute um mich haben. Meinem Mann behagt das nicht so sehr, er mag das Behaglich-Häusliche mehr. Manchmal geht er in den Klub mit, aber da muß er sich sehr überwinden, er hat nicht den Unternehmungsgeist wie ich.
Freunde haben wir eigentlich nur auf meiner Seite. Das hört man oft, daß Frauen die Aktiveren sind. Wenn ich mal ganz hoch sprechen will, meine Freundschaften reichen von Direktoren bis zu unserem Schulwart. Aber es artet nicht aus. Konservativ sind wir vielleicht, wir besuchen unsere Freunde nur, wenn wir eine direkte Einladung haben. Das ist in Neustädten so. Da ist man eben nicht so schnell von einer Tür zur anderen, meinetwegen aus dem Gefühl heraus: Heute könnste mal einen Affen loslassen. Das passiert nicht. Den Affen muß ich zu Hause loslassen. Wenn es mir richtig schlecht geht, ich weiß nicht, ob ich dann eine wirkliche Freundin habe. Aber es geht mir ja nicht schlecht. Es gab mal eine Freundin, das war – vielleicht ist das anrüchig – Liebe auf den ersten Blick. Aber wir haben uns so selten sehen können. – Stefan, gehst du in die Kaufhalle, wir haben keine Eier. – Mit dieser Freundin bin ich oft alleine ausgegangen, Männer fangen, tanzen, trinken. Vielleicht ist es so, daß ich mich im Geben und Nehmen noch sehr ungeschickt anstelle. Freundschaft will ja auch gelernt sein. In N. habe ich jedenfalls noch niemanden gefunden, seit diese Freundin weggezogen ist. N. hat mir in erster Linie eine Qualifizierung geboten, eine schöne Wohnung und einen bequemen Arbeitsweg. Ein bißchen ist mir diese Stadt schon Heimat geworden. Es ist eine junge Stadt, und die Leute, die hier wohnen, sind auch jung. Letztendlich ist es eine Chance für uns alle. Mit dem Herziehen begann eigentlich mein Erwachsensein. Ich ließ alle Verwandten und Freunde zu Hause zurück. Meiner großen Schwester, die viel für mich getan hat, bin ich jetzt über den Kopf gewachsen.

Sehr vermisse ich auch unser Theater. Weil ich ein freundlicher Mensch bin, zieht mich besonders die Oper an, sie ist oft traurig und sentimental, das ist mein Ausgleich. Jazz mag ich, ich tanze aber nicht gern! Ich sammle Märchenbücher, weil ich der Meinung bin, daß ich über die Märchen die Völker und ihre Eigenarten kennenlerne, und weil ich auch die Kinder dann besser verstehe. Es ist vielleicht komisch, aber ich liebe unheimlich Turgenjew. Der hat eine Sprache, so romantisch und lyrisch, daß ich mir wünsche, so sprechen zu können im Unterricht, um die Phantasie der Kinder anzuregen, damit sie ihr Innerstes aufs Blatt bringen. Ich lese auch gern Gedichte. Die neue Art zu schreiben, liebe ich nicht, ich habe nicht die Einstellung dazu. Vielleicht hat sich die Welt so verändert, daß die Schriftsteller anders schreiben müssen, dann bin ich eben von gestern. Unserem Leben fehlt die Poesie, die vermisse ich am meisten. Da nehme ich Zuflucht zu den alten Russen, die hatten noch Gefühl. Vielleicht ist das eine sehr einseitige Liebe, aber die Menschen brauchen nicht viele Bücher. Den »Wundertäter« [Roman von Erwin Strittmatter] Teil 1, liebe ich auch, den habe ich schon ein paarmal gelesen, da ist unheimlich viel Eigenes drin. Das hat mich zurückversetzt in eine schöne Zeit meiner Kindheit. Ich hatte einen väterlichen Freund, einen alten Schäfer. Dem ist ein Sohn gefallen im Krieg, er wollte mich am liebsten adoptieren. Ich bin überallhin mitgezogen, ich war im Stall und habe zugesehen, wie die Lämmer geboren wurden. Die Lämmer streicheln, das ist ein wunderbares Gefühl. Und der Schäfer streichelte mich wiederum. Seine Frau hat geweint, wenn ich wieder da war, vor Freude. Jetzt sind sie Rentner, und als ich sie letztens besuchte, war ich das kleine Mädchen: Ziehst du dich auch warm an, Dorle? Bist du noch immer so wild?

Mir hat ja immer der Vater gefehlt. Ich habe mich immer danach gesehnt, daß mein Mann mir auch ein Vater wird. Aber dafür ist Werner zu jung. Mein Vater war Fremdarbeiter bei Hitler. Meine Mutter war früher verheiratet gewesen, mit dem Vater meiner Geschwister. Ich weiß keine Einzelheiten, jedenfalls wurde die Ehe geschieden, und meine Mutter lernte meinen Vater kennen, der im französischen Lager gelebt hat. Ich habe nach dem Krieg Freßpakete übers Rote Kreuz bekommen, von meinem Vater, aber ich habe ihn nie gesehen. Meine Mutter wurde bald auf Rente gesetzt, weil sie immer krank war. Wobei sie es so arg trieb, daß wir meinten, sie hat einfach Angst vor den Menschen und verzieht sich in ihr Schneckenhaus. Das war immer schrecklich für mich. Ich hatte eine sehr ernste, leidende Mutter. Manchmal holte mich ein Cousin meiner Mutter, der war sehr lustig und hatte vier Mädchen, und ich war furchtbar eifersüchtig, weil die einen Vater hatten. Ich war ganz selig, wenn er mich in die Luft warf oder zum Abschied küßte. Aber das ging bald in die Brüche, weil man sich einiges vorzuwerfen hatte in der Familie. Seine Frau warf meiner Mutter vor: Wer weiß, von wem die Kleine stammt, du Hure! Weil meine Mutter das zuerst für sich behalten wollte, es war ja ihre große Liebe. Mich hat das verrückt gemacht, daß ich nicht wußte, woher ich stamme.

Ich weiß nicht, warum meine Mutter sich so hineingesteigert hat in diesen Verlust. Mein Vater hat in Frankreich wieder geheiratet. Ich meine, man darf in eine Sache nicht mehr hineinlegen, als rauszuholen ist. Wenn ich mich im Krieg mit einem Ausländer einlasse und damit rechnen muß, von der Gestapo geschnappt zu werden, dann muß ich letztendlich auch so weit denken, daß mal Schluß sein wird. Ich meine, wenn das mit dem Tschechen was geworden wäre, dann hätte ich das auch durchgestanden, ohne meine Umgebung damit zu belästigen.

Meine Mutter kann ihr Letztes hergeben, aber Wärme strahlt sie nicht aus. Als ich schwanger war, wurde ich direkt hinausgeekelt: Der heiratet dich sowieso nicht, du mußt dankbar sein, wenn dich überhaupt einer nimmt. Das hab ich mir anhören müssen, immer so herabsetzend. Meine Schwester hat mir viel geholfen. Heul nicht, Doris, hat sie gesagt, unsere Mutter hat meinen Vater schon mit fünfzehn Jahren gehabt, du hast erst mit siebzehn angefangen, sie tut dir unrecht.

Ein Mann möchte ich aber nicht sein. Jede Frau kann heute selbst ihren Mann stehn. Trotzdem bleibt sie umschwärmt und im Mittelpunkt. Naja, manchmal, wenn ich meine Regel habe, dann könnte ich verrückt werden. Warum kriegt *er* denn das nicht? Ich glaube, eine Frau, die sich ihre Position erkämpft hat, die hilft schon mit, daß der Mann ein bißchen gedrückt wird und seine Rolle nicht mehr so ausüben kann wie mal im Bürgertum. Das bringt die Männer in Konflikte, klar. Neu ist die Situation auch für uns Frauen, aber wir sind stärker und ehrgeiziger, wir haben nachzuholen. Da kann man nicht so viel Rücksichten nehmen. Wenn man die Prüfung in der Ehe bestanden hat und die eigene Meinung verteidigen kann, dann gewinnt man natürlich auch Standfestigkeit im Beruf. Dann empfindet man die Männer in manchen Momenten als ein Nichts. Ich kenne die Argumente der Männer und weiß, hier kannst du sie widerlegen durch dies und jenes. Die meisten Männer sind doch verheiratet, ich weiß ungefähr, wie die Gedanken ablaufen hinter solchen Stirnen, ich hab ihnen dann was voraus und kann kontern. Ich fühle mich natürlich sehr wohl, wenn ich auch in beruflichen Dingen den Mann besiegt habe.

Wenn Frauen im Beruf was darstellen wollen, dann fängt das mit ganz primitiven Mitteln an, die beim Mann überhaupt keine Rolle spielen. Kleidung, Auftreten, Kosmetik, wir brauchen diese Mittel, um anerkannt zu werden. Wenn man Menschen nach ihrem Innern beurteilen will, braucht man viel mehr Zeit. Manchmal habe ich nicht die Ruhe, so lange vorm Spiegel zu stehn oder zum Friseur zu gehn. Manchmal habe ich auch gar nicht das Verlangen danach. Aber ich weiß, was von mir erwartet wird. Es ist oft wie ein Wettrennen. Ich meine, wenn ich jetzt zum Kreisschulrat muß, dann verwende ich mehr Zeit vorm Spiegel, um inneren Halt zu bekommen und das richtige Auftreten. Ich weiß, vom Äußeren her kann mir niemand was. Wenn ich irgendwelche Entscheidungen treffe oder zu Hause Gnatz habe, das ist eine merkwürdige Angewohnheit, da kann ich mittendrin anfangen zu lachen, weil ich mir einbilde, das Ganze wird gefilmt. Wenn ich in einem so komischen Film die Hauptrolle spiele, da kann ich nicht mehr böse sein. Da denke ich mir: Mensch, Doris, wie kommt das bei den Zuschauern an, wenn du dich so hysterisch aufführst und immer auf dein Recht pochst?

Wenn ich einen Wunsch offen hätte? Materialistisches wollen Sie nicht hören, nein? Ich meine, man wünscht sich ja immer Geld. Man denkt immer: Wenn ich viel Geld habe, kann ich mir viel kaufen. Man will ja in erster Linie glücklich sein, nicht? Ich würde mir auch sehr wünschen, daß ich einen Studienplatz kriege für Diplompädagoge, um später Direktor zu werden. Ich möchte nicht mein Leben lang Unterstufenlehrerin bleiben. Ich will testen, wo meine Grenzen sind. Manche Bekannte sagen: Wo die Grenze ist, weißt du nie. Warum nicht? Man wird doch mal an eine Grenze kommen, wo man sich sagen muß: Jetzt passe ich.
Die größte Rolle spielt letztendlich die Arbeit in meinem Leben. Und dann die Rolle als Mutter. Ich habe ein sehr enges Verhältnis zu meinem Sohn. Er weiß vieles von mir, daß es meinetwegen diesen Tschechen gab, was er meinem Mann nie erzählen würde. Es ist vielleicht nicht richtig, aber ich möchte das so haben, weil ich dieses Vertrauensverhältnis in meiner eigenen Erziehung sehr vermißt habe. Die Rolle als Hausfrau gefällt mir nicht. Abwaschen, staubsaugen, das machen Stefan und Werner viel besser als ich. In der Rolle als Ehefrau und Geliebte bin ich auch nicht glücklich, weil ich weiß, daß ich große Schwächen habe. Damit ist eine Seite des Glücks zu kurz gekommen. Vielleicht stürzt man sich deshalb so in ein anderes Glück, das man besser bewältigt.
Letztendlich, wenn ich mal achtzig bin, dann hat sich alles so reduziert, stelle ich mir vor, dann kann ich mich nur mehr an Momente erinnern, wo ich glücklich war, auf der Arbeit oder mit Stefan. Das Gute behält der Mensch ja Gott sei Dank länger im Gedächtnis als das Schlechte. Das nennt man retrospektive Verfälschung. Glücklich war ich auch, als ich ein Paar Stiefel im Exquisit bekommen habe. Das sind Momente, die wichtig sind für eine Frau. Man kann Glück vielleicht besser definieren, wenn man älter und erfahrener ist. Was Glück für mich bedeutet, kann ich nicht so sagen. Ich weiß nur, daß ich nicht unglücklich bin.

Steffi M., 37, Hausfrau, verheiratet, ein Kind
Die Ehe abschaffen

Wenn einer ein schönes Zuhause gehabt hat, ist er zeitlebens reich. Materiell waren wir arm, aber alles, was irgend möglich war, habe ich bekommen. Ich hatte Großmutters ganze Aufmerksamkeit. Das alles gebe ich jetzt an Peter weiter, und der wird es an seine Familie weitergeben. Da ist nichts verloren. Manche sagen, die Kinder zahlen den Eltern nichts zurück. Sollen sie doch gar nicht. Sie sollen nach vorne gehen. Mütter, die Opfer bringen und ans Zurückzahlen denken, das sind keine Mütter, die sollten lieber arbeiten gehen. Nur einmal im Leben kann der Mensch wie im Märchen leben, und das ist die Kindheit. Dann fängt die Arbeit an, die Lehre, und alle erzählen einem, welche Anforderungen gestellt werden, der junge Mensch tritt in eine neue Phase und lauter so'n Kram. Und dann kommt er mit den falschen Leuten in Berührung und ist erschossen.

Ich hatte da großes Glück. In der Schule für Erwachsenenqualifizierung in den fünfziger Jahren waren gute Lehrer um mich. Die mir zum erstenmal Politik vermittelt haben, waren keine Theoretiker, die setzten sich noch für etwas ein. Was denkst du, wie dich das zeitlebens beeinflußt, wenn du siehst, man sagt dir eine Sache und lebt sie dir auch vor. Und wenn du danach mit einem andern zusammenkommst, und der ist ein Schwein, dann schadet es nicht mehr. Nur der erste, der darf kein Schwein sein. Das gibt einem so viel, wenn man nicht nur von solchen Menschen hört, sondern wenn man sieht, es gibt sie wirklich.

Jede Zeit verlangt doch einen anderen Menschen, na, und heute verlangt unsere Ökonomie die berufstätige Frau. Das verstehe ich, aber ich versuche, mich drum herumzumogeln. Ich will eine Frau sein, so wie *ich* mir das vorstelle und wie ich mich wohl fühle. Guck mal, wenn eine Frau fünf Kinder hat und bleibt zu Hause, das respektiert man, das ist was, aber zu sagen: Ich habe nur *ein* Kind und bleibe zu Haus, das ist den Leuten schwer begreiflich zu machen, das paßt irgendwie nicht in

unsere Zeit. Ich finde es wunderbar, daß eine Frau heute ihre Begabung ausschöpfen kann, wenn sie will. Was denkst du, wieviel Energie die Marie Curie verschwenden mußte, um sich die primitivsten Voraussetzungen für ihre Arbeit zu schaffen. Diese Frau hat mich enorm beeindruckt.
Vielleicht habe ich mich zu extrem auf den Jungen konzentriert, weil die Ehe nicht meinem Ideal entsprach. Der Frank ist ja ein Süßer, aber hundertprozentig harmonisieren wir nicht. Er ist ein Luftikus, weißt du, ein Junggeselle. Vielleicht würde es mit Toleranz auf beiden Seiten gehen, aber *mich* hat er eingesperrt, und *er* ist davongeflogen, das war irre. Wenn ich Abendschule hatte, stand er schon vor der Tür. Ich hab ja immer irgendwo meine Fühler gehabt: Abendschule, Gitarrenunterricht, Malzirkel, Französischkurs, ich wollte ja mit Peter mithalten. Wenn ein Mann aber so hartnäckig seiner Wege geht wie mein Süßer, weißt du, das lähmt einen so, daß man sich wie ein Rentner fühlt und überhaupt nichts mehr unternehmen kann. Ich mache jetzt Schluß mit diesem faulen Zauber, aus, fini. Ich warte noch, bis Peter aus der Lehre ist, das würde ihn sonst zu sehr mitnehmen, aber dann verabschiede ich mich. Der liebe Frank war meiner zu sicher, der hat gedacht, ich hätte den Mumm nicht, meiner Wege zu gehen. Was denkst du, wie ausgeglichen ich sein werde, wenn ich mich auf die Beine mache. Nach der ersten Ehe, Mann, da habe ich mich mit Peter davongemacht, ruck, zuck! Was du da für einen Elan hast! Diese erste Ehe, das war nichts. Bei Schwiegereltern eine Kammer, getroffen haben wir uns nur zum Wochenende, und da war er mit seinen Freunden beschäftigt. Da bin ich abgehauen mit Peter, der war mir schon immer das wichtigste. Unsere Oma, die hat als Pförtnerin gearbeitet und uns eine Weile durchgebracht. Keine materielle Sicherheit, nichts, losgegangen bin ich, weg war ich. Wir haben von Pellkartoffeln gelebt, Marmelade oder Quark draufgeschmiert, gut war's. War vielleicht schade, daß ich so schnell aufgegeben habe. Aber wenn man immer allein herumfummelt und keiner da ist, der dich berät, dann ist es schwer. Es gibt Frauen, sagt Katajew, die sind zu großen Leidenschaften fähig, aber es endet meist tragisch, weil sie keine Abkühlung

vertragen. Meine Abkühlung waren die Lügen der Männer. Kein Toter ist so tief begraben wie eine erloschene Leidenschaft. Meine Oma hat mir beigebracht, was gut und böse ist. Lügen ist ganz böse, das darf man nie. So bin ich an alles rangegangen. Aber irgendwas muß man haben, worauf man sich verlassen kann, was einen nicht andauernd enttäuscht. Das war der Junge. Wenn ich beim zweiten Mann gleich wieder abgehauen wäre, hätte ich arbeiten und den Jungen zur Oma geben müssen. So ein Kind ist doch nicht weniger wichtig als ein Mann. Wenn ich in einer Krise mit Frank drin bin, Peter merkt das nie, das hab ich durchgehalten die ganzen Jahre. Dafür kriege ich unverarbeitet jeden Eindruck, den er nach Hause bringt. Das ist das Schöne, sage ich dir. Wenn Kinder im Horst sein müssen, ist die Zeit zum Erzählen so kurz, dann haben sie die Eindrücke von der Schule längst verarbeitet oder sie einem anders erzählt. Guck mal, ich war Hausfrau und gleichzeitig Schülerin der Klassen 1 bis 12. Wir haben alles gemeinsam gemacht, wie Geschwister.
Ein Mann? Nee, hat mir nicht gefehlt. Auch auf die Kurze muß es schon sein, daß man ihn akzeptiert. Keine dritte Wahl, bitte, bloß daß man 'n Mann hat. Guck mal, ich bin jetzt siebenunddreißig, und nur einen einzigen habe ich kennengelernt, der in Frage kommt, den aus M. Ihn als Liebhaber, egal zu welchen Bedingungen, das stell ich mir wunderbar vor. Ich sage dir, lieber Leder und zwanzig Jahre lang tragen als Kunstleder und jede Woche was Neues. Ich habe Bilder, was? Soll ja ein Zeichen von Dummheit sein. Weil Babys sich auch ihre Umwelt erobern über Bilder. Ich sage immer, in jedem Menschen ist ein Kind, und das muß man sich erhalten, sonst kann man sich gleich begraben lassen.
Weil ich so ein Kind bin, habe ich mir auch meinen Glauben erhalten, daß zwei Menschen sich ideal ergänzen können. Ein Partner und eine Partnerin, und beide ausschließlich, das ist mein Ideal. Ich bin durchaus imstande dazu, und nicht aus Mangel an Gelegenheit. Alles andere widerstrebt mir, so musche-musche, nee. Entweder heiß oder kalt. Lauwarm ist der Tod. Ich denke mir, wenn eine Ehe wirklich gut geht, ergibt

sich die Treue von selber. Ich kann mir vorstellen, daß Frauen so universal sein können. An einem Tag sind sie Kameradin, am andern Tag Geliebte. Man muß sich an den Großen orientieren. Weißt du, was mir vorschwebt? Die Ehe von Karl Marx. Wenn du diese Liebesbriefe liest, die sind herrlich. Die eine Sache ist die, daß es so etwas gibt, die andere Sache ist die, man hat es eben nicht. Man kann ja nicht alles haben. Diese Erfüllung zweier zueinander, die ist zauberhaft. Da kann ich mir durchaus vorstellen, daß die Jenny für den Marx alles war. Es ist selten, aber es gibt's, und das zu wissen ist wichtig.

Bevor ich Frank geheiratet habe, habe ich meinen idealen Mann kennengelernt, den Mann aus M. Der paßte zu mir, sag ich dir, so was Schönes! Zu meinem ersten Mann hab ich grad auf Wiedersehen gesagt, geschieden haben sie uns nicht gleich, lag ja nichts Ernsthaftes vor. Ich war auf Erwachsenenqualifizierung in einem Seebad, und meine Freundin hat mich eines Tages abgeholt. Freundin unter Anführungszeichen. Die war ein bißchen dumm, aber gutmütig, und das ist ja auch was Schönes, wirklich. Es war dunkel, wir gingen die Straße lang, und fünf Männer vor uns, die gingen langsamer. Und plötzlich ergab sich ein Dialog zwischen einer fremden Stimme und meiner Stimme. Nicht gesehen hab ich den Mann. Nächsten Tag bei der Arbeit, da kam er herein, wir erkannten uns gleich an der Stimme. Zwei Jahre ging das mit uns, ganz wunderbar. Er kam immer, wenn er hier zu tun hatte. Schuldgefühle seiner Frau gegenüber hatte ich nie. Guck mal, du kriegst ja keinen vernünftigen Mann in unserem Alter, der nicht schon verheiratet ist. Jetzt triffst du einen wie den aus M. Da sollst du moralische Bedenken haben wegen einer Frau, die du gar nicht kennst und der vielleicht gar nichts mehr liegt an dem Mann? Stell dir vor, hätte ich diese Jahre nicht gehabt, ich wäre ja mächtig arm.

Eine Zeitlang war ich nur für schöne Männer. Wenn ich einen schönen Mann kennengelernt hatte, wollte ich sofort wissen, wie ist der? Meistens sind die Schönen nicht interessant, die sind so abgenutzt im Gefühl und gehen auf eine Frau gar nicht ein. Nach und nach bin ich auf die Persönlichkeit gekommen, die fasziniert mich am meisten. Wenn du mich fragst, welche

Männer ich mag, ich würde sagen: leise Vitalität. Vital ist eigentlich mein Frank, aber zu viele Frauen wissen das. Er geht wie ein Stier los, und das empfinde ich als abstoßend. Der aus M. hat in den zwei Jahren nie gesagt, ich liebe dich, ich habe aber gesehen, wie er sich fertiggemacht hat. Ach, hör auf mit diesem Tonband.

Weißt du, was ich jetzt mache? Ich schalte auf Empfang. Ich geh herum und suche einen Mann. Ich lasse die Männer aktiv werden, und wenn ich Glück habe ... Natürlich ist das zum Lachen. Man müßte die Ehe abschaffen. Man müßte alles so regeln, ich glaube, wie bei den Indianern, wo die Kinder von der ganzen Gesellschaft erzogen werden, alle gleich. Die Frauen sind doch meistens mütterlich, die fühlen sich alle verantwortlich. Die Bindungen sind kein Gesetz. Wenn zwei füreinander dasein möchten, na bitte, dann sind sie eben füreinander da. Aber nicht, daß man sie zwingt zusammenzubleiben. Guck mal, die nehmen ihre Matten und legen sie zum andern. Und wenn sie nicht mehr mögen, nehmen sie ihre Matten wieder weg und legen sie woanders hin. Ich wüßte genau, in dem Moment, wo einer *mich* besucht, ist er gerne bei mir. In einer Gesellschaft, wo die Ehe Gesetz ist, und in solchen Positionen wie Frank, da kann man sich so viel Ehrlichkeit nicht leisten. Er läßt sich auch so nichts entgehen, aber verstecken muß er sich, das ist das schlechte. Ich setze ihn nicht mehr so viel unter Druck, aber es belastet ihn, daß er nicht alles unter einen Hut kriegen kann. Und über mich hält er die Hand!

Nein, ich steig da aus. Ich hab jetzt eine Annonce geschrieben: Junge Dame, sportlich-elegant, möchte sich verwöhnen lassen. So. Und dann hab ich geschrieben, daß er die Eigenschaften haben sollte, die für ein gemeinsames Leben notwendig sind: Güte, Zuverlässigkeit und Humor. Entscheidend aber ist das Möchte-sich-verwöhnen-Lassen. Das heißt ganz klar, ich bin *keine* emanzipierte Frau! Ich will überhaupt nicht gleichberechtigt sein, ich will meine Vorrechte als Frau auskosten. Mit dem Frank bin ich Kahn gefahren, gegen die Strömung, war schwer zu rudern. Frank ist viel kräftiger als ich, aber er hat nicht den Ritter in sich. Jedenfalls lag ich da und ließ mir die Sonne ins

Gesicht scheinen, da ist er richtig wütend geworden. Wenn er den halben Garten umgräbt, soll ich die andere Hälfte umgraben, das provoziert meinen Widerspruch.
Nein, ein Mann muß was auf sich nehmen, der muß von vornherein akzeptieren, daß er der Stärkere ist. Und er muß auch eine Idee besser sein, eine Idee intelligenter sein. Ich bin so richtig altmodisch, nicht? Das gefällt mir. Vielleicht ist es auch so, daß ich das extra herausfordere, weil Frank die Lasten gleich verteilen will.
Freundin? Nee, eine richtige Freundin bis zum Letzten, mit Blutaustauschen, fand ich nie. Vielleicht daß ich weiter war als die andern, wir lebten ja in der Kleinstadt. Unter den Mädchen war viel Mißgunst. Und ich hab mich immer hingezogen gefühlt zu jemandem, der mehr wußte als ich, ich war nie neidisch, ich wollte lernen, lernen. Aber ich war ganz allein mit meinen Spinnereien. Und deshalb kann ich auch jetzt noch stundenlang allein sein. Kein Problem.
Mein Vater war Kunstmaler, er fiel 1940, da war ich zwei. Deshalb sehe ich in keinem älteren Mann einen Vater. Ich kenne ja das Verhältnis Tochter-Vater überhaupt nicht. Für mich ist jeder ältere Mann ein Mann, männlich und fremd. Weißt du, was ich machen würde, wenn ich nur einen einzigen Wunsch offen hätte? Ein Nest bauen, wo man sicher ist, da bleibste drin. Doch, das weiß man, man weiß schon am Anfang eine ganze Menge. Ich wußte, daß ich immer die Augen zugekniffen habe, zweimal zugekniffen sogar. Wenn man ehrlich gegen sich ist, merkte man, das wird nicht gut gehn, das kann nicht gut gehn. Als Kinder sind wir Ähren lesen gegangen. Da kam einer mit so einer Hungerharke, der hat das Feld erst richtig abgeharkt, und dann haben sie uns raufgelassen. Frank ist der, der abharkt, als Besitzer, und ich bin die, die die Ähren aufliest. So kommt es mir vor. Ich weiß ja nicht, ob alle Männer so sind, aber Frank ist egoistisch. Er hat eine Idee und geht wie ein Wilder drauflos, ohne die andern um sich herum zu sehen. Er hat keine Hobbys und keine Freunde. Ich würde es schon als Hobby bezeichnen, wenn er selber die Wohnung tapeziert. Ich habe mal gelesen, wer kein Hobby hat, der läßt seine Familie im Stich und geht

auf Nimmerwiedersehen davon. Dazu war Frank immer fähig, und das hat mich so unruhig gemacht. Es müßte wie in der Natur sein, wenn ein Tier sein Nest zimmert. Wenn der Mann bastelt und sorgt und wie eine Glucke über der Familie sitzt, das ist schön. Was mir an Frank gefällt, das ist sein Geist, der ist enorm, eine wahre Freude, mit dem Mann zu sprechen. Der trägt mir die ganze Welt ins Haus. Und er ist wie ein junges Tier, er muß alles beriechen, jede Frau macht ihn neugierig. Und vollkommen spontan. Dann ist eine Frau eine Weile da, ach nee, wieder nicht die richtige. Fängt was an, erschrickt plötzlich, um Gottes willen, wo bin ich hingeraten, das wollte ich doch gar nicht.

Ich steig jetzt aus. Angst macht mir nur die Umstellung: allein auf Wohnungssuche gehen, morgens um sechs aufstehn wie ein Sklave, selber Geld verdienen, nicht mehr Gitarre spielen können, wenn man Lust hat. Immer dieselben Leute auf Arbeit, ob sie dir passen oder nicht. Ich muß aber mein Brot suchen gehen. Mein Brot ist, daß in der Familie alles stimmt, daß ich meinen Platz habe. Alles Drumherum, das ist mein Kaviar. Viele machen sich aus dem Kaviar ein Hauptgericht, aber das kriegt man schnell über. Im Moment eß ich nur Kaviar, links an der Hand 'ne kleine Bekanntschaft, rechts den Malzirkel, alles nischt. Ich möchte wieder mein Brot haben!

Vorm Altwerden hab ich überhaupt keine Angst. Wenn mich der Mann bloß nicht ständig daran erinnert, daß man jung bleiben muß. Was denkst du, Frank hat von mir ein Bild in der Brieftasche, da war ich dreiundzwanzig. Mit langem Haar, Halbprofil, ganz niedlich. Aber ich bin nicht mehr die. Und wenn er das zeigt, dann zeigt er nicht *mich*. Verstehst du das? Für mich ist jedes Frauenalter reizvoll, ob ich ein Baby habe oder ein Schulkind oder einen Lehrling. Vor der Geburt bin ich Geliebte, dann Mutter und, wenn alles hinhaut, die Kameradin des Kindes. Ist aber eine schlechte Ehe da, ist die Frau dauernd abgelenkt, dann muß sie versuchen, den Mann zu reizen, ach, diese aufgedonnerten alten Schachteln, die versuchen sämtliche Tricks, das ist das Traurige. Ich kümmere mich wenig um Kleider. Meistens schenkt mir eine Tante irgendeinen Stoff, den laß ich mir nähen, zu was Zeitlosem. Und dann trag ich das jahrzehntelang. Ich achte mehr darauf, daß ich selbst gut aussehe, daß ich ausgeruht bin und frische Haare habe. Manche Frauen schinden sich bei der Arbeit, damit sie sich Exquisitsachen kaufen können. Die ziehen jeden Tag was Neues an, und das hat keinen Effekt, weil sie so abgehetzt sind. Bei mir aber gucken die Männer. Andauernd der Mode nachjagen, das ist sinnlos. Also spar ich Geld, also brauch ich nicht soviel arbeiten.

Als Kind fand ich es herrlich, die älteren Paare, er im Lodenmantel, sie im Lodenmantel, und ganz aufeinander eingestimmt. Nach außen reine Zweckmäßigkeit, keinen Firlefanz, und alles, was ringsum schön ist, kosten sie aus. Für die hat das Alter keine Bedeutung. Ich stecke ja auch in meine Wohnung nichts Unnötiges hinein, keinen Fernseher, keinen Kühlschrank, nicht alle zehn Jahre neue Polstermöbel, dafür hat sich mein Peter zu Hause immer wohl gefühlt, und sein Hund auch. Die konnten mit dem Zeug anstellen, was sie wollten. Und wenn die Spinnen es geschafft haben, im Herbst im Haus zu sein, dann schmeiß ich sie den Winter über nicht raus. Wenn Besuch kommt, schau ich nicht, ob er sich die Füße abgeputzt hat, dann schau ich ihm in die Augen. Wo waren wir? Beim Alter. Ich kannte einen Mann, der war vielleicht sechzig. Der war Junggeselle, und sie wollten ihn verkuppeln. Guck mal, haben sie zu ihm gesagt, eine interessante Frau in deinem Alter. Und er hat gesagt: Keine Frau in meinem Alter ist für einen Mann in meinem Alter interessant. Siehst du, und das glaube ich nicht. Ich bin sicher, daß es andere Männer gibt. Man muß nur Geduld haben. Bei Oscar Wilde habe ich einmal gelesen: Das Schlimme am Altwerden ist nicht, daß man alt wird, sondern daß man jung bleibt. Das habe ich Frank vorgelesen und wir haben gelacht. In Würde alt werden, das müßte herrlich sein. Hast du dir schon einmal Lenins Augen angesehen? Manchmal siehst du ältere Herren, die haben so was in den Augen, was Gütiges, Abgeklärtes, was Väterliches, richtig. Schau, im Grunde genommen ist alles, was ich dir erzählt habe, das, was du schon weißt. Du brauchst mich nur anzuschauen, guckst in meine Augen, und wir verstehen uns. Menschen müssen nicht so viel reden. Hätte ich dir das alles sagen müssen? – Na siehste.

Gabi A., 16, Schülerin
Die Welt mit Opas Augen

Rauskommen tun wir nie. Wir sitzen immer zu Hause. Im Sommer gehn wir mal Eis essen, oder wir spielen Karten auf'm Balkon. Daß bei uns einer sagt, heute fahren wir ins Museum, das ist nicht drin. Meistens leg ich mich aufs Bett, dann hab ich Radio an oder Tonbandgerät. Musik hab ich alle gern, je nachdem, wie ich aufgelegt bin, am liebsten zu Hause, ist mir viel lieber, als auf Achse zu sein. Tanzen geh ich nur zu Schulfesten. Lesen tu ich nicht gern. Nur im Urlaub hab ich was gelesen, ein dickes und ein dünnes Buch. Ist ja keiner da, der einen richtig anstößt und sagt: Das ist schau, das könnste machen.

Wie Großvater noch da war, der hat mir viele Geschichten erzählt. Da hat Mutti sich immer geärgert, weil das nichts Vernünftiges war, was man im Leben brauchen kann. Sie hat immer gesagt, Großvater macht mir die Gabi verrückt. Er hat sich wirklich verrückte Sachen ausgedacht, was wir zusammen erleben werden, wenn wir mal verreisen, Sachen, die gibts gar nicht. Der Großvater hat viel Zeit für mich gehabt. Und er hat auch immer Überraschungen gehabt. Hat mir einen schönen Apfel hingelegt und ein Kopftuch rumgebunden. Oder Tiere aus Tannenzapfen und Kernen und allem Zeugs. Eine Schallplatte hat er mir gekauft. Aber nicht, weil gerade was los war, Weihnachten oder Ostern. Mein Opa hat einfach so geschenkt, weil's ihm Spaß gemacht hat. Er hat immer so getan, als wär ich noch ein Kind. Meine Mutti hat das furchtbar gefunden. Wenn ich geheult hab, ich möchte sagen, manchmal läuft einem ja was über die Leber, das wird dann nachts ganz schlimm, das hat

Opa gehört. Da ist er ins Zimmer gekommen und hat sich auf mein Bett gesetzt und gesagt: Na, was ist denn, Gabi, wollen wir die Gespenster verscheuchen?
War nicht richtig, daß die Mutti ihn rausgeschmissen hat. Es war nicht ihre Schuld, daß er soviel getrunken hat, ich seh's ein, aber er hat ja nichts mehr gehabt außer uns. Ach, heute schmerzt mir das Herz wieder. Ich weiß nicht, ich hab das öfter, aber der Arzt sagt, ist alles seelisch. Zuerst war's für mich auch eine Erleichterung, wie mein Opa weg war. Er hat richtig verlottert ausgesehen. Wenn sie in der Klasse gesagt haben, deinen Großvater hab ich gestern wieder betrunken gesehn, da hab ich mich so geschämt.
Vati hat auch getrunken. Da war auch das Arbeitsmilieu schuld, auf dem Bau trinken alle. Manchmal hat er gleich auf Arbeit in der Baracke geschlafen. Mein Vati ist sehr gutmütig. Schulisch konnte er mir nicht helfen, da war er nicht gut, aber sonst hat er sein Letztes gegeben. Er hat mich nie geschlagen. Wie Onkel Hans dann da war, ist er einfach weg. Obwohl die Scheidung, die hat er nicht wollen. Er hat nicht geglaubt, daß Mutti es wahrmacht. Weinen hab ich ihn gesehen, ich hab ja nicht gewußt, daß Männer das auch können. Jetzt ist er in eine andere Stadt gezogen, damit er uns nicht mehr belästigt, hat er gesagt. Ich finde es nicht richtig, daß wir überhaupt nichts mehr von ihm wissen wollen. Und wo das mit Opa passiert ist, da muß man doch aufpassen. Ich weiß ja auch nicht, aber Mutti hat nicht mehr die Kraft. Und es kostet auch alles so viel Zeit.
Jetzt leben wir mit Onkel Hans zusammen, der trinkt überhaupt nicht. Na gut, verheiratet sind sie nicht, das finde ich vernünftig, sie sparen sich die Scheidungskosten. Onkel Hans ist im selben Betrieb wie Mutti, hat eine wichtige Aufgabe, muß alles planen. Nachts bringt er sich noch Arbeit nach Hause. Früher hat er natürlich versucht, mich zu gewinnen, wo er nur konnte. Jetzt hat er sich eingelebt, jetzt gibt es schon öfter mal Streit. Ich vergesse nicht, daß er Opa hinausgeekelt hat. Opa hat doch immer zur Familie gehört, er hat Mutti alles ermöglicht, daß sie was lernen kann, und die Wohnung hat er ihr gegeben.
Seit Onkel Hans bei uns wohnt, haben wir viel mehr Geld als

früher. Da können wir uns viel mehr leisten. Ich hab jetzt ein sehr schönes Zimmer. Ich hab eine Schrankwand und eine Eckcouch bekommen. Tapeten konnte ich mir selber aussuchen. Früher hatte ich rund um den Spiegel Schlagersänger und Tiere geklebt. Jetzt hab ich nichts mehr dran, die Tapete ist mir zu schade. Fernseher hab ich. Ich kann auch im Wohnzimmer gucken, aber bei mir ist's bequemer, weil ich gleich aus'm Bett gucken kann.

Opa war ein bißchen unordentlich. In seinem Zimmer haben die Sachen herumgelegen, er hat nicht wollen, daß meine Mutti mit dem Staubsauger drübergeht. Ich möchte sagen, ich sehe jetzt manches mit Opas Augen. Es wird wirklich alles geplant bei uns. Jeden Freitag wird saubergemacht. Kann man nicht mal Montag saubermachen oder Donnerstag? Wenn Besuch kommt, wird Mutti ganz nervös, da muß alles piccobello sauber sein. Jedes Stück hat seinen Platz, eine Schale links, die andere rechts von der Lampe. Und wenn sie mal nicht beim Friseur war, ach, dann kann sie nicht ausgehen, dann kann sie keinen Besuch empfangen. Mein Opa hat zu ihr gesagt: Du machst dich selber verrückt. Mutti hat aber Opa gar nicht beachtet, für Mutti war er auch so ein Ding, das man hin und her rückt. Er war immer so still, nie hat er was verlangt. Manchmal hat er was kritisiert, aber das ist untergegangen. Ich glaube, solche Menschen wie mein Opa, die haben es schwer.

Es riecht jetzt viel besser in Opas Zimmer, seit Onkel Hans drin ist. Onkel Hans raucht nicht und trinkt keinen Schnaps, er ist ein ganz sauberer Mensch. Sein Zimmer ist immer schön gelüftet, und dann macht er noch einen Spray hinein. Zuerst war ich traurig, wie das Zimmer nicht mehr nach Opa gerochen hat. Mutti hat mich ausgelacht, sie hat gesagt, ich bin auch schon verrückt. In letzter Zeit hab ich oft geträumt, daß Opa wieder da ist, daß wir zusammen verreisen, wie er's immer gesagt hat. Einmal hab ich im Traum richtig geschluchzt. Ich weiß auch nicht, man ist schon fast drüber hinweg, aber manchmal fehlt er einem.

Möchte sagen, direkt eine Freundin hab ich nicht. Man kommt aber mit allen gut aus. In der Klasse unterhalten wir uns über alles, Fernsehen, Jungs und Mädchen, über die Lehrer regen wir uns auf. Ich geh in die Neustadt zur Schule, da wurden wir aus vielen Schulen zusammengesammelt und in eine Klasse gestopft. Als Lehrerin hatten wir Frau Behrens, die strebte sehr. Sie hat versucht, die Klasse hochzuarbeiten, wobei sie mehr auf ihren eigenen Ruhm aus war. Immer hat sie uns alles vorgekaut. Das läßt man sich aber nicht mehr gefallen, wenn man älter wird. Da hat Frau Behrens Feuerwerk von den Eltern gekriegt, und wir haben Frau Wittig bekommen. Schon am ersten Tag haben wir die ins Herz geschlossen. Die war gleich so aufrichtig zu uns, der haben wir keine Schwierigkeiten gemacht. Bei uns will sonst kein Lehrer in die Klasse rein, die werden regelrecht gezwungen, reinzugehn. Die Klasse ist total versaut, kann man sagen. Aber wenn die uns immer behandeln wie den letzten Dreck, dann ist doch klar, daß wir Feuer geben. Ich finde, es hängt ja von den Lehrern ab, ob sie mit uns zurechtkommen oder nicht. Wenn uns was nicht gefällt und wir versuchen zu diskutieren, da gibt es so altmodische Lehrer, die sagen: Mit euch diskutieren wir nicht. Dann haben sie ihre schwarzen Schafe, die sind immer dran. In der Beziehung mach ich mir überhaupt keinen Kopp. Wenn die Lehrer sich aufregen, regen sie sich auch wieder ab. Ich meine, ich seh immer alles, aber Ungerechtigkeiten kann ich nicht haben.

Ich mach jeden Quatsch mit, aber ich weiß, wann Halt ist. Das muß man wissen, dann kommt man mit den Erwachsenen klar. Die wollen eben mit ein bißchen Respekt behandelt werden. Vorbilder unter den Lehrern habe ich nicht, nein wirklich. In der Schule fragen sie uns auch immer wegen Vorbilder. Die wollen immer Thälmann hören. Aber ich kann doch nicht wie Thälmann werden, die Zeiten sind doch ganz anders.

Freund hab ich auch keinen, obwohl ich schon sechzehn bin. Ich würde ganz gern einen haben, aber gerade jetzt, wo man lernen muß? Ich sehe das an Heike, die lenkt sich fürchterlich ab, die Jungs sind ihr das wichtigste. Die kommt mit einem angebraust, muß aber gleich wieder weg, weil der draußen auf dem Motorrad wartet, der will ja beschäftigt sein. Die schluckt schon die Pille seit einem Jahr, und ihre Hausaufgaben macht

sie nur nachts. Ich komme mir richtig zurückgeblieben vor, weil ich noch nicht einmal geküßt habe. Im gewissen Sinne, ich weiß auch nicht, hab ich Angst vorm Küssen, daß man vielleicht was falsch macht.
Ich würde mir wünschen, daß meine Mutti mal Zeit für mich hat, daß sie sich mit mir über sexuelle Dinge unterhält. Sie fängt nicht damit an, und ich frage nicht, als ob es das gar nicht gibt. Ich trau mich nicht zu fragen, weil Liebe von klein auf ein Geheimnis war. Ich finde es blöd, nun ist sie schon so lange mit Onkel Hans zusammen, und sie zeigen nicht, daß sie sich gernhaben. Mutti weiß doch, daß ich ihr nicht dreinrede. Wie mein Opa noch da war, das war komisch. Wenn Mutti mal eine Freundin da hatte, ist er ins Wohnzimmer gekommen und hat Witze erzählt. Er hat immer sehr gern Frauen angesehen, das hat Mutti geärgert. Sie hat sich geschämt. Ich weiß nicht, so schlimm ist das doch nicht. Opa war ja immer nett zu den Frauen und hat ihnen zugehört. Meine Mutti legt überhaupt viel Wert darauf, daß sich alles schickt. Sie sieht viel besser aus als ich, obwohl sie schon sechsunddreißig ist, ganz schlank und damenhaft. Opa hat sich manchmal lustig gemacht über sie, aber ich wäre gern so geworden. Manchmal hab ich das Gefühl, sie ist eifersüchtig auf mich, wegen Onkel Hans. Früher durfte ich noch die Badezimmertür offenlassen, und ich hab mich umgezogen, wenn er da war. Heute paßt meine Mutti auf, daß er mich nicht nackt sieht. Sie sagt, das schickt sich nicht für ein großes Mädchen. Aber sie hat natürlich Angst, daß er sie mit mir vergleicht. Ich finde das nicht gut, daß eine Mutter auf ihre leibliche Tochter eifersüchtig ist, wo sie doch viel besser aussieht als ich. Wenn sie mir Onkel Hans als Vater vorgestellt hätten – kannst ruhig Vati zu mir sagen –, hätte ich es getan, ich wollte ja einen Vati haben. Jetzt ist es so, daß ich mich manchmal schäme. Er sieht schick aus, immer in Jeans, und manchmal schaut er mich so an, das macht mich ganz unsicher. Ich geh dann aus dem Zimmer, oder ich mach einen Witz, dann lacht er. Ich glaube, er freut sich, daß meine Mutti eifersüchtig ist. Mir wäre lieber, sie würden mich das nicht so spüren lassen. Heike traut sich viel mehr als ich, die flirtet richtig mit Onkel Hans.

Reden kann ich schlecht mit ihm. Wenn er zu Hause ist, sitzt er in seinem Zimmer oder sieht fern. Oder er spielt Karten mit Mutti. Ich hab manchmal das Gefühl, ich bin ein bißchen überflüssig. Dabei mache ich viel im Haushalt. Wenn ich von der Schule komme, schmeiß ich meine Sachen hin und mach mir ein Tonband an, ganz laut, da bin ich ja allein. Manchmal hab ich Lust, in Opas Zimmer zu gehn, aber ich weiß ja, er ist nicht mehr drin. Dann geh ich auf die Toilette, dann pack ich mein Bett unter die Couch. Dann mach ich Hausarbeiten, bißchen übersaugen, weil die Spannteppiche so empfindlich sind. Alles, was eben so anfällt. Manchmal einkaufen oder noch zur Schule hin. Handarbeiten mach ich auch gerne, häkeln, Taschentücher besticken. Hat mir Mutti beigebracht. Von meinem Taschengeld, zwanzig Mark im Monat, spar ich mir Tonbänder zusammen. Ich hab ein Tonband, da ist Opas Stimme drauf. Das kann ich nicht hören, ohne verrückt zu werden. Wieso, wo ist er denn, wo ist er denn? Ich kann mir seinen Tod nicht vorstellen. Bei der Beerdigung habe ich Rotzblasen geheult. Furchtbar. Seine Schwester hat auch toll geweint, aber im Leben hat sie sich nie um ihn gekümmert. Das sind so Sachen, die ich nicht verstehe.

Ich soll's vielleicht nicht sagen, aber mein Opa ist nicht eines normalen Todes gestorben. Es war so, wir haben ihn hinausgeschmissen, nach einem großen Krach, den Mutti ihm gemacht hat. Sie haben ihm dann ein Zimmer besorgt und seine Sachen einfach hintransportiert. Ich hab immer nur geheult. Und mein Opa hat gesagt, ich soll nicht heulen, es ist besser so, er hat sich schon lange gewünscht, alleine zu wohnen. Dann hab ich's geglaubt und hab gar nicht mehr so viel an ihn gedacht. Als wir Opas Zimmer entrümpelt haben, habe ich mir gedacht: Er ist doch noch gar nicht tot, warum haben wirs so eilig? Manchmal hat man so schwache Momente. Hinterher ist man wieder vernünftig und das Leben geht seinen Gang. Manchen Menschen kann man eben nicht helfen. Ich hab dann gehört, daß er manchmal im Rentnerklub war. Sie kriegen dort warmes Mittagessen, nur Schnaps haben sie nicht erlaubt. Auf einmal hat uns seine Wirtin rufen lassen, kurz vor Weihnachten. Das gab eine fürchterliche Aufregung, die Polizei kam, man erzählte sich was von Schlaftabletten oder von Gas. Er hat lange im kalten Zimmer gelegen, gegessen hat er auch nichts. Er ist einfach nicht mehr aufgestanden ... Warum denn bloß? Krank war er nie, mein Opa. Vielleicht ist er verhungert. Ich hab meine Mutti gefragt, und sie war ganz wütend: Mach mich nicht auch noch verrückt, die Leute reden, weil ihnen langweilig ist, aber dein Großvater ist an Herzschlag gestorben. Ich weiß nicht. Er hat mir ein paar Tage vorher Blumen ins Zimmer gestellt, wie ich nicht zu Hause war, und seine Uhr hat er mir hingelegt, die wollte ich immer haben. Mich beschäftigt das. In seiner Jugend hat Großvater eine Frau geliebt, die ist bei einem Verhör umgekommen, bei den Faschisten, und es war ein kleiner Junge da, mein Onkel Matthias, der war erst ein paar Monate alt. Meine Mutti sagt immer, es interessiert sie nicht, was damals geschehen ist und ich soll mir auch nicht den Kopp heiß machen. Ich weiß nur, daß Opa eine andere Frau geheiratet hat, die hat dann meine Mutti geboren. Aber später ist sie mit einem anderen Mann weggelaufen. Und Opa ist mit meiner Mutti allein geblieben. Von Onkel Matthias haben wir manchmal Pakete bekommen, der ist nach dem Westen abgehauen. Ich glaube, den Onkel Matthias hat mein Opa sehr gerngehabt. Er war bestimmt traurig, wie ihm einfach alles schiefgegangen ist im Leben, obwohl er ein guter Mensch war. Meinen Vati hab ich fast vergessen, wie er ausgesehen hat, aber meinen Opa kann ich nicht vergessen. Im Keller sind noch seine Werkzeuge und der alte Tisch mit den vielen Laden. Was werden die Leute denken, wenn *ich* einmal tot bin? Das möchte ich wissen. Ich möchte wissen, wozu man gelebt hat, wenn man doch so schnell vergessen wird.

Besonderen Wunsch hab ich sonst keinen. Ich bin eigentlich einverstanden mit allem. So wie jetzt möchte ich weiterleben. Ob ich die Welt verändern will? Nein, das kann ich ja gar nicht. Warum soll ich das wollen, was ich nicht kann? Man paßt sich unwillkürlich an. Man möchte ein bißchen mehr Geld haben, daß man sich was leisten kann. Eine schön eingerichtete Wohnung, mal eine Party geben, die Kinder schön anziehen, dafür sorgen, daß es ein richtiges Milieu wird. Was kann man doch alles für Geld machen? Ich würde mir wünschen, daß ich einen Mann finde, der zu mir paßt, und daß ich mal nach Italien fahren kann, bevor ich ein Tattergreis bin. Wenn ich Mutti sehe, die ist noch nicht alt, aber die war noch nie im Ausland, immer nur zu Hause. Nein, ich habe keine Probleme. Soweit ich mich erinnern kann, war ich immer glücklich, nur Opa hat mich bedrückt. – Was Glück ist? Ich weiß ja auch nicht, vielleicht wenn man sich was wünscht, und das erfüllt sich dann. Als ich von meiner Mutti das Tonbandgerät bekommen hab. Unter meinem künftigen Beruf, Wirtschaftskaufmann, stell ich mir nichts vor. Ich weiß ja nicht, wo sie mich hinstecken werden. Meine Mutti sagt immer: Nur nicht den Kopp heißmachen, alles auf sich zukommen lassen.

Christl Sch., 25, Verkäuferin, verheiratet, drei Kinder
Geht ni, gibt's ni

Meine Urgroßmutter, was denkst denn du, die war knapp hundert, wie sie gestorben ist, 99 Jahr und 9 Monate. Und da wollt sie nimmer. Sie möchte keine hundert werden, meint sie, sonst geht das wieder von vorn los. Die hat gemeint, sie muß noch einmal in der Kindheit anfangen. Wir haben gelacht. Mein Vater hat weben gelernt, das ist bei uns zu Haus Tradition. Ich komm aus'm Vogtland, weißt du. Seine Eltern haben eine kleine Gastwirtschaft gehabt, da war eine Kegelbahn angebaut, drin haben sie die Webstühle aufgestellt. Und meine Mutter, die waren sieben Geschwister, die hat Spulerin gelernt, das war ihr immer das liebste. Dann haben sie geheiratet, bald nach dem Krieg. Vater hat bei der VP angefangen, da ist er heut noch. Im Krieg war Vater Soldat, und Mutti haben sie auch eingezogen gehabt, die war zwei Jahr – wie nennt man das – im Pflichtjahr. Sechsundfünfzig sind wir nach E. Dort oben ist es ganz romantisch, du, Wald rundrum, und so frei alles! Ist 'ne Siedlung gewesen, nur paar Familien, die haben alle im Bergbau gearbeitet. Wir waren richtig zusammengewachsen, das hat's später nimmer gegeben. Und was wir alles organisiert haben als Kinder!

Meine Mutter hat Heimarbeit gemacht, Schürzen gesteppt, no? Hat ihre Waren rauf- und runtergeschleppt vom Berg. Die andern im Schacht haben manchmal 2000 Mark verdient, was denkst denn du, und mein Vater hat am Anfang bloß 380 kriegt. Ansprüche haben wir keine gestellt, kann ich ni sagen. Über jedes Ding hat man sich gefreut. Mein Vater ist sehr gutmütig, weißt du? Wenn er zornig geworden is, kam ja vor, haben wir mit dem Taschentuch ein paar kriegt, meine Schwester und ich. (Meine Schwester ist sieben Jahr jünger als ich.) Und Mutti, die is so wie ich, schnell erregt, hat geschimpft, du! Aber dann war's glei wieder gut. Ich will mal so sagen, das war eher wie zwei Erwachsene untereinander, weißt? Mutti war mit mir viel allein, wir haben alles miteinander besprochen. Mit meiner Kathrin ist das auch so, die fühlt sich auch mehr zu den Großen hingezogen.

Nachher, Schule war keine im Dorf, hat sich nicht gelohnt, da sind wir mit dem Schulbus in die Stadt gefahren. Und wenn wir eher aus hatten, haben wir die Kipperfahrer angehalten. War schön, war überhaupt die schönste Zeit dort oben. Dann ist der Schacht aufgelöst worden, und mein Vater ist nach W. gekommen. Ist lang durch den Wald gefahren, mit dem Motorrad. Und der viele Schnee! An einer Stelle hat er sich 'ne Schippe versteckt, da hat er sich immer freischaufeln müssen. Dann sind wir ihm nachgezogen, haben AWG [Arbeiterwohnungsbaugenossenschaft] gebaut in W. Und Mutti hat sich Sorgen gemacht, wie sollen wir das alles bezahlen? Und Vater hat gesagt, ist ganz einfach, wir zahlen in Raten. War erst mal ein Ziel vor Augen. Mutti hat drei Schichten gearbeitet als Spulerin. Sie hat ja immer von ihrer Spulerei geträumt. Ach, hat sie gemeint, die Nacht hab ich wieder gespult, war das schön. Bis sie dann krank geworden is.

Schule, ich möcht mal so sagen, ich hab eigentlich immer Schlag gehabt bei den Lehrern. Ich hab immer meine Meinung gesagt. Wenn ein Lehrer ni aufn Kopf gefallen is, mag er so was. Ich mein, 's hat ja auch andere gegeben, man merkt ja, ob ein Lehrer Ahnung hat oder nicht. In Mathematik, die konnte uns das Einfachste ni beantworten. Ich schieß euch glei 'ne Schüssel Quark an Kopf, hat die gesagt, ihr mit eure dämlichen Fragen! Wir haben gelacht! Ich bin gern in die Schule gegangen, kann ich ni anders sagen. Bloß einundsechzig hab ich's mit der Leber kriegt, das liegt bei uns in der Familie. Da ist mir die Schule bissl schwergefallen. Aber unser Klassenlehrer, der war bombig. Ich hab in der Schule immer von unserer Siedlung in E. geschwärmt. Dann hat unser Lehrer sein Auto kriegt, hat mich abgeholt und ist mit mir hinaufgefahren. Obwohl ich schon so lang aus der Schule bin, wenn ich hinfahr, den treff ich immer noch.

Und dann hab ich weben gelernt. Ich nach der achten raus, weißt, das war bei uns so, durch die Textilindustrie. Ich wollt zehn Klassen machen und ins Büro, aber sie haben gesagt, ich brauch mir gar keine Hoffnung machen, ich krieg keine Lehrstell. Noja, da hab ich Berufsschule gelernt, zwei Jahr, der Betrieb war halbstaatlich, alles so ältere Leutchen, du, die freuen sich, wenn Jugend mittenrein kommt. Das hat wirklich Laune gemacht, die Abwechslung, arbeiten und lernen. Und dann hatt ich 'n Freund, was denkst denn du, so mit fünfzehn, sechzehn. Den hab ich auf'm Tanzsaal kennengelernt. Meine Mutter war schlauer als ich, die hat glei gesagt: Christel, ich sag dir eins, Schönheit vergeht, aber doof bleibt doof. Noja, man läßt sich ja nichts sagen. Nach einem Jahr haben wir uns verlobt, heiraten konnten wir nicht, ich war noch keine achtzehn. Dann ging er zur Armee, da hat ers Denken ganz abgewöhnt kriegt. An dem Tag, wo Kathrin da war, ging das Theater los. Da haben seine Eltern gemeint, jetzt hat sie ein Kind von unserem Manfredl, jetzt ist sie uns sicher. Und ich, wie ich so war, ich hab ihnen den ganzen Haushalt geschmissen. Die wohnten ein paar Kilometer weg von uns, weiter unten im Ort, und wenn ich am Wochenende kommen bin, stand noch der Abwasch vom Mittwoch da, no? Ich mein, man ist ja nicht faul, man setzt sich ja nicht hin, aber die haben mich regelrecht ausgenutzt. Die Mutter immer bissl hysterisch und kalt, die konnt über Leichen gehn. Ihr erster Mann war gefallen, von dem hatte sie zwei Töchter, die haben für sie gar net existiert. Der Manfredl war aus der zweiten Ehe, der war ihr Goldsohn, der brauchte nichts zu machen und hat zu gar nichts eine eigene Meinung gehabt.

Ich zieh nicht mit runter zu dir, sag ich, und ich verlang auch nicht, daß du mit hochziehst, das klappt ja sowieso nicht, wir warten auf 'ne eigene Wohnung. Er hat kein langen Atem gehabt, er ist immer lahmer geworden. Einmal waren wir tanzen gewesen, und ich hab zu ihm gesagt, komm mit hoch, kannst bei mir schlafen, und überhaupt find ich's komisch, daß man's immer erst sagen muß. Er kam aber nicht mit, saß immer nur unten bei seiner Mutter. Da muß sie ihm eingeheizt haben, weißt, am nächsten Abend kommt er angeschneit, war so halb achte, ich sag, zieh dich aus. Und er stellt sich vorm Spiegel in Flur, kämmt sich an den Haaren rum und meint: Ich weiß nicht, wie ich's sagen soll. Und da seh ich, er hat kein Ring mehr um. Ich sag, was gibt's denn zu sagen? Naja, meint er, ich hab mir alles überlegt, es hat gar keinen Zweck mehr. Oder, sagt er, wir heiraten zu deinem Achtzehnten, und du ziehst mit zu mir! Nö, hab ich gesagt, unter die Umständ, ich laß mich net erpressen. Dann hat er noch gesagt: Ich komm mir morgen die Verlobungsgeschenke holen. Von seinen Eltern haben wir 'ne Bowle kriegt, und sein Opa hat mir 'n Besteckkasten geschenkt. Sein Opa hat am nächsten Tag zu mir gesagt: Was will der? Der muß doch verrückt sein! Den Besteckkasten, Christl, den behalt dir ja! Der hat sich ereifert, der Opa. Nie hat sich der Manfred um was kümmert, war ihm alles selbstverständlich. Die Christl schafft das schon. Ich hab aber damals die Lehre unterbrechen müssen wegen dem Kind, Vater war auf Schule, hat nicht viel Geld verdient, Mutter im Krankenhaus mit Krebs, war auf Rente gegangen. War wirklich ein schlimmes Jahr. Und von Manfredl keinen Groschen, der war bei der Armee. So! Ich muß wo Geld auftreiben. Die haben das auch eingesehn, Rat des Kreises, daß ich meine Lehre unterbrech und 'ne Arbeitsstell

brauch. Vorübergehend bin ich in einen Textilbetrieb gangen, da haben sie so Stickkästen gemacht für Kinder. Dort war ich, bis Kathrin geboren war. Dann bin ich in den Elektrobetrieb von Manfreds Mutter gangen. Die hat an mir kein' guten Fetzen lassen. Ihre Arbeitskollegen wußten schon, was die für ein Drachen war. Und mir hat sie die Ohren vollgejammert: Wie hast' denn mein Manfredl ausschlagen können!
Meine Eltern haben die Devise gehabt: Lieber eins im Kissen als eins auf'm Gewissen. Wo zu helfen war, haben sie mir geholfen. Bin erst mal wieder tanzen gangen, hab Freunde gehabt, mal den, mal den. Mit einer Freundin hab ich die Männer verscheißert, zur Abwechslung mal umgedreht, no? In L., wo die Hildegard zu Haus war, da ist ein großer Park und im Park 'n Gondelteich, drauf 'ne Insel, und auf der Insel war jeden Mittwoch Tanz, vom ersten Mittwoch im Mai bis zum letzten Mittwoch im September. Und so romantisch. Da waren auch Ungarn, weißt, und ich sag zu meiner Freundin: Der da hinten, Hildegard, der so flott aussieht, das kann nur ein Ungar sein. Quatsch, meint die Hildegard, der wohnt in L., das weiß ich zufällig genau. Und ich ganz nervös. Dann ging der Tanz los, und mit einmal ist er aufgestanden und hat genickt. Und die Hildegard hat geschimpft: Du bist unmöglich, du schaffst alles. Was denn, sag ich, ich hab doch gar nichts gemacht, ist doch von allein gekommen. Ich hab gelacht! Vorher war Dieter verlobt gewesen, so wie ich.
Am Sonnabend wollten wir uns wieder treffen, um halb dreie, und ich noch mit Hildegard durch alle Dörfer, da 'n Besuch und dort 'n Besuch, ich komm natürlich zu spät! Kein Dieter mehr da. Wir sind rumgeflitzt mit'm Kumpel, überall hab ich geschaut, mit einmal ruf ich, halt an, halt an, da is er! Hat er 'n Kinderwagen geschoben mit sei'm Freund. Ist doch ein Vorteil, denk ich, muß er ja was für Kinder übrig haben. Geschimpft hat er, verflucht hat er mich! Und dann sind wir ins Kino. Montag früh, bevor ich nach Haus fahr, geh ich ins »Zentrum«. Ich kauf grad ein. Kleidchen für die Kathrin, kommt er dazu. Geh zahlen, hab ich zur Hildegard gesagt und hak sie in die Seite, ist ja dein Kleid, no? Auf der Straße, wir laufen so, mit einmal

sagt Dieter: Du, sag mal, du hast bestimmt ein Kind. Ich hab gesagt, ja, das hab ich. Hat der sich gefreut! Ich hab mir immer gewünscht, eine mit'm Kind, sagt er, da kauf ich glei 'n Teddy.

Am Mittag mußt ich wieder zu Hause sein. Ich versuch Urlaub zu kriegen, sagt Dieter, ich besuch dich. Drei Tag später haben wir ihn von der Bahn abgeholt. Kathrin zu Haus konnt net einschlafen. Du, hab ich zu ihr gesagt, du kriegst bestimmt 'n Vati.

Im Sommer bin ich nach L. gemacht zu den Schwiegereltern. Schlecht sind die ja ni, bloß die waren so auf die andere eingestellt, die war so ein Typ, weißt, mit Schwiegermutter rumschmusen, so was liegt mir ni. Schwiegervater fährt heut noch Krankenwagen, der hat bestimmt schon vierzig Kinder entbunden, ein lustiger Typ. Zu Hause bleiben war für mich ni drin, erst mal finanziell, und 's hätt mich auch gar net befriedigt. Haben sie mir angeboten Dienstleistung, Verkäuferin, und als Jugendobjekt haben sie gerad die Kokerei aufgebaut. Ich denk, wenn sie Leut von überall her ranholen, müssen sie ihnen auch Wohnraum zur Verfügung stellen, no? Irgendwie muß 'n Anfang gemacht werden. Dieter ist vom Hocker gefallen, wie ich ihm von der Kokerei erzählt hab, drei Schichten, rollende Woche. Und ich hab 'ne Idee, sag ich, du gehst glei mit. Naja, meint er, schlecht is es nicht, fahren wir zusammen auf Arbeit, fahren wir zusammen nach Haus. Weißt, wenn einer, der das Milieu nicht kennt, den Dreck sieht, den beeindruckt so was. Ich mein, auch wenn wir saubere Arbeit gemacht haben, schmutzig wird man trotzdem. Was denkst denn du, wie ich ausgesehen hab.

Ach, und dann hat der Dieter Magenbluten kriegt, ich hab gedacht, ich krieg den nimmer gesund. Ist das beste, meint er, wir hauen ab und wirtschaften für uns allein. Er hat ja immer so diplomatisch seine Meinung gesagt zu Haus, immer wenn ich nicht da war, damit ich den Krach nicht miterleb, weißt du? Also, zuerst Zwischenbelegung anmelden. Das ist so: Für die Arbeiter, die von irgendwo herkommen, gibts erst mal Gemeinschaftswohnungen, jedes Ehepaar ein Zimmer, und Küche, Bad gemeinsam. Ja, können wir haben, heißts, aber erst in zwei Wochen, dann wird das große Hochhaus übergeben. Ich komm zur Nachtschicht, sagt die eine: Christl, ich hab doch 'ne Wohnung, warum sagst denn nichts? Ich sag, was hast du? – 'ne neue Wohnung, die kannst vorläufig haben! Die hat bei einem Freund gewohnt mit ihrem Kind und hat auf irgendwas anders spekuliert. War ein großes Zimmer, ein kleines Zimmer, Küche, Bad.

Und ich inzwischen wieder schwanger. Hab die Kathrin geholt, meinen Eltern ist der Abschied von ihr schwergefallen, hab bloß noch Schreibarbeit gemacht, als Dispatcher für die Produktionskoordinierung. Da waren wir drei Frauen, das war bombig, du. Die Männer haben zuerst gedacht, sie schaffen uns. Einer hat mal gemeint: Wenn eine von euch da ist, hält man's grad so aus, aber alle drei ... Die haben ni gewußt, wie sie mit uns dran sind, du! Wir sind ni aus der Ruh kommen. Wir haben bloß gelacht.

André hab ich glei in die Krippe geben. Daß ihm das geschadet hat, kann ich ni sagen. Der Sven war dann ein Überraschungseffekt. Ich dacht, ich hätt mir den Unterleib verkühlt. Bin mit einer Kollegin zum Arzt gangen, die kriegte immer Spritzen, und ich komm raus und hab gelacht. Und zu Haus sag ich: Dietschi, ich krieg ein Kind, und ich hab wieder gelacht.

Danach war mir die Belastung zu groß, die Fahrzeit jeden Tag, elf Stunden aus'm Haus. Vom Kombinat weggehn, du, das ist schwer. Hab aber doch eine Stelle als Verkäuferin gekriegt. Das Fach hat mir gefallen, aber die Arbeitszeit war mir dann zuviel, immer bis sechs oder sieben am Abend. Mit einmal werd ich zur Kaderabteilung gerufen. No, denk ich, hast was ausgefressen? Wir brauchen jemand in der Kontrolle, sagt die Frau, aber schon morgen. Weißt du, da führt man in Verkaufsstellen Inventuren durch, Warenaufnahme und alles ausrechnen, was noch an Wert da sein muß. Das ist interessant. Man kommt mit Leuten zusammen, in jedem Geschäft ist's anders. Wir sind jetzt acht Kollegen im Außendienst, da geht man mit dem und mal mit dem los, das macht Laune, du! Leichtgefallen ist's mir erst ni, und unser Chef war bissl muffig. Wir waren aber eine Linie,

gegen uns ist er ni ankommen. Immer hat er's gehabt mit Toilette saubermachen. Furchtbar pinslig war der und unpersönlich, immer kurz angebunden. Den haben wir auf die menschliche Tour aufgeschlossen, leise, weißt du? Seine Mutter war im Westen, Sorgen hat der ni gehabt. Der braucht bloß 'n Brief schreiben, und schon ist die Sache angerollt. Was die Kunden sich so wünschen, hat den ni gejuckt. Und einmal war die Chance da. Unser Chef grad nicht da, kommt ein Vertreter für Modelleisenbahnen. Artikel hat der uns angeboten, bombig, was wir sonst nie gesehn haben im Laden. Waggons mit Bierfässern oben, kleine Mähdrescher, ich hab von jedem ni viel genommen, aber es waren ja viele verschiedene Artikel. No, die Ware kommt, um Gottes willen, sagt unser Chef bloß. Regen Sie sich nicht auf, sag ich. In zwei Tagen war das ganze Zeugs verkauft. Vorige Woche war einer vom Handelsbetrieb bei uns und hat gemeint: Der Kollege M. hat sich dermaßen verändert, der denkt bestimmt selber, 's ist Weihnachten jetzt.
Meinen Facharbeiter hab ich im Intensivlehrgang gemacht, während der Arbeitszeit, dreimal in der Woche, in vier Monaten war ich fertig. Jetzt mach ich meinen Verkaufsstellenleiter. Wir haben ja mit den gleichen Unterlagen zu arbeiten wie'n Verkaufsstellenleiter, no? Es gibt schon Tage, wo's hektisch ist, aber wir gammeln auch rum. Ich steh als erste auf, vor fünfe, dann wasch ich mich, dreh mir die Haare ein, bissl feucht machen, Lockenwickler rein. In der Zeit, wo ich rumflitz, sind die Haar trocken. Dann schmier ich die Schnitten, dann stehn die Kinder langsam auf. Dieter hilft beim Anziehn, guckt nach allem, dann frühstücken wir zusammen. Dann wasch ich noch ab, Kathrin trägt den Eimer runter. Um sechs geht Dieter aus'm Haus, und ich geh um viertel sieben. Ich nehm André und Sven mit, Kindergarten und Krippe liegen nebeneinander. Meine Arbeitszeit geht normalerweise bis halb vier, ich arbeit ja kürzer als die andern, wegen der drei Kinder. Meistens ist Kathrin eher da, ich hol die beiden Kleinen, dann trinken wir Kaffee zusammen. André, was denkst du, der ist sehr weich, der flitzt durch die Wohnung, wenn ich erschöpft bin: Mutti, leg dich auf die Liege, ich mach heut alles für dich. Ich nehm die zwei Großen

jetzt mehr ran, der Dieter ist ja viel unterwegs. Im nächsten Jahr kriegen wir den Trabant, da arbeitet er halt nebenbei. In letzter Zeit artet es bissl aus. Zu Haus häuft sich alles, das macht mich nervös. Ich mein, den Garten haben wir ja wollen. Wohin sonst mit den Kindern, die wollen sich doch mal frei bewegen. Es war nur ein Acker vor der Stadt, jetzt haben wir alles gerodet, 'n Brunnen gegraben, 'ne Laube gebaut zum Schlafen, alles mit eigene Händ, was denkst denn du?
Manchmal muß ich Dampf ablassen. Gestern, da wollten wir abends in' Klub gehn. Nachmittags hab ich zu den Kindern gesagt: Macht nicht so'n Remmidemmi, ich geh schnell zum »Zentrum«, Hosenstoff kaufen. Nähen tu ich auch noch nebenbei. Ich aus'm »Zentrum« raus, hier ein Paket, dort ein Paket, mit einmal kommt der Rolf an, 'n alter Freund aus W. Ist mit raufkommen, hat die Kinder gebadet, Betten bezogen. Dann kam Dieter fünf vor acht, und ich schon so verrückt. Hat immer nur um mich herumtänzelt, weißt du, die Arme auf'm Rücken: Blumen gab's keine, Christel, aber Schokolade. Da war ich vielleicht gemein, du! Hau ab, hab ich gesagt, mir krempelt's den Magen um vor Ärger! Rolf komm, wir gehn! Sonst denkt er noch, ich sitz bloß da und wart auf ihn. Manchmal machts Spaß, mit andere Männer bissl dämlich quatschen. Man muß sich als Frau irgendwie bestätigt fühlen. Solang der Mann noch Angst um die Frau hat, kann man zufrieden sein. Ich denk manchmal, der Dieter geht ni genug aus sich raus. Daß alles in Ordnung ist, was ich mach, das gibts ni. Mich macht das verrückt, daß er mich ni kritisiert. Männer ergreifen ni so schnell die Initiative, die müssen immer erst gebettelt werden. Aber gehen tut's mit die Männer immer, man muß nur den schwachen Punkt finden.
Was machen wir in der Freizeit? In unsern Klub gehn, manchmal ins Theater fahren, Fernsehn gucken, noja, viel komm ich ni dazu. Lesen tu ich, wenn ich abgespannt bin, mehr so Gegenwartsromane, »Zeit der Störche«, »Zum Beispiel Josef« [Romane von Herbert Otto], weißt, die Bücher, die's so für 1,75 gibt.
Die erste Zeit hat's mir ni gefallen hier, is ja ein stures Volk. Wen du alles kennst, sagen meine Arbeitskollegen, wir wohnen schon zwanzig Jahr hier und kennen niemand. Ja, sag ich, ihr

rennt auch einer am andern vorbei.
Was will der Mensch sonst noch? Kinder haben wir genug, Wohnung haben wir auch, vier Zimmer, die reichen zu, solang die Kinder klein sind. Gesundheit ist das wichtigste. Daß ich mir Illusionen mach, nö, ich sag mir immer: Gehts ni, gibts ni. Die großen Sachen, die stehn ja doch net in meiner Kraft. Man hört sich das im Fernsehen an, aber daß es ausgesprochen 'n Problem wird, das mich lang beschäftigt, das nicht. Ist mehr was für die Wissenschaft.

Karoline O., 47, Jugendfürsorgerin, verheiratet, fünf Kinder
Für uns war's ein großartiger Aufstieg

Meine Vorfahren mütterlicherseits waren Schwaben, die Ende des achtzehnten Jahrhunderts in die Ukraine verkuppelt wurden. Die ältesten Bauernsöhne erbten den Hof, die anderen waren praktisch übrig, die wurden verschenkt, wenn man so will, an die russische Kaiserin Katharina. Land genug hatte sie, das sollten die Deutschen kultivieren. Jedenfalls, die sind gelaufen, in einem langen Treck. Alles, was schwach wurde unterwegs, das blieb sitzen, für die Wölfe oder zum Verhungern. Die Erlebnisse dieser schrecklichen Reise sind von Generation zu Generation weitererzählt worden. Die kamen an mit nichts, so, nun macht was draus. Und sie haben was draus gemacht. Zuerst haben sie gerodet und Hütten gebaut, und Generation auf Generation baute dazu. Zum Schluß, als sie weggegangen sind, 1917, waren sie dermaßen reich, die hatten dreitausend Morgen Land, das kann man sich überhaupt nicht vorstellen. Meine Mutter hatte elf Geschwister, und die reichten noch nicht, um den großen Besitz zu bewirtschaften. Du kennst ja unser Dorf, so groß war alleine unser Hof in der Ukraine, sagt meine Mutter. Die hatten ein Gutshaus mit Kupferdach, stell dir vor,

das leuchtete zwanzig Kilometer weit in der Sonne. Aber die armen Vorfahren, die saßen nach der Heumahd noch oben auf dem Heureiter, so hoch sie eben steigen konnten, und guckten in Richtung Deutschland und weinten. Jedenfalls, die haben sich nie mit den Russen vermischt, bis Anfang des zwanzigsten Jahrhunderts. Wer's gewagt hat, der durfte nicht in die deutschen Bezirke zurück, sie hätten ihn erschlagen.
Erst die sechste Generation ist nach Deutschland zurückgekommen. Das war so. Sie waren inzwischen steinreich, wirklich steinreich. Die hatten nur russische Arbeiter, und wenn die ein Jahr für sie gearbeitet haben, von Oktober zu Oktober, dann wurden sie entlassen, und den Jahresverdienst haben sie ihnen verweigert. Wie sie losgezogen sind, die gingen ja auf den Winter zu, haben manche Deutsche noch die Hunde hinterhergehetzt, um ihnen das Bündel Lumpen auch noch abzujagen. Aber an ihren Kaiser in Deutschland haben sie Schürzen voll Gold gespendet, das wurde gar nicht mehr gezählt. Reiche Russen gab es auch, die lebten weiter weg. Und das Komische war, daß der Reichtum die Leute zusammengehalten hat. Die reichen Deutschen haben mit reichen Russen verkehrt und mit reichen Juden. Und die Armen, ob das nun Russen, Juden oder Deutsche waren, die haben sie gemeinsam ausgenutzt. Es gab aber auch Mitgefühl. Die Schwester meines Großvaters, die hat zum Beispiel die Zigeunerkinder betreut, die nahm sie nach Hause, putzte sie und zog sie frisch an und gab ihnen zu essen. Die Armen haben sie wie eine Heilige verehrt. Im Grunde genommen war sie von der besitzlosen Klasse genauso weit entfernt wie jeder andere Feind.
Jedenfalls, Großvater war klug, 1917 hat er gesagt: Unsere Zeit hier ist abgelaufen, es gibt nur eins, weg! Der war ja nicht dumm, der hatte Schulbildung, der hatte alles genossen, was sich ein Reicher leisten kann, und der wußte genau, man würde keinen Unterschied machen, ob einer nun ein bißchen mehr oder weniger Unrecht begangen hatte. Vor dem Konsulat standen die Deutschen Tag und Nacht, zu Tausenden. Da ist Großvater hinten rein und hat die Beamten praktisch bestochen. Und so hat er die Ausreise gekriegt für seine ganze

Familie. Sie hätten auch nach Kanada gehen können. Kanada hat den Deutschen damals Freifahrtscheine geschickt, um sie rüberzuholen. Dort gab's ja auch genug Land. Aber mein Großvater wollte unbedingt nach Deutschland. Mit Illusionen sind sie gekommen. Was wußten sie denn von Deutschland? Kanada wäre ihnen nicht fremder gewesen. Meine Mutter war gerade zwanzig. Sie sind mit den zurückflutenden österreichischen Truppen gefahren, mit viel Schmuck und viel Geld. Zuerst haben sie sich angesiedelt im Wartheland. Da waren sie aber unter Polen, wieder unter Fremden, deshalb sind sie bald weitergefahren, direkt nach Mitteldeutschland rein, in die Gegend von F. Das war Anfang der zwanziger Jahre. Die Töchter haben ihrem Vater zugesetzt: Werde endlich das viele Geld los, kauf Wertgegenstände! Doch Großvater saß auf seinem Geld. Fingerspitzengefühl für die deutschen Verhältnisse hatte er nicht. Da kam die Inflation. Mit den Truhen voll Geld haben die Kinder gespielt. Über Nacht waren sie bettelarm geworden, was sie seit fünf Generationen nicht kannten. Großvater hatte in der Ukraine zwölf Jagdhunde. Und die Kleider, die ich mir als Kind immer angeguckt habe, aus teuerster japanischer Seide, so was konnten sie in Deutschland nicht tragen. Und die Großmutter sprach so ein schönes, gepflegtes Deutsch, daß sie verspottet wurde unter den Landarbeitern.
Ja, was nun? Die ältesten Mädchen schon über dreißig, und wenn sie heiraten wollten, machte Großvater Radau und schimpfte: Könnt ihr nicht warten, bis man tot ist? Der ist aber gestorben, da war die jüngste sechzig. Vater, haben sie gesagt, wir müssen arbeiten gehn. Geht mir weg, hat er gesagt, auf fremdem Boden nie! Die Mädchen sind so erzogen worden, daß es keine Widerrede gab, Vater und Mutter nur mit Ihr angeredet. Was haben aber die Mädchen gemacht? Sind aufs Gut gegangen als Landarbeiterinnen, meine Mutter auch.
Der Rittergutsbesitzer hat dann zum Großvater gesagt: Herr Schneider, ich bin viel unterwegs, ich könnte einen Inspektor gebrauchen, ist doch nicht wie Arbeit, Sie bleiben ein freier Mensch. So hat er ihm den Weg geebnet, daß er wieder anknüpfen konnte ans Leben.

Auf der Arbeit lernte meine Mutter meinen Vater kennen, wie das so ist. Gott, ein Landarbeiter mit zwei Kindern und so viel älter, das war ein Sturz von den Höhen. Mein Vater war das jüngste Kind von acht Kindern und sehr verwöhnt, die waren schlesische Leineweber. Die Eltern haben ihn sogar freigekauft vom Militär, daß der arme Junge nur ja nicht zu den Soldaten mußte. Mein Vater war ein sehr schöner Mann, groß, blond, braune Augen, ganz schlanke feine Hände. Mir ist heute noch rätselhaft, wie der die schwere Arbeit hat machen können. Ist früh weggegangen von zu Haus, ist Landarbeiter geworden, hat geheiratet, aus Liebe, und die Frau ist ihm von drei Kindern weggestorben an Tbc, war ja damals, was heute Krebs ist. Dann ist die Tochter gestorben, so daß die zwei Jungs übriggeblieben sind. Die hat meine Mutter mit in die Ehe genommen. Dann kamen wir alle, Edwin, mein ältester Bruder, dann Alma, dann kam ich, dann Jörg, der ist an Krebs verstorben, und Hänschen. Sieben im ganzen. Ich kann mich noch entsinnen, wie ich zwischen den Großen geschlafen habe, unter den dicken Bauerndecken. Die Großen waren zu Hause, bis ich acht oder neun war, dann war ich die Älteste. Großeltern sind nachher alt geworden, sie sind bei meiner Tante gelandet, der's am besten ging. Bei uns ist das so Sitte, da bleibt alles, was krank und alt ist, irgendwie in der Familie. Das letztemal sah ich die zwei, da waren sie bald neunzig, da saßen sie auf dem Hof in der Sonne und sangen. Die hatten wundervolle Stimmen, das kannst du dir nicht vorstellen. Menschen waren das, stark und wie aus einem Stück, wir reichen da nicht heran. Wenn ich an meine Kindheit denke, sehe ich nur die Großeltern und wie leer zu Hause alles war. Ich möchte sagen, im Unterbewußtsein hat mich die Armut immer gedrückt. Die Eltern gingen früh, da war's dunkel, und sie kamen abends, da war's wieder dunkel. Ja, was macht denn ein kleines Kind allein? Ich konnte ja nicht einmal rausgehen, weil ich nichts anzuziehn hatte. Mit vierzehn Jahren hab ich meine ersten eigenen Schuhe gekriegt, den Ledergeruch im Schuhgeschäft riech ich heute noch. Mit Puppen hätt ich gar nichts anzufangen gewußt, das wär mir was ganz Nutzloses gewesen, so ein Ding zu windeln und zu füttern. Zu meinem fünften Geburtstag, weißt du, was ich da gekriegt habe? Einen Weidenkorb, wo man Zwiebeln und Kartoffeln reinliest. Sobald du laufen konntest, gingst du mit aufs Feld, weil die Eltern Angst hatten, du könntest zu Haus verunglükken. Wenn ich mir heute vorstelle, daß wir schon mit zehn, elf Jahren auf der Dreschmaschine gestanden und Korn eingelegt haben. Das Kartoffellesen war ein Kreuz für uns Kinder. Die trockene kalte Erde, die macht die Haut so rissig. Da bin ich heimlich gegangen und hab mir aus der Flasche Kaffee über die Hände gegossen und hab sie mir eingekremt mit Schmalzpapier. Ich war schon eine Feine. Das krieg ich heute noch zu hören.

Ich kann mich entsinnen, meine Mutter war eine äußerst praktische Frau, sie hat viel genäht, und wie sie die Schnitte ausgerädert hat, da guckte ich immer die Zeitungen an. Da war einmal ein Kommunist mit einem Riesenmaul, der biß einem Kind den Kopf ab. So eine primitive Information haben die an ihre Werktätigen gegeben, die ja ungebildet waren. Manche haben sich nie erholt davon. Mama, hab ich gefragt, wieso beißt der dem Kind den Kopf ab? Ach, sagt sie, ist doch Hetze. Wenn wir aus der Schule Neuigkeiten nach Hause brachten, sagte sie immer: Ist doch Quatsch, Kinder, wir haben so viele Russen gekannt, die sind auch Menschen. Wir besaßen kein Radio, aber unsere Mutter hat uns politisch gebildet, soweit das ging. Da lernte ich trennen: In der Familie wird anders gesprochen und gehandelt als draußen. Niemals hätten wir außerhalb der Familie was erzählt. Im Ort lebten die Fremden, die uns gefährlich werden konnten. Das ist bei uns Deutschen Schicksal geworden, die Trennung, das hängt uns heute noch an. Je größer ich wurde, um so mehr hab ich das als tragisch empfunden, für das eigene Leben und für das Leben der ganzen Gesellschaft.

In der Schule durften wir an nichts teilnehmen, keine Hitlerjugend, wir wurden überall hintendran gestellt. Unser Lehrer war mir persönlich gut, weil ich so schnell auffaßte. Er konnte mich aber nicht zur Oberschule schicken, das konnte er einfach nicht. Die Kinder vom Rittergutsbesitzer, von den Bäckersleuten, die Bauernsöhne, saudumm, die gingen alle zur Oberschule. Und wir blieben in der Dorfschule, wo vier Klassen in einem Raum

verschiedenen Unterricht hatten, das mußt du dir vorstellen. Meine Mutter gab uns vieles, was die andern Landarbeiterkinder nie gekannt haben. Es konnte noch so schlechtes Wetter sein, sonntags zog die Familie los, und wenn's ein Kleid aus dreierlei Stoff war, aber es war pieksauber, es war gebügelt. Diese Pflanze heißt so und so, die kann man für das und das verwenden. Oder sie erzählte uns aus ihrer Jugendzeit, das waren praktisch unsere Märchen, wie sie im Dnjepr badeten und die Schlangen mit hocherhobenen Köpfen schwammen. Wir haben am Grabenrand gesessen, da gab es viele Veilchen, und haben unsere Mutter bestaunt, die aus einer fremden, geheimnisvollen Welt gekommen war.
Mein Vater, wenn er so am Feuer saß und rausguckte, mit übergeschlagenen Beinen, sehe ich noch heute, der hatte im Alter noch schöne Hände. Ich glaube, der liebte seine erste Frau immer noch. Er war oft in Gedanken, weißt du, er hat alles nur noch registriert. Einfluß auf uns Kinder hatte er gar nicht. Er war aber ein herzensguter Mensch und hat uns gegen alles in Schutz genommen. Unsere Mutter, wenn wir nicht gespurt haben, die nahm, was ihr unter die Finger kam, und verdrosch uns damit. Sie hatte so ihre Prinzipien, und wehe, du hast nicht danach gelebt! Die wenigen Groschen, die für ein Stück Butter im Schrank lagen, die waren nicht verschlossen. Wir hätten uns dafür Süßigkeiten kaufen können, so was gabs ja nie. Da hätte uns unsere Mutter aber erschlagen. Beherrschung ist alles im Leben, hat sie gesagt, wenn man die nicht klein lernt, lernt man sie nie.
In der Nazizeit vergruben sich meine Eltern auf dem Land. Was hatten sie denn an Papieren? Die hatten in den Jahrhunderten die deutsche Staatsbürgerschaft verloren und die russische nicht angenommen. Als Staatenlose wurden wir nun verdächtigt, ukrainische oder polnische Juden zu sein. Wir konnten nichts nachweisen. Meine Mutter hat den Gefangenen, den polnischen und serbischen, heimlich Essen gegeben und für sie genäht. Da kamen die SA-Leute mit Gummiknüppeln und trieben uns in die Küche, und meinen alten Vater behielten sie im Wohnzimmer. Ich hab das mehr mit dem Gefühl erfaßt als mit dem

Verstand, es war scheußlich. In der Situation hat sich mein Lehrer gedacht: Du schickst sie einmal mit ins Schulungslager. Der war politisch aufs Dorf verbannt worden, aus einer höheren Schule. Und aus Protest, nehme ich an, hat er mit uns armen Landarbeiterkindern ganz toll gelernt, was es sonst auf keiner Dorfschule gab, zum Beispiel Physik, er nannte es Raumlehre. Der gab uns am Tag sieben Seiten Rechnen auf, das juckte ihn gar nicht. Ein großer Teil der Kinder ist auf der Strecke geblieben. Aber ich gehörte zum andern Teil und hab mir um die Sitzenbleiber nie Gedanken gemacht. Vielleicht hatte dieser Lehrer selber noch Ideale, für die er uns gewinnen wollte. Oder er fand einfach, daß es unser Verderben wäre, wenn wir immer abseits stehen müßten. Mich hat so was ja fertiggemacht. Nun hat er uns mit der Wirklichkeit konfrontiert, wenn du so willst, auf Gedeih und Verderb.
Einmal wurden wir in die Stadt zum SS-Kommando geladen, das unsere arische Abstammung feststellen sollte. Gesichtsschnitt, Augen, Nasen, alles wurde gemessen. Meinen jüngsten Bruder, Hänschen, der erst mit drei Jahren laufen und mit sieben sprechen lernte und der jetzt noch zu Hause ist, ein Produkt der Armut, den wollten sie behalten. Den laß ich euch nicht, hat meine Mutter gesagt. Sie wußte genau, Hänschen würde keine drei Tage leben. Dann waren die Deutschen soweit, daß sie die Ukraine besetzten. Und dort haben sie tatsächlich unsere Papiere gefunden. Die Fotokopien haben wir noch heute, in russischer und in deutscher Schrift. Nun kriegten wir unsere deutsche Staatsbürgerschaft, mit dem Hakenkreuz von Adolf.
Meine Schwester Alma arbeitete bei einem Konsul als Dienstmädchen. Für mich war das unheimlich imponierend. Betten mit goldenen Knaufen, ein großes Eisbärenfell mitten im Zimmer, das Auto fährt über einen Teppich in die Garage, drückst du auf eine Löwenzunge, klingelt es. Weiß der Teufel, ich gefiel der Frau, sie war herzlich lieb zu mir und wollte mich adoptieren. Nun dringt das zu meiner Mutter. Die ist bald wahnsinnig geworden: Wenn die Kinder haben wollen, sollen sie sich welche machen! Aber Mama, stell dir vor, was die alles haben!

Laß sie haben, was sie wollen! Diese Episode war für mich beendet, ich durfte nicht mehr hin.
1945 sollte unser Dorf verteidigt werden. Wir hatten vor der Tür Panzersperren und ein SS-Kommando. Zwei Männer vom Dorf waren als Spione in Zivil eingesetzt. Jedenfalls ist einer von ihnen ausgerissen, und wir haben ihn im Feld gefunden, erschossen. Politisch waren meine Eltern schon so weit herauskristallisiert, daß jeder im Dorf wußte, sie hielten's mit den Ausländern im Lager. Da wurde uns gedroht, sie stecken uns ins KZ. Da war es wahrhaftig ein Glück, daß die Amerikaner kamen, ich glaube, am 12. April fünfundvierzig. Vierzehn Tage nach den Amerikanern brachten sie meinen Vater nach Hause, Herzkollaps, früh um fünf. Er wurde beerdigt, weißte, einfach aus Dielenbrettern 'ne Kiste. Irgend jemand, der ihn anziehen half, sagte: Gott, ich würd ihm nicht den einzigen guten Anzug anziehen. Den hat er verdient, sagte meine Mutter.
Was nun? Haben gedacht, die schwerste Zeit ist zu Ende, wo uns das KZ droht, wo nichts zu fressen da ist. Vom Ältesten, Edwin, haben wir nicht einmal Nachricht gehabt, der war in Rußland. Unsere Mama, die alles getragen hat, war seelisch am Ende. Bin ich aufs Rittergut arbeiten gegangen, der war jetzt Treuhandbetrieb. Anfangs war der Rittergutsbesitzer noch da, und meine Mutter ging hin und fragte nach der Witwenrente. Da kam's heraus, daß der für meinen Vater überhaupt nicht geklebt hatte, nie was abgeführt, nur kassiert. So daß wir keinen Anspruch auf etwas hatten. Sogar die Versicherung hat dieser Mensch eingespart. Da hat ihm meine Mutter alles gesagt, was sie schon lange auf dem Herzen hatte. Er hat ihr dann Korn nachgefahren, aus schlechtem Gewissen, aber viel hat es uns nicht genützt. Inzwischen kamen die Russen. Den Rittergutsbesitzer haben sie abgeholt, und der Inspektor drohte uns: Wenn ihr nicht spurt, schick ich euch die Russen auf den Hals. Ich saß auf der Bank, Kopftuch, nackte Beine, und hab zu ihm gesagt: Was sollen denn die Russen bei mir? Zu Ihnen kommen sie aber bestimmt. Ein paar Tage danach hat er sich samt Familie aus dem Staub gemacht.
Nachher kriegten wir Post von Edwin, der hatte drei Jahre im

Sumpf gearbeitet, in sowjetischer Gefangenschaft. Man hat ihn ja mit siebzehn weggeholt von zu Hause, zur SS. Dieser Kontrast, stell dir vor, *wir* waren eine gefährdete Familie, und mein Bruder, wenn der den Befehl bekommen hätte, uns totzuschießen, dann hätte er das tun müssen. Er kam sehr krank nach Hause, wir haben ihn hochgepäppelt. Und von Stund an wurde meine Mutter gesund. Edwin wurde unser Ernährer, und ich hab Friseuse gelernt.
Dann kamen die Verwandten von meinem Vater aus Polen zurück, die kannten wir gar nicht. Die Jungen sprachen nur polnisch. Die zogen zu uns in die kleine Wohnung. Das waren Kerle wie mein Vater, groß, schön. Den einen nennen sie noch heute den Zigeunerbaron. Inzwischen sind sie als Genossenschaftsbauern wohlhabend geworden. Geschnitzte Türen, Farbfernseher, großer Wagen, der Hof betoniert. Die haben sich nicht zweimal sagen lassen: Jungs, nehmt euch Land, fangt an! Wir saßen jeden Abend zusammen, das Haus voll Jugend, wir fingen wieder an zu leben.
Ich lernte Friseuse, schlief bei meiner Schwester in der Stadt, und eines Tages traf ich Richard, meinen späteren Mann. Der saß neben mir im Kino. »Das Lied von Sibirien« haben wir gesehen. Und der hat geredet und geredet, zu jeder Szene einen Kommentar. Schön war er, aber ich betrachtete ihn mit Abstand. Bei seinen Erzählungen legte er mir die Hand aufs Knie, ich hab die Hand weggeschoben, aber er hat sich nicht stören lassen, hat erzählt und mir wieder die Hand aufs Knie gelegt. Dann hat er mich nach Hause gebracht und kam und kam immer wieder. Ich wurde ihn nicht los. Ich wollte ihn auch gar nicht mehr loswerden.
Richards Eltern, die waren Gastwirte und wohlhabend, die schrieben tatsächlich an meine Mutter, was wir uns denken, sie haben ihrem Sohn eine Laufbahn als Gastwirt ermöglicht, und ich soll mich zurückhalten. Mädchen, hat meine Mutter gesagt, hast du das nötig? Guck dich an, du findest hundert andere. Aber Richard kam immer wieder. So sind wir zusammengeblieben und haben beide nichts gehabt, nicht das Schwarze unterm Nagel. Richard ist Lastwagenfahrer geworden, hat Milch und

Brause gefahren. Und ich hab sämtlichen Bauernweibern die Köpfe frisiert.
Was noch? Ist nicht mehr viel passiert. Der Jörg ist geboren, ein Jahr darauf die Liesi, Anke kam und Moritz. Ich hab mir ja dies und jenes einsetzen lassen, hab mir Verhütungsmittel erfragt, aber wir brauchten uns bloß angucken, da war's passiert. Wenn ich sagte: Herr Doktor, so kann's doch nicht sein, jedes Jahr ein Kind, da hat er gesagt: Auch beim achtzehnten sage ich nein. So war das, wir waren Tiere. Nicht Menschen, die über sich bestimmen konnten! 1966 kam noch Andreas, dann gab's die Antibabypille, die war meine Rettung.
Der Dicke war ein sehr lieber Papa, der kam abends und machte seine Tasche auf, das hab ich für dich mitgebracht, und das für dich und für dich ... Und wenn ich gesagt hab: Ich krieg schon wieder ein Kind, hat er gesagt: Ist doch schön! Wir waren gesunde Menschen und liebten uns, kann man nicht anders sagen. So kam es, daß fünfzehn Jahre lang ein Bett immer zu viel war. Wenn er Kohlen holte, lag die Asche vom Ofen bis draußen zum Kohlenkasten. Und wenn Schwiegermutter ab und zu kam, dann hörte ich nur: Karolin, das ist Frauensache! Vom Boden bis zum Keller alles Frauensache! Ich kriegte schon keine Luft mehr, das Geld reichte sowieso nicht, Krippenplätze gab's nicht. Der Dicke gab sich Mühe, aber er brachte eben nichts Praktisches mit. Irgendwie bedrückte ihn das alles, darauf war er nicht vorbereitet.
Zwischendurch ging ich arbeiten, mal hier, mal da, nachher hab ich einen Schreibmaschinenkurs gemacht. Ich mußte daran denken, daß ich nicht ewig als Hausfrau leben konnte, so losgelöst vom Leben. Wie oft habe ich angesetzt, irgendwo Anschluß zu kriegen, und wie oft habe ich glatte Bauchlandungen gemacht! Wer macht einem denn Mut? Es gab viele arme Familien, die man die kinderreichen nennt, ein Hohn ist das! Ich bin selber losgegangen, hab gesammelt und Kisten verpackt und denen heimlich vor die Tür gestellt, daß sie für den Ramsch nicht noch danke sagen müssen. Mit den fünfzig Mark Windelgeld ist man nicht weit gekommen. Vom Betrieb haben wir in jedem Jahr Ferienplätze gekriegt, das war alles. Ich hab sehr viel

gelesen, insofern hab ich den Faden nie ganz abreißen lassen. Aber wenn ich unsere Gegenwartsliteratur las oder Radio hörte, dann dachte ich: Wieso gelingt mir das nicht, was diese phantastischen Frauen so spielend bewältigen? Wieso bin ausgerechnet ich so ein Versager? Ich hab viel geweint, viel gezankt, ich wußte ja selber nicht, warum. Praktisch ging meine ganze Kraft für die primitivsten Dinge drauf.

Ich funktionierte so lange, wie ich unbedingt mußte, dann war's aus. Drei Jahre war ich invalide geschrieben. Damals hab ich mich mehr mit dem Tod beschäftigt als mit dem Leben. Gefürchtet hab ich ihn nur insofern, als meine Kinder noch nicht groß waren.

Nun mußte Richard einspringen. Das mußt du dir vorstellen. Der Dicke hatte doch keine Ahnung, wie er an die Kinder herankam. Der liebe Papa war nicht mehr der liebe Papa. Taschen aufmachen abends, genügte nicht mehr. Ja, was denn nun? Ans Herumkommandieren waren die Kinder nicht gewöhnt. Mit mir ging die Arbeit immer Hand in Hand, da hatte alles einen schönen Ton. Plötzlich spielten sich scheußliche Szenen ab, richtige Machtkämpfe. Die Großen im schwierigsten Alter, die Mama im Krankenhaus, todkrank, der Papa geht fremd, zu Hause will er herumkommandieren. Dem Dicken fehlte doch das Sexuelle. Dann konnte ich schon spazierengehen, ich vergesse das nie, von einer Bank zur anderen. Da kommt mir Richard entgegen, verliebt, jung, strahlend. Ich grau, abgehärmt, in meinem alten Mäntelchen. Er guckt mich an, ganz fremd. Gott, dachte ich, was ist das für ein Mensch? Mit dem hast du doch nichts gemeinsam. Ich bangte um mein Leben und sah zu, wie die Familie zerbröckelte, und er lief den Frauen nach.

In der Situation schrieb mir eine Bekannte, daß Richard irgendeiner Frau ein Kind gemacht hätte. So, die will ich sehn, und wenn du mich nicht mit ihr bekannt machst, geh ich in den Laden und mach ihr Ärger. Sie kam, aus Angst, und ich hab zu ihr gesagt: Ich will nur eins, treten Sie mir Ihre Wohnung ab, übernehmen Sie meine Wohnung, die Kinder und den Mann. Ist doch ein feiner Tausch, nicht? Ich bin einfach nicht mehr imstande, das alles durchzustehen. Im Grunde wollte ich wissen: Reicht ihre Liebe oder reicht sie nicht? Sie sagte, nein, die Kinder nicht, nur den Mann. Was hat sie sich denn gedacht, wen die da anheuert? Der Dicke konnte doch *uns* kaum ernähren.

Mich kann im Innern was jahrelang beschäftigen, und auf einmal bringe ich es an, wenn der andere schon nicht mehr daran denkt. Es war ja wieder alles gut, wenn du so willst, aber ich hab ans Heimzahlen gedacht, so daß sogar meine Kinder gesagt haben: Mama, jetzt bist *du* oben, und Papa ist unten, merkst du das? Ich bin zur Kur gefahren, und ich hab mir einen Kurschatten angelacht, und der Dicke ist zersprungen vor Eifersucht. Hinterher hab ich zu ihm sagen können: Ich mach jetzt, was *ich* will. Ich hab einen Brief geschrieben an diesen anderen Mann, und Richard hat ihn zur Post bringen müssen. Und was hat er getan? Hinten zum Absender hat er dazugeschrieben: Und ICH, Richard, der Gemahl!

Hör zu, zwanzig Jahre lang bin ich eine treue Frau gewesen, ein Schaf. Und dieser Kurschatten, ich dachte, für den würde ich um die ganze Welt laufen. Wenn wir uns anguckten, wußten wir schon alles. Wir gehn wie die Kinder Hand in Hand, jede freie Minute, kein Wetter ist uns zu schlecht. Aber die Kur war vorbei, und da sagte ich mir: Rappel dich auf, Karolin, vergiß die Spielereien, du mußt unabhängig werden, damit du endlich sagen kannst: Geh, wenn's dir nicht paßt. Soweit bin ich jetzt. Aber mein Dicker wird damit nicht fertig. Er würde sich halbtot freuen, wenn ich sage: Ich hör mit der Arbeit auf, ich kann nicht mehr. Ich bin oft nah dran, ich weiß, daß ich von meiner Substanz lebe. Aber ich höre nicht auf, solange ich kriechen kann. Und zwar aus dem Grund nicht, weils mich unheimlich bestätigt hat, das doch noch geschafft zu haben.

Ich hab bei der Jugendfürsorge angefangen, zuerst war ich eingesetzt für ein paar Familien, jetzt bin ich Kaderleiterin. Weißt du, wie ich angefangen habe? Was eine andere allmählich mitkriegt in Jahren, das hab ich in drei Wochen begreifen müssen. Menschliches Einfühlungsvermögen genügt da nicht, man muß auch die Gesetze kennen. Am Anfang hab ich den

Mund nicht aufgemacht. Da hat mir einer so den Kopf gewaschen, ich hab mich in eine Ecke gesetzt und hab geheult. Du hast es nicht nötig, hat der zu mir gesagt, dein Licht unter den Scheffel zu stellen, du bist wer. Er hat mir eigentlich die Augen geöffnet. Nicht auf der Kur, sondern auf der Arbeit hab ich mein Selbstbewußtsein zurückgekriegt. Hab ich mir gedacht: Na schön, Karolin, du bist wer, aber *wer* biste denn? Dann kam die nächste Versammlung, ich dachte, Gott, der guckt schon wieder im Kreis herum, und ich, grün und gelb vor Aufregung, hab mir ein Herz gefaßt und hab ganz natürlich über eine Sache gesprochen, wo ich Bescheid wußte. Und seitdem mach ich das immer so.

Mit dem Dicken lebe ich gut zusammen, auf einer gleichberechtigten Basis. Die hab ich teuer bezahlt. Die Kinder sehen ihm vieles nach, weil sie erleben, wie ich wieder Brücken baue. Die Familie wäre sonst zerstoben in alle Winde. Jetzt fährt mich Richard in den Dienst, holt mich vom Dienst, aus Angst, es könnte sich ein anderer für mich interessieren, oder ich könnte unterwegs am Herzschlag sterben. Jetzt ist ihm klargeworden, was er für'n Menschen hat. Richard lernt schwer, aber wenn er begriffen hat, dann treibt's ihm keiner mehr aus. Über all die schlimmen Dinge hat uns eben getragen, daß wir uns lieben. Heute bringen wir so viel Verständnis auf, einer für den andern, daß andere schon den Kopf schütteln. Weißt du, was ich denke? Richard hat's schwerer als ich, der muß mit der neuen Situation zu Rande kommen. Letzten Endes wird er sich in seiner Haut besser fühlen als früher. Ich hab ihn ja auch irgendwie unterdrückt, solange ich selber unterdrückt war. Jetzt hat er die Möglichkeit, ehrlich zu leben, mit mir gemeinsam und nicht mehr neben mir oder gegen mich.

Kommt vielleicht hinzu, daß ich religiös erzogen wurde. Ich hatte immer was, woran ich mich halten konnte. Insofern hab ich manchmal Angst um meine Kinder, die wir nicht religiös erzogen haben. Als Konfirmationsspruch hab ich mir gewählt: Selig sind, die reinen Herzens sind, denn sie werden Gott schauen. Gott ist einfach das Gute für mich, nichts weiter. Ich sehe immer was Gutes und hab mir immer gesagt: Hast keinem

Menschen was zuleide getan, Karolin, jedem würdest du helfen, und wenn du in eine schlimme Situation kommst, wird auch dir geholfen werden. Trotzdem ich Genosse bin. Als Genosse fühlte ich mich schon, seit ich aus der Schule bin. Nicht weil man mir das aufgepfropft hat, sondern weil ich die traurigen Zustände durchlebt habe und was verändern wollte. Für einen Reichen ist es ein Abstieg, wie wir jetzt leben, die Arbeit, der Krautacker, das kleine Haus, kein Kupferdach mehr wie in der Ukraine. Aber für uns war's ein großartiger Aufstieg. Unter anderen Verhältnissen wär ich doch wieder an einen Landarbeiter verheiratet worden. Dieser wohlhabende Gastwirtssohn wäre unerreichbar gewesen für mich. Ich wär nie aus meinem Kreis herausgekommen, ich hätte ja gar nicht soweit denken gelernt. Unsere Selbstverständlichkeiten heute, die waren für uns Luxus, täglich Brot haben, sich Schuhe kaufen können, eben als Mensch behandelt zu werden. Aus diesem Grund kann es nur *meine* Gesellschaftsordnung sein. Ich hab ein ganz gesundes, ungebrochenes Verhältnis zu diesem Staat. Und ich vertraue sehr auf die Jugend. Ich finde es herrlich, wenn die jungen Männer mit dem Kinderwagen losschieben, wenn sie ihrem Kind das Fläschchen geben. Ich erleb's an meinem Jörg. Seine Frau ist noch auf Arbeit, da ist die Wohnung schon sauber, er hat das Kind aus der Krippe geholt, das Abendbrot steht auf dem Tisch und eine Kerze. Ist dir aufgefallen, daß die jungen Männer den Mädchen weniger auf den Körper schauen als ins Gesicht, früher war das anders. Es ist gut, daß schon äußerlich die Mädchen und die Jungs nicht zu unterscheiden sind. Ich seh's an meiner eigenen Familie und an mir selber, wie sich gewisse Dinge, die guten und die schlechten, von Generation zu Generation fortpflanzen. Es gibt noch zu viele Menschen mit fauligen, egoistischen Wurzeln, die sind natürlich auch in Positionen, wo sie unsere Jugend beeinflussen können. Aber unsere Jugend hat viel Selbstbewußtsein und viel Wissen. So weit war ich mit vierzig nicht wie die mit ihren siebzehn, achtzehn Jahren. Ich sage dir, da wird unser Staat noch Zugeständnisse machen müssen. Wir Alten sind ja so bescheiden, wir fordern heute noch nichts. Wir rennen geduckt wie die Mäuschen. Mag sein, daß die Jugend erst einmal für sich was verlangt, und das schmeckt uns nicht. Egal, ich weiß, welche Bedürfnisse die menschliche Natur wirklich hat. Ich vertraue darauf, daß sie sich auf die Dauer nicht zufriedengeben werden, nur für sich was zu fordern. Wirst sehn.

Angela N., 21, Bibliothekarin, ledig
Laß, mein Kind, das machen wir schon

Bei uns gibt es nur *einen* Standpunkt, und das ist der meines Vaters. Und der ist immer richtig. Und was *ich* sage, das ist dumm, weil ich noch klein bin. Und das geht ewig so weiter. Ich kann sagen, was ich will, er fängt an zu lachen: Du Dummcherchen, vertrau nur deinem Vater, später wirst du schon dahinterkommen, wie die Menschen sind! Meine Mutter tut grundsätzlich das, was mein Vater sagt. Sie verstehen sich ausgezeichnet. Mein Vater würde sowieso nicht lockerlassen, da gibt sie lieber gleich nach. Er ist überzeugt von seiner Meinung, und die hat er schon fünfzig Jahre. Er möchte niemanden sehen, nur seine Familie. Mit seiner Frau und seiner Tochter und den Großeltern um den Tisch sitzen, morgens und mittags und abends, das war schon immer das Höchste für ihn. Er kann es nicht leiden, wenn einer von uns fortgeht oder ein Fremder kommt. Wenn ich einmal Besuch habe, auf meinem Zimmer, ist das ein Idiot, und der stört. Meine Mutter weiß, daß sie früher ganz anders war. Manchmal in einer guten Stunde kriegt sie ihn herum: Hab dich nicht so, ich hab da zugesagt, wir gehen hin! Und dann geht ein Spektakel los: Wie kannst du über meine Zeit verfügen! Schrecklich. Wenn mein Vater in der Apotheke ist, hängt meine Mutter aus dem Fenster, und dann gibt es diesen elenden Tratsch mit den Nachbarn. Sie freut sich, wenn sie mal jemanden ergattert.
Aber diese Trennung in weibliche und männliche Beschäftigun-

gen, die gibt es in unserer Familie nicht. Mein Vater macht alles, der wäscht und bastelt. Und mein Großvater kann sogar strikken. Wenn ich was zerrissen habe, näht er es mir. Als Kind war mein Vater mein Vorbild. Er konnte alles, er wußte immer eine Antwort. Er hat mich nie weggeschickt. Wenn ich was kaputtgemacht habe, sagte er immer: Das kriegen wir wieder hin, sei nicht traurig. Das würde er heute noch machen. Ich glaube, er bedauert es, daß ich nicht mehr mit Puppen spiele, die kaputtgehen können. Es hätte keinen besseren Vater geben können. Er hat mich nie mit etwas beunruhigt, er hat mir immer eine heile Welt gezeigt. Bloß, er hat nicht mitgekriegt, daß ich erwachsen wurde. Und er drängt uns allen seinen Lebensstil auf. Was *er* als richtig erkannt hat, das müssen auch alle anderen als richtig erkennen, und daran darf sich nichts ändern. Wenn man sich anpaßt, hat man ein wunderbares Leben bei ihm. Ich glaube, er lebt noch in der Zeit des Krieges. Ernsthaft. Das muß eine interessante Zeit für ihn gewesen sein. Ich habe nie etwas aus ihm herausgekriegt, Fragen sind geschmacklos. Kinder mit Feingefühl stellen keine geschmacklosen Fragen. Andeutungen gab es ständig, aber nie etwas Bestimmtes. Meine Mutter tut auch so, als ob man die Männer schonen müßte, die diese Zeit erlebt haben. Ich kenne meinen Vater als einen Menschen, der keiner Fliege was zuleide tun kann. Und mein Großvater ist genauso ein guter Mensch. Bloß, im Krieg waren sie in Polen und in der SU. Mein Großvater war Soldat, und mein Vater hat mit der Verwaltung der besetzten Gebiete zu tun gehabt. Mein Vater und mein Großvater behandeln sich gegenseitig wie Verschworene, die besser Bescheid wissen als alle andern. Ich habe das erst sehr spät verstanden, als ich in einer Diskussion im Betrieb einmal die Frage hörte: Wie unschuldig ist man, wenn man auf seiten der Räuber lebt? Da habe ich wissen wollen, wie *sie* mit diesem Schuldgefühl leben. Wir haben deutsche Geschichte gelehrt bekommen, und zu Hause hat mein Vater nur geseufzt: Ach Gott, mein armes Kind ... Wie er wirklich darüber denkt, hat er mir nie gesagt, als ob er auch vor mir Angst hätte. Er hat mir nur ständig zu verstehen gegeben, daß er mir so viel Verstand zutraut, nichts zu glauben, was ich in der

Schule höre. Bloß, was sollte ich denn sonst glauben?
Ich war voller Fragen. Mein Vater liebt aber Fragen nicht. Und er fragt auch mich nicht: Wie siehst du das und das, wie denkst du darüber? Eine andere Meinung hat ihn nie interessiert. Er wirft mir auch heute nichts vor, aber ich weiß, wie sehr er leidet, weil wir uns so auseinandergelebt haben. Ich habe nie versucht, mit ihm darüber zu sprechen. Da würde ich sofort zu heulen beginnen. Wir sind ja alle so gefühlsbeladen. Wenn einer aus der Clique ausbrechen will, kriegt er es mit der Angst zu tun, und die andern benehmen sich wie bei einer Katastrophe.
Vielleicht klingt das alles so, als ob ich meinen Eltern weiß Gott was antun möchte. Aber das Dumme ist, daß ich sie gut verstehe und sie sehr liebhabe. Ich würde gerne so sein, wie sie es erwarten. Aber ich kann es nicht mehr.
Ich will selber entdecken, was für mich gut ist. Bloß, sobald ich mich anders verhalte, als man von mir erwartet, nennt man mich einen Außenseiter. So sind ja nicht nur meine Eltern, im Betrieb ist es genauso. Und ein Außenseiter will ich natürlich nicht sein. Durch die Einstellung meines Vaters bin ich genug aufgefallen. Ich will mal irgendwo dazugehören. Menschen, die nicht für unseren Staat erzogen worden sind, denen glaubt man einfach nicht. Ich werde meine Vergangenheit nicht los. Da *muß* ich ja unecht wirken. Wenn keiner Vertrauen zu mir hat! Ich habe keine Lust zum Reden mehr, jedes Wort wird mir im Mund umgedreht. Zu Hause drehen sie es in die Richtung, im Betrieb in die andere. Ich finde einfach keinen Platz in dieser Gesellschaft. Wo man hineingeboren ist, da bleibt man sein Leben lang. Ich habe es satt, mich immer rechtfertigen zu müssen, daß man nicht so ist, wie man sein müßte. Man kann doch nicht immer nützlich für die Gesellschaft sein. Man muß doch das Recht für sich in Anspruch nehmen können, einmal beiseitezutreten, heraus aus dem ganzen Prozeß. Ich weiß überhaupt nichts von mir. Ich weiß nur, daß ich von allen Seiten bedrängt werde.
Mein Hauptproblem ist, daß ich mich von meiner Familie nicht lösen kann, weil es so schwer ist, eine eigene Wohnung zu bekommen. Wenn ich einmal einen Freund empfange, dann

muß ich um neun auf die Uhr gucken und gähnen. Ich habe Angst, es könnte plötzlich die Tür aufgehen, wie das schon passiert ist: Bitte schön, Sie gehen jetzt, meine Tochter ist müde. Das möchte ich mir ersparen. Meine Eltern haben Gott sei Dank einen gesunden Schlaf. Die merken gar nicht, wenn ich nachts nicht in meinem Bett war. Ich komme einfach zum Frühstück angetanzt und lüge ihnen vor, daß ich schon um zehn nach Hause gekommen bin. Dann drücken sie ein Auge zu und sind zufrieden. Man kann sie gut anschwindeln. Aber ich will nicht mehr schwindeln, das habe ich nicht mehr nötig. Ich weiß nicht, ob meine Mutter weiß, daß ich einen Freund habe. Zumindest würde sie es verdammen, egal, was das für einer ist. Für meine Mutter gibt es nur ein Prinzip: Erst heiraten und dann alles andere! Freunde? Ich glaube schon, daß ich Freunde habe. Bloß, ich beanspruche sie nicht. Sie befriedigen mich nicht. Ich habe auch nur sehr begrenztes Vertrauen zu ihnen. Ich verlange sehr viel von meinen Freunden, Aufrichtigkeit und grenzenloses Vertrauen. Warum sollte ich tolerant sein? Toleranz hat nichts mit Freundschaft zu tun. Ich bin mir gegenüber ja auch nicht tolerant. Ernsthaft. Ich denke sehr kritisch von mir. Bloß, das werde ich den andern nicht erzählen. Deshalb bezeichne ich mich ja auch nicht als hundertprozentige Freundin von jemandem.

Kontaktschwierigkeiten habe ich nicht, ach wo. Bloß keine Lust, mich mit Gleichaltrigen zu beschäftigen. Die können mir bestenfalls eine schöne Party richten, aber die können sich nicht in mich hineinversetzen. Wenn mich einer besucht, und er sagt: Mensch, Angela, wie sitzt du denn da, und ich sage: Ich bin heute traurig, dann erwarte ich doch, daß er mir hilft, das alles zu klären, was so verwickelt ist. Aber sie sagen nur: Denk nicht mehr dran, komm mit! Die gehen überhaupt nicht auf meine Schwierigkeiten ein, die wollen nur, daß ich meine schlechte Laune ablege. Es gibt schon welche die könnten mir Freunde sein. Aber da ist von zu Hause diese Schranke. Manchmal geht etwas kaputt, bevor es angefangen hat. Das ist zum Verzweifeln. Ich spüre: Ja, das könnte derjenige sein, der mir weiterhilft. Mir ist das peinlich, wenn einer Woche für Woche ankommt und fragt: Geht's dir besser? Und ehrlich besorgt ist. Und da wird er von meinem Vater glatt hinausgeschmissen. – *Einen* Menschen kenne ich, der mir Kraft gibt und Hoffnung, das ist viel, viel wichtiger als der ganze Sex. Ich glaube, daß ich langsam eine Ahnung davon bekomme, wie herrlich das Leben sein kann. Manchmal bin ich unglaublich depressiv. Manchmal steh ich früh auf und bin traurig. Da sage ich alles ab und schließe mich ein. Wenn ich ewig lustig bin, wie meine Freunde das wollen, komme ich auf keinen grünen Zweig. Ich weiß nicht, warum die Leute so scharf auf Partys sind und auf Zerstreuung. Ich selber renne ja auch andauernd zu solchen Unterhaltungen, ich weiß nicht, was ich da suche.

Im Grunde bin ich ein sehr einsamer Mensch. Ja. Deshalb zieht es mich so zu den Menschen. Ich habe ein Stückchen von meinem Vater und ein Stückchen von meiner Mutter in mir, das macht alles so schwierig. Es ist schwierig für die andern zu begreifen, daß ich Phasen habe, in denen ich niemanden sehen kann, und dann wieder Phasen, in denen ich gerne unter Menschen bin. Ich bin ziemlich mißtrauisch. Die Jahre in der Schule waren schlimm für mich. Zuerst war ich ziemlich begeistert, weil alles ganz anders war als zu Hause, viel offener. Ich kam nach Hause und erzählte, aber nie sahen meine Eltern die Dinge so, wie wir sie gelehrt bekamen. Immer hörte ich: Wehe, du erzählst, was wir für einen Sender sehen und was wir sprechen! Da bin ich natürlich mißtrauisch geworden. Aber ich weiß nicht, ob das unbedingt schlecht ist. Meine eigene Stellung zur Umwelt hat sich gebessert, ernsthaft. Früher war ich angeblich ein eingebildeter Fratz, der glaubt, was Besonderes zu sein. Aber ich kann doch nicht von anderen eine Kritik annehmen, die vielleicht neidisch sind, weil ich materiell besser gestellt bin. Ich war eher schüchtern und sehr, sehr feige. Das Eingebildetsein, das war nur aufgesetzt.

In meine Beziehung zu den Männern bringe ich kein richtiges Gleichgewicht hinein. Ich tigere oft in meinem Zimmer herum, laufe hin und her, und manchmal erscheint mir alles ganz geordnet. Aber am nächsten Morgen ist alles wieder durcheinandergeraten. Ich weiß nicht mehr, ob es einen Sinn gehabt hat, was ich dachte, oder ob es keinen Sinn gehabt hat. Eine bestimmte Vorstellung habe ich von dem Mann, mit dem ich leben möchte. Er dürfte mir nicht unterlegen sein. Das würde ich nicht aushalten. Ich möchte zu ihm aufschauen, sonst würde ich ihn verachten. Er dürfte kein Muffel sein, der nur zu Hause hockt. Er müßte ein Mensch sein, der mich mitreißt. Ein Kind möchte ich auch haben, nur eins, das dürfte nur für mich da sein. Ich würde es aber in den Kindergarten schicken, damit es selbständig wird. Zu mir hat man immer gesagt: Mit den anderen Kindern darfst du nicht spielen, da lernst du böse Sachen. Als ich zur Schule kam, war ich so ängstlich und hochmütig, daß ich kein Wort gesprochen habe.

Ein Kind ohne Mann, das wäre auch denkbar. Ich glaube einfach nicht daran, daß es einen Mann fürs ganze Leben gibt. Ich weiß nicht, warum manche Mädchen so scharf aufs Heiraten sind. Sie glauben vielleicht, daß sie den Mann mit dem Stempel besser halten können. Vielleicht wird sich einmal was ändern, damit man auch ohne Stempel eine gemeinsame Wohnung bekommt und etwas ausprobieren kann. Aber ich erlebe es bestimmt nicht mehr. Wenn Konflikte auftreten, würde ich in jedem Fall gehen. Ich muß ja nicht gleich zum nächsten gehen, ich kann ja sehen, ob ich alleine fertig werde. Von solchen Experimenten wie Großfamilie oder Wohngemeinschaft halte ich gar nichts, überhaupt nichts. Man kann doch nicht für sich ein kleines System aufbauen, wo wir alle im großen sitzen. Man muß sich doch erst im großen wohl fühlen. Ich würde das auch nicht aushalten, ein Leben mit vielen anderen Menschen zusammen. Ich kann ja nicht einmal mit *einem* Menschen lange zusammen sein.

Das Gerede von Gleichberechtigung ist blödsinnig. Ernsthaft. Ich glaube nicht, daß sich das verwirklichen läßt. Niemals. Da sind uns schon von Natur bestimmte Grenzen gesetzt. Ich empfinde diese Kluft zwischen Männern und Frauen nicht, ich fühle mich in männlicher Gesellschaft sehr wohl. Männer sind ehrlicher und gerader als Mädchen. Ich habe mich nie mit Mädchen beschäftigt, da gibt's nur Neid und Eifersucht. Ich hatte eine Freundin, die war von Grund auf schlecht, eine

Scheinfreundin. Die hat alles nur aus Berechnung getan. Aber ich war so dumm und habe das zu spät bemerkt. Ich war in der Schule sehr gut, und sie war sehr schlecht. Und dann hat sie sich an mich herangepirscht, damit sie gute Zensuren bekommt. Gefordert worden bin ich eigentlich noch nie. Es hieß immer nur: Laß mein Kind, das machen wir schon, das bringen wir für dich in Ordnung, du brauchst dich um diese Dinge nicht zu kümmern! Auch die Arbeit ist mir zu leichtgefallen. Eine Zeitlang hat mir die Bibliothek Spaß gemacht, jeden Tag so viele neue Menschen. Heute macht sie mir keinen Spaß mehr, es ist immer das gleiche. Vielleicht werde ich Kulturwissenschaft studieren, ich weiß nicht. Auf jeden Fall suche ich eine Arbeit, die mich ausfüllt. Ich möchte um alles kämpfen können. Es ist furchtbar, wenn junge Leute alles vorgekaut bekommen, dadurch werden sie lahm. Ich kann einfach keine Ratschläge von Erwachsenen mehr hören. Ich will, daß man mich in Ruhe läßt!

Katja P., 34, Ärztin, geschieden, ein Kind
Spießrutenlauf

Geboren bin ich 1941 im Rheinland. Meine Eltern hatten damals sieben Kinder, ich war das achte. Später kamen noch ein paar dazu. Mein Vater war Klempner in einer großen Fabrik, die schon damals mit amerikanischer Beteiligung arbeitete. Er hatte eine Verletzung und stellte den Antrag, nicht zur Front zu müssen, weil so viele Kinder da waren, und der Antrag wurde bewilligt. Wir wurden zweimal evakuiert, wegen der Bomben. Einmal waren wir in einem Dorf, da wurden wir alle verteilt. Meine Mutter sagt, zu essen hatten wir genug, aber es war furchtbar dreckig. Drei Monate mußten wir mindestens bleiben, das war die Bestimmung. Bei der zweiten Evakuierung war's ähnlich, meine Mutter hatte großes Heimweh. Wir wohnten in einem wunderbaren Haus, hat sie erzählt, sogar mit

Telefon. Das Haus gehörte einer Frau, deren Mann Nazi war und im Gefängnis saß wegen Unterschlagung. Wir bekamen Lebensmittelkarten und brachten die Kinder der Frau mit durch. Der stärkste Eindruck meiner Mutter war, daß wir gehungert haben, aber ansonsten Komfort wohnten.

Mein Bruder Dieter wurde 1944 geboren, während eines Bombenangriffs. Meine Mutter stand aus dem Wochenbett auf nach zwei Stunden, nahm den Jüngsten auf den Arm und ging mit allen Kindern in den Bunker. Dort hatten wir einen Raum reserviert für unsere Familie. An die Bombennächte erinnere ich mich nicht, ich habe aber später oft von Krieg und Atomkrieg geträumt und sehr viel Angst gehabt. Als Dieter achtzehn Tage war, fuhren wir nach K. Mein Vater mußte in der Fabrik im Rheinland bleiben. Ich weiß noch, daß es einen Bombenangriff auf den Zug gab und wir unterwegs aussteigen mußten. Ich habe früher nie darüber nachgedacht, erst in den letzten Jahren, daß die ständige Unruhe in meiner ersten Kindheit sich möglicherweise auf mein späteres Leben übertragen hat.

Als die Russen ins Dorf kamen, da weiß ich eine Geschichte. Wir hatten nur Dinge des persönlichen Bedarfs mit nach K. genommen, das andere ist bei der Bombardierung im Rheinland verlorengegangen. Die ersten Betten und Strohsäcke haben wir aus dem Wald geholt, wo sie andere weggeworfen hatten. Eine meiner Schwestern hatte ihre große Puppe mitgenommen, die sie sehr liebte, und die war nackt. Und die Russen amüsierten sich kolossal mit dieser Puppe, hielten sie hoch und zogen so in den Hof von dem Großbauern ein, wo wir wohnten. Und meine Schwester weinte. Diese Stimmung hat sich mir tief eingeprägt.

Meine Mutter war natürlich sehr beeinflußt und hatte große Angst vor den Russen. Mein Vater war politisch indifferent. Anfangs war er sogar begeistert gewesen vom Nationalsozialismus, ein junger Mann, leichtsinnig und leichtgläubig, das hat ihm alles sehr imponiert. Später, als der Krieg kam und er in dieser Fabrik viel sah, ist es anders geworden. Und als die Russen kamen, bestand er darauf, daß wir nicht mehr ins Rheinland zurückgingen. Er hatte nie eine starke Bindung an die Heimat, für meine Mutter blieb das aber ein Problem, nicht mehr nach Hause zu können. Mein Vater war dann kommissarisch eingesetzter Polizist und hatte Freunde unter den sowjetischen Offizieren. Die waren sehr kinderlieb. Wenn sie einen Hasen geschossen hatten, kriegten wir immer die Hälfte ab. Sie besuchten uns noch nach Jahren, weil sie sich bei uns zu Hause fühlten.

Von 1946 bis 1950 war mein Vater Bürgermeister in A. Wir wohnten sehr schön in einem Verwalterhaus, mit einem riesigen Dachboden. Daneben der Gutshof und das Schloß. Das hat mich sehr geprägt, dieses alte Schloß, der Park, und der Wald dahinter. Ich war wie ein Junge, bis sechzehn immer in Hosen und mit kurzen Haaren. Hab angefangen zu lesen, schon mit sieben, was ich fand, am liebsten Karl May. Wir lebten auf einer Insel im Teich. Da waren riesengroße Bäume, und oben hatten wir uns Stände gebaut, da saß ich und las stundenlang, bis die Sonne unterging. Unten hatten wir unsere Buden. In einer war eine Friedensecke, da wurden Zeitungsausschnitte und Leninbilder gesammelt. Wir haben gleichzeitig in unserer Zeit und mit Karl May gelebt. Wir waren im Gruppenrat und im Freundschaftsrat und bei den Indianern. Diese Jahre mit meinen größeren Brüdern waren sehr wichtig für mich. Es gab später nie das Problem, daß ich mich emanzipieren mußte.

Ich habe mir immer gewünscht, irgendwo allein zu sein. Die einzige Möglichkeit, unserer Enge zu entfliehen, war der Park. Wir haben nur dieses große Schlafzimmer gehabt, für uns alle, ein schönes Wohnzimmer, aber zu klein, dort haben wir Schularbeiten gemacht. Wenn wir uns abends auszogen, wurde alles über'n Stuhl gehängt. Ich war nicht sehr ordentlich und hatte deswegen immer Probleme, so daß ich das Wort Ordnung nicht mehr hören kann. Ich hatte eben keinen Platz, um das zu lernen: die Mappe richtig zu packen, meine Bücher zu ordnen. Meine Mutter war für mich eigentlich nur da, damit ich was zu essen kriegte und damit meine Sachen sauber waren. Es hätte manches persönlicher sein können.

Meine Mutter hat uns sehr konservativ erzogen, anfangs sogar christlich. Sie hat jeden Tag gebetet, das fand ich ganz lustig.

Mein Vater ist auch sehr gläubig erzogen worden, hat dann aber seine eigene Philosophie entwickelt. Es war aber nichts, was ihn weitergebracht hat. Wenn er Probleme hatte, trug er sie in die Kneipe. Meine älteren Geschwister schätzen meine Mutter als eine großartige Frau, meinen Vater sehen sie als den Versager. Man hat ihn aus der Partei hinausgeworfen. Später hat man ihm zwar angeboten, wieder einzutreten, aber da wollte er nicht mehr. Man muß noch etwas erwähnen: Er hat als Bürgermeister mit einer Mitarbeiterin ein Verhältnis angefangen. Meine Mutter hat die Frau angerufen und gesagt: Wenn Sie sich noch einmal mit meinem Mann einlassen, dann schneide ich Ihnen die Haare ab. Die Frau trug lange offene Haare. Irgendwie ist das publik geworden, und die Frau ist weggegangen. Mein Vater ist danach sehr krank geworden. Ich nehme an, daß er die Frau geliebt hat, er hat sich mit ihr auch politisch gut verstanden. Von da an hat er angefangen zu resignieren.

Ich hatte sehr früh den Wunsch, von zu Hause wegzugehen. Mit vierzehn bin ich täglich nach B. in die Oberschule gefahren. Das letzte Jahr hab ich mir ein Zimmer in B. genommen, um mehr Zeit fürs Abitur zu haben. Ich bekam fünfundvierzig Mark und hab ziemlich gehungert. Aber ich hab das meinen Eltern nie gesagt. Gewohnt habe ich bei so neureichen Taxichauffeuren, die taten, als hätte ich bei ihnen das erstemal eine Toilette mit Wasserspülung gesehen, so daß ich sie gehaßt habe. Dort lernte ich die ersten Männer kennen. Natürlich wollten sie mit mir schlafen, während ich Gesprächspartner suchte. Ich hatte ja die Vorstellung, wenn man Verkehr hat, muß man den Mann heiraten. Obwohl ich mich verstandesmäßig stark dagegen aufgelehnt habe, viel stärker als meine Schwestern, hat es mich mehr beeinflußt als sie. Fast alle meine Schwestern haben geheiratet, weil sie ein Kind erwarteten, während ich auf alles verzichtet habe. Masturbiert habe ich schon mit neun oder zehn Jahren. Meine Mutter hat es mal mitgekriegt, ich lag ganz starr im Bett und war halb weg, da hat sie gesagt: Was machst du für Schweinereien, nimm die Hände raus! Ich hatte immer Angst, entdeckt zu werden, weil wir in zwei Betten zu dritt schliefen. Ich habe sehr früh Liebesgeschichten gelesen, und immer wenn ich mich mit einer Figur identifiziert habe, habe ich auch stärker masturbiert. Und wenn mein Herz dabei geklopft hat, hab ich gedacht, ich krieg ein Kind. Ich wollte mir das Leben nehmen, wenn ich wirklich ein Kind kriegen sollte. So habe ich gelernt, alles alleine zu regeln. Meine Brüder sind zu den Nutten ins Dorf gegangen, mit mir haben sie nie über das Sexuelle gesprochen.

Nach dem Abitur ging ich nach Berlin. Ich habe mich für Indologie beworben, weil ich weit weg wollte von zu Hause. Für Indologie gab's keine Möglichkeit in Berlin, für Medizin aber war's 1959 sehr günstig. Im Studentenheim wohnte ich in einem Zehnmannzimmer, später in einem Viermannzimmer. Da war auch die Gisela, mit der ich die Oberschule besucht hatte. Mit ihr hatte ich eine ähnliche Situation wie mit meiner Lieblingsschwester; einerseits mochte ich sie, andererseits waren wir immer Rivalen. Gisela ist ein ganz anderer Typ als ich, schmal, blond, und sie hatte die langen Zöpfe, die ich immer haben wollte. Mir wurden als Kind die Haare immer ganz kurz geschnitten, weil das bequemer war. Einmal hatte man mir sogar eine Glatze geschoren, wegen der Läuse. Das empfand ich als große Gemeinheit.

Die Situation an der Universität war damals sehr prekär. Für Jugendliche, die gerade erst anfingen, war es ein gefährliches Pflaster. Wenn man nicht sehr sicher war, konnte man schnell dahinkommen abzuhauen. Wir waren neunhundert in unserem Studienjahr, zum großen Teil Leute von den Akademien, die delegiert wurden bis zum Physikum und dann nach Dresden oder Magdeburg oder sonstwohin zurückgehen sollten. Es waren solche Massen, man war völlig anonym. Das war natürlich für die studentische Freiheit, die man sich erhofft hatte, sehr schön. Von diesen neunhundert ist ein Großteil abgehauen, besonders im Frühjahr 1961. Wenn man bis zum Vorphysikum kam, wurde das Abitur drüben anerkannt. Es war eine eigenartige Stimmung. In meinem Semester waren viele Kinder von Ärzten, die von Anfang an gegen unseren Staat waren. Ich war sehr aktiv im Philosophie-Seminar und eine der wenigen, die sich wirklich damit auseinandergesetzt haben. Mit dreizehn wollte ich Nonne werden, da hatte ich so eine religiöse Phase. Der Marxismus war für mich zunächst auch eine Glaubenssache. Ich habe es strikt abgelehnt, daß sich viele nur mit Westsachen eindeckten und keine zwanzig Pfennig für unsere Mitgliedsbeiträge hatten. Andererseits hatte ich das Bedürfnis nach Freundschaft und Anerkennung und tolerierte vieles, was ich innerlich ablehnte. Das war ein Grund, warum ich auch gerne weggegangen wäre, weil ich diesen Gewissenskonflikt nicht aushielt. Dieses starre Entweder-Oder. Einmal bin ich per Anhalter nach Hause gefahren, mit einem großen Laster, das waren Leute aus dem Rheinland. Ich hab erzählt, daß ich auch von dort bin, und sie sagten: Wenn Sie wollen, können wir Sie mitnehmen. Die hatten da was eingebaut und wollten mich über die Grenze schmuggeln. Das war noch vor der Mauer. Ich hab überlegt, ob ich mitfahre oder ob ich aussteige, hin und her, und als ich dann die Brücke gesehen habe und den Wald und die Kindheit, da bin ich ausgestiegen, bin nach Hause gegangen und war nachher sehr froh darüber.

Gisela wollte ganz eindeutig weg. Sie hatte Verbindung aufgenommen zu einem religiösen Krankenhaus in West-Berlin. Ich bin mal dort gewesen und hab mir das angeguckt und hab ihr zugestimmt. Ich habe viele Dinge gemacht, von denen ich wußte, daß sie nicht richtig sind. Eigentlich wollte ich Gisela los sein. Da muß ich eine Geschichte vorausschicken. Ich hab mal am Ostbahnhof meinen Koffer abgeholt, da hat mich ein junger Mann angepflaumt, ein richtiger Berliner. Der wurde meine erste Liebe. Der Siegi. Ich fand ihn großartig. Ich war ja ein Kind vom Lande und hatte es schwer in Berlin, obwohl ich das nie zugab. Siegi wollte natürlich mit mir schlafen, und ich hab immer gesagt, das geht nicht, ich kann das nicht. Um mich eifersüchtig zu machen, hat er mit Gisela was angefangen. Natürlich tat ich so, als würde mich das überhaupt nicht interessieren, aber ich war wahnsinnig eifersüchtig. Irgendwie hatte er auf einmal Sorge, ich könnte mich ganz von ihm abkehren, und da hat er mir einen Brief geschrieben, in dem die Gisela schlecht wegkam. Den Brief hab ich ihr gezeigt. Dann war er für uns beide erledigt. Es gab aber immer irgendwelche

Männer, die mich für was Besonderes hielten, bloß weil ich so hartnäckig war. Ich war eine Rarität an der Universität. Die Prüfungen hatte ich mit wenig Mühe bestanden, aber immer mit dem Gefühl, wenn du durchfällst, hörst du auf. Das Naturwissenschaftliche reizte mich sehr. Was mich gestört hat, war die Atmosphäre in der Medizin. Ich erlebte so viele, die nur Medizin machten, weil das standesgemäß war. Beim Praktikum auf Rügen war's noch schlimmer, weil in den Krankenhäusern noch die Hierarchie der alten Ärzte herrschte. Man arbeitete bis Mittag vier Stunden, dann konnte man an den Strand gehen, abends war noch einmal Visite. Dort traf ich Stefan. Es ist verständlich, warum ich mit ihm zuerst geschlafen habe. Er war frei von all diesen Geschichten, die mich belasteten, kam gerade von der Armee zurück und wollte Medizin studieren. Langsam wurde ich reif für das Sexuelle, durch die Sonne und die ganze Atmosphäre. Aber wenn man so lange darauf gewartet hat, ist man enttäuscht. Es war eigentlich so, daß ich jedesmal unbefriedigt blieb und leise heulte, während ich einschlief. Stefan hat das natürlich nicht mitgekriegt. Ich wirkte ja auch nicht problematisch, ich wirkte eher aufreizend auf die Männer, als hätte ich schon eine Menge vernascht. Da hab ich mir gedacht: Den kann ich ja gar nicht heiraten, wenn ich immer so leiden muß.
Inzwischen hatte ich eine eigene Wohnung in Lichtenberg. Dort war ich zum erstenmal frei, ohne Familie, ohne Wirt, mit vielen Bekannten, die mich besuchten. Im Sommer bin ich nach Polen gefahren, um mir klarzuwerden, ob das noch Sinn hat mit Stefan. Ich bin getrampt, dreitausend Kilometer weit, und habe immer das Gefühl gehabt, ich muß weiter. Ich konnte das selbst nicht verstehen. Immer wenn ich irgendwo angekommen bin, mußte ich wieder weiter. Ich bin runter bis zur tschechischen Grenze und wieder zurück, da wars schon ziemlich sicher, daß ich mich von Stefan trennen würde.
Als ich zurückkam, habe ich Marc kennengelernt. Ein Freund, Ingo, erzählte mir, er hätte eine Reihe von Freunden, darunter so einen Langen, der wäre interessant. In der Mensa unterhielten sie sich über den Langen, sie lachten sich halbtot. Wie der durch die Straßen läuft, daß muß man sehen! Ingo fand mich

dann würdig, in seinen Kreis eingeführt zu werden. Der lange Marc war wirklich komisch. Ich hatte was getrunken und mußte brechen, und Marc ging vorsorglich die Treppe mit mir hinunter, und immer wenn ich anfing zu brechen, verschwand er. Ich habe das registiert, weil ich das anders kenne. Wenn wir als Kinder gebrochen haben, war immer einer da, der uns den Kopf hielt. – Eines Tages klingelte es, und wer steht draußen: der Lange. Wir sitzen den ganzen Abend und die ganze Nacht, und der Lange redet und redet. Mein Zimmer hat eine sehr schöne Atmosphäre gehabt. Es war schon dunkel, wir haben kein Licht gemacht, er saß unterm Fenster, rauchte Pfeife, draußen die Bahn, ich kochte Tee, er spottete über meinen Tee, spottete über alles, und ich fühlte mich sehr unsicher, weil er so überlegen tat. Er hat viel von seinem Vater erzählt, der ihn beeindruckte, aber irgendwie hatte er große Schwierigkeiten mit ihm. Dann hab ich ihn gefragt: Hast du eigentlich auch eine Mutter? Ja, natürlich hab ich eine Mutter. – Dann habe ich eine Feier gemacht, da waren alle möglichen Leute da und auch Marc. In der Nacht, als alle weg waren, nur Marc war dageblieben, der hatte sich besoffen gestellt, überfiel mich ein Katzenjammer, weil ich so allein war. Ich fing zu heulen an, und Marc wurde wach und redete mit mir. Ich hab ihn dann gefragt, ob er eigentlich schon mit anderen Frauen geschlafen hat. Das war hart, aber er nahm mich immer auf die Schippe, so daß ich nicht wußte, was ich von ihm halten sollte. Da hat er zugegeben, daß er das noch nicht getan hätte. Na ja, mir war klar, was er erhoffte. An diesem Abend ist er krank geworden. Ich habe ihn zwei oder drei Tage gepflegt, bin zwischendurch zu den Vorlesungen gegangen, hab ihm heiße Zitrone gemacht. – Er wirkte immer sehr souverän und eigenständig, aber er ist oft krank geworden bei Schwierigkeiten und hat auf diese Weise meine Fürsorge erpreßt. Das war sehr charakteristisch für ihn.

Am Wochenende hat er mich dann nach W. zu seinen Eltern eingeladen. Es war stürmisch und kalt, die Straße und die Häuser an der Bushaltestelle, alles ziemlich verwildert, und dann das große dunkle Haus. Und Doris, die Mutter. Da war gerade der Großvater gestorben, und wie sie mir das erzählte, noch in der Tür sehr aufgeregt, aber kalt. Und im Zimmer saß Marc, seelenruhig wie immer, die Beine hoch, und hatte ein Platte von Schostakowitsch an.

Dort schliefen Marc und ich zum erstenmal miteinander. Wir waren so voneinander erfüllt, daß es eigentlich von Anfang an gut ging, ganz anders als mit Stefan. Dann blieb er einfach bei mir in Lichtenberg. Er kriegte einhundertfünfzig Mark von seinem Vater, er war damals im fünften Studienjahr, und ich hatte zweihundert Mark Stipendium, das reichte.

Zum erstenmal war jemand da, mit dem ich über alles reden konnte, auch über intime Dinge aus meiner Kindheit. Marc war ein guter Zuhörer, hat nie was kommentiert oder mich beeinflußt. Wir lagen viele Nächte wach im Bett und hatten keine Zeit fürs Studium. Die erste Staatsexamensprüfung habe ich ziemlich mies gemacht. Professor Leonhardt hatte Psychiatrie, ausgerechnet mein Lieblingsfach. Der guckte mich an, aber ich hab nur an Marc gedacht, ich konnte einfach nicht an was anderes denken. Ich habe Marc immer erzählt, daß ich eigentlich gar nicht Medizin studieren will, und er hat gesagt, man darf nur das machen, was man wirklich will. Er verstand alles, er hat nie gesagt: Du spinnst, du mußt da jetzt durch, wie das später Felix gesagt hat.

Dann haben wir geheiratet und wollten ein Kind. Sein bester Freund, Christian, war oft bei uns. Ich empfand Christian auch als Freund, aber gleichzeitig als einen Gegenspieler. Ein Teil von Marc gehörte nicht mir, wenn Christian da war. Christian hat ja nicht regelmäßig gearbeitet, hatte natürlich kein Geld, und Marc sagte: Ist ja bloß Geld, Freundschaft ist wichtiger. Naja, ich habe mich immer sehr einschränken müssen von Kindheit an, ich war etwas allergisch. Das waren solche Reibungspunkte, die mit der Zeit mehr wurden. Marc trank ziemlich viel und wollte laufend zu dieser und jener Fete. Ich ging zwar mit, aber mich widerte das bald an, weil es immer dasselbe war. Ich fand, daß er seine Zeit vergammelte. Ich habe versucht, ihn zu verändern, und habe nicht gemerkt, wie ich mich dabei selbst verändert habe. Was ich mir nie vorstellen konnte, war

plötzlich eingetreten, ich war von jemandem abhängig geworden.
Das erste Jahr mit dem Kind war hart. Das Haus war kalt und ungemütlich. Unser Komfort hatte sich in den Jahren nicht gerade gesteigert. Die Windeln hab ich auf dem Herd gekocht. Und mit Anne mußte ich dreimal in der Woche in die Klinik. Marc war vorerst ein eifriger, guter Vater. Aber als der erste Reiz weg war, fingen wieder die Feiern an, und ich mußte ständig Kompromisse machen.
Nach einem halben Jahr habe ich Antrag auf die Prüfungen gestellt, ich wollte nun doch einen Abschluß haben. Ich hatte damals die Vorstellung, Übersetzer für medizinische Literatur zu werden. Zwei Prüfungen habe ich gemacht, und zweimal bin ich durchgefallen. Beim zweitenmal hab ich mitten in der Prüfung angefangen zu heulen. Früher war ich immer souverän gewesen, je weniger ich wußte, um so souveräner wirkte ich. Ich heulte mich an Marcs Brust aus, und er sagte: Eh du noch verrückt wirst, hörst du eben auf. Nun war ich beruhigt, bin zur Studienabteilung gegangen, anstatt zur nächsten Prüfung, und hab gesagt, ich will nicht mehr weiter studieren. Das hätte eigentlich nicht passieren dürfen, daß ich ohne Begründung ausgestiegen bin. Da saß aber eine ältere Dame mit ihren Fragebögen, und die schrieb alles auf, wie ich es ihr sagte.
Nun wurde Marc und alles, was er tat oder nicht tat, immer wichtiger für mich. Ich bin im Grunde ja sehr ehrgeizig. Als Kind wollte ich schon Professor werden, ich wollte mich nur nicht sehr anstrengen dabei. Nun legte ich meinen ganzen Ehrgeiz in Marc, nun sollte *er* was werden. Er fing gerade am Institut zu arbeiten an. Daß er selber Schwierigkeiten hatte, hat er mir nie verraten, das hat er später anderen erzählt. Mir hat er immer das Bild eines Genies gemalt, und vielleicht wollte ich das auch so. Marcs Bedürfnis, ständig mit anderen Leuten zusammen zu sein, habe ich dramatisiert. Er wollte wahrscheinlich selber nicht mehr, aber ich habe ihn wieder dorthin getrieben. Er warf mir vor, daß ich ihm seine Freunde wegnehme. Seine Freunde kamen nur noch zu mir, und er ging alleine irgendwohin, wo ich ihn nicht störte. Dann kam hinzu, daß er

sexuell das Bedürfnis hatte, andere Frauen kennenzulernen, was natürlich ist, weil in unserem Kreis sehr attraktive Frauen waren. Wir galten damals als eine der stabilsten Familien, da wird der Mann von den Frauen, die nicht wissen, wo sie hingehören, und die Frau von den Männern, die nicht wissen, wo sie hingehören, interessiert betrachtet. Wir waren eine Insel in der allgemeinen Unsicherheit. Ich hab sein Interesse an anderen Frauen gespürt und habe noch mehr Angst gekriegt, weil ich auf ihn angewiesen war. Ich war ständig mit Psychologie und mit fremden Angelegenheiten beschäftigt. Da trat etwas Ungutes ein mit diesem ständigen Vergleichen und Psychologisieren. Ich habe viele Dinge gemacht, wo ich selber nicht verstand, warum ich die mache. So was widerspricht meiner Erziehung, deshalb hat es mich gleichzeitig belastet und gereizt. Marc wollte mir nun zeigen, daß er Abstecher macht und selbständig geworden ist, hatte aber auch ein schlechtes Gewissen, weil er für uns keine Zeit mehr hatte. So kam er immer mehr unter Druck. Und ich war auf einmal die Hausfrau geworden, die ich nie sein wollte, und Marc wurde gezwungen, was zu sein, was er auch nicht sein wollte. Ich meine, so ist es vielleicht zu verstehn, warum es zum Bruch gekommen ist.

Dann war Herbst, da wollte ich Japanisch lernen. Die Japaner machen sehr Interessantes in der Medizin, und wer kann schon Japanisch und versteht so viel von Medizin, um es übersetzen zu können? Marc sollte einmal in der Woche bei Anne bleiben, aber Marc hatte keine Zeit. Eine halbe Stunde später kam Christian, und Marc ist mit ihm weggegangen. Das hat mich sehr verbittert, obwohl ich auch nach anderen Lösungen hätte suchen können. Ich war aber der Meinung, Marc ist mein Mann, der muß mir helfen. Marc mußte nun auch seine Promotion abliefern und fühlte sich gedrängt, weil er merkte, wie wichtig sie für mich war und für seine Eltern auch. Er saß stundenlang in seinem Zimmer und rauchte Pfeife. Aber ich sah seine Unzufriedenheit.

Und dann sagte Christian, er fährt nach Bulgarien, Marc soll mitkommen. Da hab ich gesagt: Ich bin dafür, du machst erst deine Arbeit und läßt dich im Institut sehen. Marc begriff das, aber dann kam eine Karte aus Bulgarien: Bruder, ich brauche dich, Bruder, ich erwarte dich! Und da ist Marc gefahren. Kam zurück und war ganz verändert. Es ist ihm was Ähnliches passiert wie mir, als ich das Studium schmiß, er erlebte eine große Befreiung. Die Arbeit war nicht mehr wichtig, wichtig war diese bulgarische Frau. Wenn ich vernünftig gewesen wäre, hätte das nicht zum Bruch führen müssen. Abends wollte er mir alles erzählen, dann wäre es gut gewesen. Aber ich habe es ihm wahnsinnig übelgenommen.

Da ist er zu Henni gefahren und hat ihr alles erzählt. Und Henni hat die Situation ausgenützt. Sie hatte mit Dino Schwierigkeiten, der machte nur Unsinn, lernte nicht, arbeitete nicht, nahm Geld von seinen Eltern, und Marc stand schon vor der Promotion. Nun war Henni überall dabei, wenn Marc von Bulgarien erzählte. Und mich kotzte das an, ich konnte diese Geschichten nicht mehr hören, ich fand ihn lächerlich und war traurig darüber. So bin ich mit Anne zu den Schwiegereltern gefahren, weil Marc auf einmal behauptete, er könne so besser arbeiten. Ich war wie gelähmt. Ich wollte nach Hause, aber der Winter ging vorbei, und ich blieb. Im Mai fuhr Henni nach Polen, Dino war schon eine Weile dort. Da durfte ich nach Berlin zurückkommen. Marc hatte sich auf mich gefreut und wollte sich aussprechen. Ich war aber beleidigt und geladen. Ich forderte, daß er sich radikal ändert, sich ganz auf uns einstellt und so weiter. Henni hatte wirklich bei uns gewohnt, während ich in W. war und Dino in Polen. Diesen Vertrauensbruch fand ich furchtbar. Ich konnte nicht begreifen, wie er mir so lange was vorschwindeln konnte unter dem Vorwand, arbeiten zu müssen.

Wir stritten uns nun ständig. Ich hab nicht mehr auf Marc gehört, und Marc hat nicht mehr auf mich gehört. Ich habe mir die Haare abschneiden lassen, hab Kleider angezogen anstatt Hosen, lauter Äußerlichkeiten, zum Teil waren sie sogar von Erfolg gekrönt, aber innerlich fand ich das überflüssig und beschämend. Ich konnte nicht durch eine neue Haut eine andere werden. Für mich brach eine ganze Welt zusammen.

Ich hab dann einen Antrag eingereicht, daß ich das Studium

wieder aufnehmen möchte. Es stellte sich heraus, daß ich alle Prüfungen noch einmal machen mußte, vom ersten Studienjahr an. Das hat mich niedergeschmettert. Ich habe Marc nach einem Krach den Schlüssel weggenommen und hab ihn hinausgeschmissen. Dann hab ich mich hingelegt und wunderbar geschlafen, wie nach einer gewonnenen Schlacht. Drei Tage später kam er wieder, da fühlte ich mich aber so überlegen, daß ich ihn wieder hinausgeworfen habe. Und die andern sagten: Das hast du richtig gemacht.

Dann habe ich angefangen bei Ingo in der Wohnung zu mikroskopieren. Und halbtags hab ich Bürohilfsarbeiten gemacht, das war reine Idiotenarbeit, aber in meinem Zustand genau das Richtige. Ich habe mich sehr erholt dabei. Marc kam von Zeit zu Zeit, um seine Sachen zu holen. Jedes Stück war ein Stück von unserem gemeinsamen Leben und hart umkämpft von mir. Einmal haben wir sogar miteinander geschlafen, aber hinterher hab ich ihn fürchterlich beleidigt.

Als ich schon eine Weile allein lebte, kam eines Abends Felix vom Institut und wollte den kranken Marc besuchen. Marc hat offensichtlich im Institut nicht darüber gesprochen, daß er nicht mehr mit mir zusammen war. Ich habe Felix die Situation geschildert, zum erstenmal konnte ich mich mit einem Menschen unterhalten, der den nötigen Abstand hatte. Es wurde morgens um sechs, und wir saßen immer noch da. Dann stand Anne auf und war ganz erstaunt. Wir haben sie zusammen in den Kindergarten gebracht und sind durch den Park spaziert. Es war ein schöner Herbstmorgen, noch viel Laub an den Bäumen, eine herrliche Sonne. Wir sind zurückgegangen, und dann ist es schon passiert. Ich hab mich gewundert. Felix war wie ausgewechselt und wollte zu mir ziehn. Ich hab mir seine Wohnung angesehen, eine Einzimmerkomfortwohnung, die brauchte er für seine Arbeit. Ich riet ihm deshalb ab. Ich liebte ihn ja nicht, ich konnte leicht klug sein.

Was mir an Felix gefiel, war seine Zielstrebigkeit im Gegensatz zu Marc, der immer auswich und sich nicht gern festlegte. Felix hat mir jeden Wunsch erfüllt, was ich nicht gewöhnt war, andererseits hat er sich beklagt, daß er keine Zeit mehr hat. Seine Arbeits-

pläne waren zu hoch gesteckt und nicht real, meiner Meinung nach. Ich glaube, daß ich Felix damals nur benutzt habe, um Marc zu provozieren. Felix erkannte das natürlich, aber er hat es geduldet und mir dadurch sehr geholfen. Er war seelisch viel stabiler als Marc. Obwohl es für ihn nicht einfach war, war es doch heilsam, weil endlich ein Mensch für ihn wichtig geworden war. Dann kam der Brief mit der Scheidungsklage. Da war ich verzweifelt und habe Felix gesagt: Eigentlich will ich mich nicht scheiden lassen. Da bekam Felix seinen ersten Wutanfall. Obwohl ich erwartet hatte, daß man es nicht zur Scheidung kommen läßt, war ich über den Verlauf doch froh. Traurig war nur Marcs Rede, er könne sich in mir nicht mehr widerspiegeln. Die Schöffen haben ihn angesehen, als wäre er nicht von dieser Welt. Ich war aber erst mit der Scheidung einverstanden, als Henni hereinkam, ganz blaß und mit einem Verband um die Pulsadern. Da wußte ich, daß Marc nicht mehr zurück konnte. Ich hatte inzwischen das Physikum bestanden, das ist die Hälfte des Studiums. Dann wollte ich schnell die Staatsexamensprüfungen machen, das waren fünfzehn, möglichst in anderthalb Jahren. Erst jetzt wurde ich immatrikuliert, vorher war ich nur extern und mußte mir erst das Recht erwerben, wieder Student zu sein. Für jede Prüfung mußte ich mich im Institut anmelden und Erklärungen abgeben. Das waren Alpträume. Warum ich es überhaupt geschafft habe, das ganze Studium noch einmal? Erstens zweifelte ich nicht an mir selber, dann waren Leute da, die an mich glaubten und mir halfen. Eine Oberärztin hat mir immer wieder gesagt: Sie schaffen das bestimmt, aber Kranksein gibts nicht. Im ersten Moment war ich schockiert, aber es war genau das Richtige. Und Felix war immer da, wenn ich ihn brauchte, ohne Diskussion. Vielleicht bin ich immer wieder zur Arbeit zurückgekommen, weil er selber soviel gearbeitet hat. Ich glaube, es finden sich immer Menschen, die einem helfen, wenn man etwas Schwieriges probiert. Menschen sind mein Rezept, ja, daß man die richtigen Menschen findet im Leben.
Nach der letzten Prüfung, das war Gyn, kam ich nach Hause. Eine Freundin war da und Felix und Anne, die warteten auf mich. Das war die größte Befreiung, die ich erlebt habe. Für

Felix empfand ich auf einmal ein bißchen mehr als Dankbarkeit. Ich fühlte, daß ich nun das Gleichgewicht herstellen, daß jetzt ich auf ihn eingehen müßte. Trotzdem stand für mich die Frage: Fange ich noch mal von vorne an, ohne Felix, weg von Berlin? Obwohl ich mich in Berlin zu Hause fühle. Die Atmosphäre reizt mich, diese Anonymität, weil man in ihr gezwungen ist, Freunde zu suchen. Wenn sich nicht jeder um jeden kümmert, kann man seine Kontakte selbst wählen. Das empfinde ich im Gegensatz zu unserem Dorf als sehr angenehm. Durch Zufall bekam ich diese Stelle, das entschied alles.
Als ich schon in der Klinik war, traf ich noch einmal Henni. Sie sprach mich an der Straßenbahnhaltestelle an, und wir fuhren zusammen nach Hause. Sie sah, daß sich viel verändert hatte in meiner Lichtenberger Wohnung. Sie wollte mit mir über Marc sprechen, und ich war eigentlich gar nicht eingestellt auf alte Geschichten. Sie haben Streit gehabt, sie hat gesagt, kannst ja gehn, und Marc ist natürlich gegangen. Sie war mir fremd geworden, weder die alte Henni, die einem ja imponiert hat, noch eine neue Henni, die weitergekommen ist, sondern eine ganz elende, kleine Henni. Ich wollte mich damit nicht belasten. Ich fühlte mich ja so erhaben, weil ich mit dem Studium fertig war. Das war am Donnerstag, und am Sonntag hat sie sich das Leben genommen.
Nach Hennis Tod hab ich immer geglaubt, ich sehe sie. Wenn ich über den Alex gegangen bin, es war sehr schön, das neue Zentrum, ein Frühlingstag, da konnte ich nicht begreifen, daß Henni es nicht mehr erlebt und daß ihr Tod nicht rückgängig zu machen ist. Schon als Kind hab ich mich mit dem Tod beschäftigt. Ich fand es erschreckend, daß man eines Tages nicht mehr da ist und nie wieder weiß, was passieren wird in Millionen Jahren. Und was einem durch die Erziehung so aufoktroyiert wird, daß man was geleistet haben muß, damit das Leben nicht umsonst war.
Jetzt bin ich durch meinen Beruf ständig mit dem Tod konfrontiert.
Ich leide darunter, daß manche Ärzte so grausam sind. Ich gehe nach Hause und weiß nicht, warum ich so deprimiert bin.

Etwas beschäftigt mich, daß ich nur für einen relativ kleinen Kreis zuständig bin und im übrigen alles hinnehmen muß, was geschieht. Trotzdem kann ich nicht die Augen verschließen. Ich möchte einfach mehr machen als meine Pflicht, und das ist nicht durchzuhalten. Es gibt Zeiten, wo ich etwas ganz anderes machen möchte, nicht immer nur für andere da sein. Viele Ärzte empfinden das so. Wenn man sich aber als Frau nicht voll engagiert, wird man überhaupt nicht akzeptiert. Als ich bei der künstlichen Niere einstieg, hatte ich viel Elan und Ehrgeiz, obwohl man mir das als Frau und mit dem Kind nicht zumuten wollte. Ich habe härter gearbeitet als ein Mann, um mich durchzusetzen. Ohne Felix wäre das nicht möglich gewesen. Trotzdem zweifle ich manchmal, ob alles richtig war, weil ich merke, wie ich einerseits was gewonnen habe, weil ich diesen Spießrutenlauf mit seiner Hilfe durchgestanden habe, daß mich das Ganze aber zuviel gekostet hat an eigener Substanz. Und daß dieser Weg, den ich mit Felix gewählt habe, das weiterführen wird. Es ist mehr eine geistige Bindung, ich finde wenig Erholung in ihr. Mein Leben ist eigentlich immer schwerer geworden.

Lebendig erhalten mich Anne und die kleinen Freuden. Felix hat sich selbst so rationalisiert. Das sind unsere Reibungspunkte. Das Sinnliche, die Freude am Essen, an einem Frühlingstag, was ich mir immer erhalten habe, das kennt er eben nicht. Zum Glück ist meine Natur unkompliziert. Sobald ich unter Menschen bin, die so sind wie ich, kommt die alte Katja hervor, und ich bin wieder jung und fröhlich. Den besten Kontakt habe ich zu den Krankenschwestern auf der Station, bei denen lade ich mich jeden Tag auf.

Aber ich darf nicht ungerecht sein. Ich sehe, daß wir eine Menge zusammen erreicht haben, nicht nur Äußerliches wie diese schöne Wohnung. Felix hat sich auch verändert. Früher hat er nur für sich gesorgt, auch als wir schon zusammen wohnten; er hat sich einen riesigen Topf Kartoffelbrei gekocht, für die ganze Woche. Wenn ich jetzt koche, und es schmeckt, merkt er es schon. Daß er als Junggeselle, der nie eine Familie kennengelernt hat, sich so auf Anne und mich einstellen konnte, und

Anne war sehr schwierig und oft krank, das ist eine Leistung und spricht eigentlich dafür, daß auch Männer auf andere eingehen können, wenn sie es wollen. Seine Arbeit ist ihm aber das wichtigste geblieben. Deshalb habe ich nie das Gefühl, daß er zerbrechen würde, wenn ich ihn verlasse. Das ist beruhigend. Ich habe nicht die Verantwortung für ihn wie für Marc. Er ist mir gleichberechtigt, weil ich ohne ihn ja auch leben könnte. Dazu ist man als Frau erst fähig, wenn man vorher etwas anderes kennengelernt hat. Verzichten und nicht wissen, worauf, das muß schlimm sein.

Berta H., 74, verheiratet, ein Sohn
Die Großmutter

Mein Großvater, der starb jung an Lungenentzündung. Und die Großmutter ging immer mit die Hirschkuh und die Tragekiepe auf'm Rücken, ging sie nach W. zur Post. Die war Briefträgerin. Die Hirschkuh blieb denn draußen stehn. An die Kiepe durfte keiner ran, war doch Geld und alles bei. Die Hirschkuh war schlimmer als 'n Hund, sag ich Ihnen. Die Leute haben sich immer gefreut über die zwei.
Nu mit die fünf Kinder allein, das war für die Großmutter sehr, sehr schwer. Mein Vater war der Älteste von der Bande, der mußte die alle großziehn, lauter Mädels. War früher alles anders. Eh er zur Schule ging, mußte er den ganzen Mädels die Haare kämmen. Wie so ein Bursche ist, wissen Se, schnell soll es gehn, nach Schule mußten sie, wa? Wenn sie dann geschrien haben, hat er sie erst richtig durchgezogen. Die hatten lange Zöpfe und so volles Haar wie ich früher, ja, ja.
Mein Vater ging mit fünfzehn in Stellung, beim Großbauern, der mußte tüchtig arbeiten. Immer im Pferdestall schlafen, wie das so war, morgens im Winter, war noch mächtig kalt, da war ihm der Bart manchmal richtig feste angefroren, Eiszapfen dran.

Früher war es viel kälter, finde ich. Ach, das gibt einen ganzen Roman. Bei die Großbauern haben sie im Stall eine Kammer abgeschlagen für die Betten, bei die Mittelbauern schliefen sie gleich im Stall mit drin, bei die Pferde, bis fünfundvierzig, ja, ja. Was mein Vater verdient hat, war ganz wenig, das hat er seiner Mutter gegeben. Anzug war nur einer da, war alles nicht so wie heute, der wurde geflickt, mit der Hand, hat sich mein Vater alles alleine gemacht. Stricken konnte er, für uns hat er denn auch Strümpfe gestrickt. Der hat es schwer gehabt.

Meine Mutter hat ihre Mutter verloren, da war sie sieben. Meine Mutter stammte aus der zweiten Ehe von mein' Großvater. Die Tochter aus der ersten Ehe, die zog meine Mutter groß. Die erste Frau ist an die schwarzen Pocken gestorben. Da wurde alles zugenagelt im Haus und alles verbrannt. Die Kranken, die haben ganz schwarz ausgesehen, die hätten sich am liebsten das Leben genommen. Die Leute haben ihnen nur das Essen hingestellt und sind weggerannt, ins Haus ist niemand gegangen, ja, ja. Vier Familien haben im Dorf die schwarzen Pocken gehabt. Und nachdem wurden alle geimpft, denn kam die große Impferei, wissen Se.

Meine Mutter hat mein Vater auf'm Gut kennengelernt. Die haben sich denn zusammenschreiben lassen. Große Hochzeit konnten sie nicht machen, meine Mutter war in andere Umständ vom Vater, der hat sie denn ooch geheiratet, wa? Die haben ganz armselig angefangen, von keinem was gekriegt, die mußten sich ganz alleine redlich quälen.

Ich bin 1901 geboren. Der letzte Schuß von mein' Vater war ich, der wollte immer noch ein kleines Mädchen haben. Ist ja denn auch ein Glück für alle gewesen, da sehen Sie ja. Dreiundvierzig war meine Mutter, die hat geschimpft mit mein' Vater. Gab ja noch keine Pille, so'n Blödsinn haben die noch gar nicht gekannt. Bei meiner Schwester fehlten vierzehn Tage auf zehn Jahre, die war sie älter als ich. Mein Bruder war fünfzehn Jahre älter als ich. Aber die haben 'ne ganz flotte Ehe geführt, meine Eltern. Sehr arbeitsam. So wie wir hier Kaffee trinken und Kuchen essen, so was gab's nicht. Stullen wurden geschmiert mit Schmalz auf der Hand, wa, und denn Schnittlauch draufgeschnitten und 'ne Scheibe Schlackwurst. Ah, das hat geschmeckt. Wir haben große Schweine geschlachtet, immer so einige Zentner das Schwein. Hat der Fleischer gesagt: Ihr mit eure große Swin, Menschenskinder, das schaff ich nicht mehr, da wird mein Junge helfen bei.

Jeden Morgen sechse ging das los nach der Schule, damit wir um sieben da waren. Und denn mit Holzpantoffeln. Ach, und so dunkel, der Wald so dicht, da haben wir Angst gehabt, wissen Se. Die Zigeuner immer mit die Pferdewagen, Donnerwetter, die kochen schon wieder am Lagerfeuer. Haben wir eine Angst gehabt, sind im Bogen über die Berge abgehaun.

Zwei Zimmer hatten wir, ein Wohnzimmer und ein Schlafzimmer, da schliefen wir alle fünf, das war früher so üblich. Manche haben viel mehr Kinder gehabt, uns ging's gut. Meine Mutter ist nachts um dreie aufgestanden, denn hat sie Essen zurecht gemacht, schön eingewickelt und ins Bette gestellt, damit's warm bleibt. Und mittags, nach Schule, wir Kinder, das Essen in so'n Hundewagen rin, und los nach'm Feld. Und einmal hat der Hund den Wagen umgekippt, hat er einen Hasen gesehen, und quer übers Feld, und das ganze Gelumpe zerbrochen. Haben so 'ne Steinpullen gehabt, damit die Milch warm bleibt. Alles hin!

Wenn wir Ferien hatten, wissen Se, was wir machen mußten? Nach Feld, Roggen ernten, mit acht Jahren. Aber feste. Vater mäht mit der Sense, wir machen schöne Bunde, Mutter bindet ein' hinterher. Alles im Akkord. Mein Vater war ein flotter Arbeiter, immer tüchtig, immer tapfer. Und Kartoffeln buddeln. Das erzähl ich noch, denn kommt der Mietstaler dran. Um fünfe uffstehn, ach, Mutter! Neben uns waren die Polen, das war so 'ne Bande, die haben gleich die Sträucher mitgerissen und rin in die Kiepen, mit'm Sand. Die hatten denn auch so viele Marken in der Tasche, die schafften wir nie. Haben die geschummelt, Mensch! Und wir Dusseln, wir haben immer schön vollgemacht die Kiepen mit Kartoffeln. Nach Hause gekommen: Ach Vater, guck mal, ich hab heute wieder offene Hände. Da konnte man richtig was reinlegen zwischen Finger, solche Wunden. Der Sand reibt doch, hat auch noch geregnet, wa? Denn hat Vater Pech genommen, heiß gemacht am Talglicht und ringemacht in unsere Wunden. Ich darf gar nicht dran denken!

1915 kam ich aus der Schule. Meinen Mietstaler hab ich schon mit dreizehn gekriegt. Sind drei Mark gewesen, damit ich auch hinkam, für ein ganzes Jahr war ich richtig gekauft, wa? War das Kurzwarengeschäft in Z., gibt's heute noch. Ich hab ein schönes Zimmer gehabt, alles, was recht ist. Wenn nachher der August kam, konnte ich die Weintrauben aus'm Fenster pflükken. Da war ich anderthalb Jahre bei Bergmanns. Ich wär am liebsten da geblieben, aber ich wollte meiner Schwester in Berlin einen Gefallen tun. Ihr Mann war eingezogen, und nu kriegt sie ein Kind und schreibt immer, ich soll kommen, sie graut sich allein. Und meine Mutter will es auch so haben. Nun haben die Bergmanns geheult, und ich ooch geheult, und die Kinder haben geheult, ich hab doch alles gemacht für sie, gebadet, gekocht, das ganze Haus saubergemacht, alles.

Bei meiner Schwester bin ich ein Fabrikmädel geworden. Da hab ich Granaten gedreht, damit sich die Soldaten konnten totschießen. Noch verrückter, wa? Ach, das kann man gar nicht alles erzählen, das ist ein Roman! Denn bin ich zu Schwarzkopf, die haben Treibriemen gemacht, ganz große Treibriemen für die Schiffe, wissen Se, die wurden geklebt. Die Luft da drinnen! Die Leute sind umgefallen. Wer was hatte an der Lunge oder am Herz, der ist kaputtgegangen. Ich war auf der Männerabteilung, ich hab lieber mit Männern gearbeitet, von Frauen halte ich nicht soviel, wissen Se. Denn ging ich an die Stanzmaschinen, und das war ganz interessant. Ich war für alles zu gebrauchen. Heute sind die Leute faul geworden, die reißen ja auch keine Betten mehr. Ist nicht mehr, daß man zum Federnreißen zusammenkommt, die ganze Nachbarschaft, bis nachts um zwölfe, und denn noch Kaffee und Kuchen hinterher.

In Berlin hatte ich ein' Onkel und eine Tante zu wohnen. Mein Onkel war bei die Eisenbahn. Und die feierten immer Kaisers Geburtstag. Da bin ich auch einmal mit eingeladen worden. Gab schön was zu essen, wunderbare Walzer wurden da getanzt, und meine beiden Cousins, die konnten so schön versieren, mal rechtsrum, mal linksrum. Wissen Se, Walzer kann man zu Hause lernen. Sie stellen Walzer an, Plattenspieler oder Recorder, wa, und denn immer eins-zwei-drei, eins-zwei-drei um den Stuhl herum. Walzer tanze ich heute noch mit Wollust. Manchmal wird mir ein bißchen doof im Kopfe, wa? Hier auf'm Flur, Opa in seine Latschen, haben wir oft getanzt, ja, ja. Kennen Se den Spruch: Der Kaiser ist ein guter Mann, er wohnet in Berlin, und wär es nicht so weit von hier, so reist ich heut noch hin ...

Ach, und den Karl und die Rosa hab ich kennengelernt, persönlich gesehen auf der Tribüne, war so interessant mit die beiden! Die Rosa Luxemburg, die hat sehr auf mich gewirkt. Ich war so viel für mich allein, und keine besseren Leute um mich, da hab ich viel nachgedacht über alles. Ich hab zu meiner Schwester gesagt: So was wie die Rosa siehste nur einmal im Leben! Wenn sie gesprochen hat, war ich immer da. Ich sehe sie noch stehn. Dunkle Haare, so hochgesteckt, wa, 'ne rosa Bluse und blauen Faltenrock. Etwas schief kam sie mir vor. Aber eine Klappe hatte die! Da konnte man direkt staunen. Ich hab mir immer gedacht, wenn das eintreffen wird, wissen Se, was die so erzählt, hat sie ganz gute Ideen gehabt, die Rosa. Hätt ich mir nicht träumen lassen, daß ich das alles erleben werde. Hab nur gedacht: Sieht doch schlimm aus für uns. Und wie sie sie denn ertränkt haben, im Kanal, ach Gott!

Von Berlin mußten wir weg, 1921 oder so, waren zu wenig Wohnungen da nach'm Krieg. Die vor vierzehn nicht in Berlin waren, die mußten nu wieder zurück, wo sie hergekommen sind. Ach, du lieber Gott, wat denn nu, ich wollte doch gar nicht weg von Berlin! Bin zu meine Eltern zurück, aufs Gut arbeiten. Dachte immer, nee, hier bleibste nicht, Berlin ist viel interessanter. Und wie der Teufel sein Spiel hat, bin tanzen gegangen, hab mein'n Mann kennengelernt, ja. ja. Bin aber immer noch nach Berlin gefahren, mich stach der Hafer, wa? Hab ich nichts von mir hören lassen, hat mein Mann gedacht, es ist aus, die hat'n andern. Na ja, ein bißchen Liebschaft hatt ich schon noch, alte Liebe rostet nicht. Mit mein' Mann wollte ich erst gar nicht. Denn hat er mich doch festgenagelt. Weißte wat, hat er gesagt, wir verloben uns, meine Großmutter braucht jemand im Haus, die ist so allein. Seine Mutter, die Minna, hat sich wieder verheiratet, wissen Se, die hat wunderbar genäht, für die Grafschaft hat sie genäht, die alte Gräfin lebte damals noch. Ich habe mir denn überlegt: Die Großmutter möchtest du nicht im Stich lassen. Die hat dich so lieb aufgenommen, können Sie sich gar nicht denken! Der erste Schritt, den man in ein fremdes Haus tut, ist der beste, nicht? Naja, wir haben geheiratet, mein Mann war Vertreter. 1926 hab ich den Jungen entbunden, hier im Haus. Wir waren uff'n Feld, Großmutter und ich, die war noch ganz lebendig, jeden Abend sind wir nach'm Wald gefahren, haben Holz geholt, mit'm Handwagen. Wir müssen noch aufs Feld, Kartoffeln holen, sag ich. Ach, sagt die Großmutter, kannste denn überhaupt noch? Wenn ich nicht mehr kann, Großmutter, weißte wat, denn setz ich mich aufn Handwagen, denn fährste mir nach Hause. Ja, sagt die Großmutter, so machen wir's. Auf'm Feld krieg ich schon Wehen, ach! Großmutter, sage ich, man weiß ja nie, vielleicht verlier ich noch mein ganzes Zeug hier. Ziehn wir nach Haus, ich hab mächtigen Kohldampf, ich möchte 'ne große Pfanne Eier einschlagen und Pellkartoffeln und saure Gurke zu. Gemacht, getan und alles aufgefuttert. Sagt die Großmutter, Mädchen, du bist nicht gescheit. Ist mir aber alles gut bekommen. Ist die Hebamme gekommen, sagt: Nu müßten Sie eigentlich ins Bette, Frau Schäfer. Was soll ich im Bette, sage ich, im Bette sterben die Leut. Nachts ist es erst gekommen. Und die Großmutter war froh. Wo hast du denn das Kind zu sitzen gehabt, hat sie gesagt, das hat man ja gar nicht gemerkt? Nicht einmal unser Doktor hat das geahnt. Naja, man hat sich doch geschämt. Die Großmutter hat immer gesagt: Mädchen, du kommst mir voller vor. Naja, sag ich, Großmutter, ich eß ja auch mehr. Sagt sie, hast du denn deine Tage nicht oder wie? Doch, doch, sage ich. Sehn Se, so doof waren wir. Zum Schluß war die Großmutter die einzige, dies gewußt hat.

Drei Tage war ich im Bette, denn bin ich aufgestanden. Aber bloß nichts heben, Großmutter hat immer die Hände drüber gehalten. Großmutter hat den Jungen taufen lassen. Aber wie

sie tot war, hab ich immer noch geglaubt, daß sieben Pfund Rindfleisch eine anständige Brühsuppe ergibt. Und tue recht und scheue niemand! Aufrichtig und gefällig für jeden bin ich durchs Leben gegangen, ja, ja. Der Mann war ein Lebemann, das ist er geblieben. Aber wolln wir mal sagen, über solche Verhältnisse sprech ich sowieso nicht, das war zu viel Leid, so was trag ich gerne in mir selber. Warum sollen sich andere darüber Gedanken machen. Es heißt doch, freut euch nicht über andere Leut, nächsten Tag seid ihr selber dran.
Großmutter hat'ne Pension gehabt von ihrem Mann. Davon haben wir gelebt. Und ich hab immer gearbeitet, hier mal und da mal. Ich hab viel bei die Leute geholfen. Kartoffeln buddeln, später sammeln hinter die Maschine und nachts dreschen. 1934 starb meine Schwiegermutter. Die war inzwischen verheiratet in Berlin, mit 'nem Bollmann, der arbeitete im christlichen Zeitschriftenverein. Denn ist sie krank geworden, und mein Mann ist ins Krankenhaus gefahren zum Professor. Vierundfünfzig war sie, noch jung, wa? Wenn Sie sie noch draußen haben wollen, hat der Professor gesagt, es kann sich nur noch um Tage handeln. Klar müssen wir die Mama nach Hause holen, hab ich gesagt, ich kannte sie kaum. Ach, wenn ich dran denke, wie die hier ankam! Weiß wie der Kalk an der Wand. Und wie lang das noch gedauert hat, acht und 'ne halbe Woche. Hab's wirklich mit Liebe gemacht. Will mal sagen, sie ist bei lebendigem Leibe verfault, an Unterleibskrebs. Alle Tage Morphium. Wenn ihr mir einen Eimer voll gebt, sagt sie, dann wird's vielleicht besser mit die Schmerzen. Hier hatte ich sie zu stehn, unter'm Fenster. Nun kam der Frühling, wa, nun hatte ich lauter Knollen im Garten, Schneeglöckchen und Krokusse. Die pflanze ich nun in die Töpfe und stell sie ins Fenster. Da waren so schön gewachsen, da hat sie sich so darüber gefreut.
Dann kam mal der Pastor, sagt zur Krankenschwester: Wissen Sie, Sie müssen jetzt auch mal Nachtwache schieben, Frau Schäfer kann ja nicht mehr. Blau war ich immer. Hab immer nur Schorle-Morle getrunken. Schnaps dazwischen gegossen, daß keiner was merkt. Man lacht vielleicht darüber, 's ist mir aber sehr, sehr ernst gewesen. Fragen Sie nicht, wieviel Kölnisch-

wasser ich verspritzt habe. Das Zeug, das da rausgekommen ist, waren ja nur noch Hautfetzen. Und hinten lag die Großmutter, die hatte ihren Schenkelhalsbruch. Ja, ja, die mußte den Abend noch in Garten gehn, Äppel rappen. Ich sage, Großmutter, laß das sein, ist schon so neblig. Nee, ist sie raus – und ausgerutscht. Ach ja, kein Mensch hat mir geholfen. Der Doktor sagt: Wir müssen Sandsäcke füllen, wir müssen das Bein strecken. Nun war die Großmutter aber so schwer, und denn noch die Sandsäcke. Ins Krankenhaus wollte ich sie ooch nicht geben. Heute, um Himmels willen, da findet sich doch kein Mensch mehr, der das macht, heute geht's gleich ab ins Pflegeheim, ist doch so.

Schwiegermutter starb denn. Da kam der Bollmann aus Berlin. Weiß ich noch wie heute. Das Ende war schrecklich, will gar nicht darüber sprechen. Der Bollmann, was ihr Mann war, der hatte schon vorher eine andere, der wußte ja, es war nischt mehr zu machen, hat er sich gleich die nächste geholt. Hieß genauso Minna, war genauso alt, hat alles hingehauen bei dem Bollmann, wa? Und ich hab seiner Frau die Augen zugedrückt. Der Pastor hat gesagt: Das kann Ihnen keiner nicht danken, wieviel Liebe Sie geopfert haben. Wenn Großmutter morgens meine Hände gekriegt hat, sagt sie: Berta, reib mir wieder schön ein, wenn du bei mir bist, ist mir wohler. Da hat sie meine Hände gestreichelt . . . Ach, die Großmutter! Die war sehr alt, wie sie gestorben ist, und spaßig war sie. Naja, schon ein bißchen umnachtet. Hat auf einmal das Federbett auseinandergerissen. Du lieber Gott, denke ich, was machst du denn, Großmutter, du hast ja's ganze Bett kaputtgerissen! Nun lag sie wie Frau Holle im Bette und hat sich gefreut. Und ich war so traurig, nun holen Sie mal die ganzen Federn wieder zusammen!

Nachts ist sie auf die Straße gelaufen, im Hemde, wa? Ihre Eltern haben in W. gewohnt, da wollte sie noch hin. Die haben aber gar nicht mehr gelebt. Doch, hat sie gesagt, die sind da, ich geh jetzt los. Barfuß, im Hemde. Hab ich sie immer wieder zurückgeholt. Und so kalt draußen, kein Mensch auf der Straße, nur wir beide, ich kann Ihnen sagen! Aber sie ist wenigstens nicht stur gewesen, sie ist mitgekommen.

Heiligabend neununddreißig hat sie sich von mir verabschiedet, sehn Se, da war sie wieder ganz klar. Großmutter, sag ich, willst du noch was haben für die Nacht? Ich will dich noch auf Wiedersehn sagen, meine Tochter, sagt sie. Großmutter, sage ich, ich sag doch immer gute Nacht. Na ja, sagt sie, heute ist das anders. Ich danke dir schön für alles Gute, was du mir getan hast ... Denn hat sie, denn hat sie noch gesagt: Komm, lieber Herrgott, deck mich zu und bring mich nun zur Ruh ... Und denn war's aus mit der Großmutter.
Den Abend waren wir noch eingeladen bei meine Neffen. Meine Mutter hat gesagt: Wenn wir Großmutter fertig gemacht haben, können wir noch gehn. Nee, sag ich, ich kann doch Großmutter nicht allein lassen; das war mir so unheimlich, ganz schrecklich war mir das. Denn wird eben zugeschlossen, haben sie gesagt, die Großmutter holt keiner mehr. Der Tischler Otto hat noch nachts ein' Sarg angepinselt, der hat so nach Farbe gestunken. Er hat sich ein Pferd geliehen und die Großmutter nach'm Friedhof gefahren.
Und denn kam meine Mutter nachher. Die hat hier in der Stube gewohnt, hat auch am Fenster geschlafen, wie meine Schwiegermutter. Das kann ich doch nicht machen, sie in ein Altersheim geben. Zwei Jahre hat sie noch gelebt, denn stand ich ganz alleine da. War mein Haus auf einmal leer. War doch schon Krieg. Meine Schwiegermutter hat schon vierunddreißig gesagt: Der Krieg ist noch nicht reif. Der wird schon noch reif werden, sage ich, verlaß dich drauf.
Denn wurde der Mann eingezogen. Den Jungen haben sie mir geholt, wie er siebzehn war. Das war das schlimmste. Die haben doch nicht mit Bonbons geschmissen. War doch ein ganz anderes Gefühl, als wenn die Jungs heute eingezogen werden. Und keine Nachricht! Jeden Tag geguckt: Frau Hanheber, haben Sie keine Post für mich? Ach, du lieber Gott, ich werd noch verrückt. Nun hatte ich nur noch 'n großen Hund, der stand mir bei. So bin ich uff'n Hund gekommen. Na, denn wurde ich kriegsverpflichtet nach S. Da war eine Munitionsfabrik, da hab ich wieder Patronen gemacht, wie im ersten Krieg. Jede Patrone hat mich aufgeregt. Die wurden gewogen, zur

Kontrolle, und denn in Kisten. Und drüben die Russenmädel, die haben immer Pampusitschka zu mir gesagt, ich weiß nicht, was das heißen soll. Was denken Sie, was die für Hunger hatten! Brot hatte ich genug, meinem Bruder seine Frau, die schickte mir immer Brotkarten. Der alte Opa Hannes, der aufpassen sollte auf die Mädel, der hat auch immer Stullen gemacht für sie. Ich hab aber keine Margarine draufgeschmiert, ich hab gute Butter draufgeschmiert, hab auch die Schmiere geteilt. Ich hatte so 'ne große schwarze Schürze, und denn leise in die Taschen gefaßt und unterm Tisch durch. Und meine Nadja und Katja, die haben sich gefreut. Es gibt keine größere Freude. Die olle Kohlrübensuppe, die wir gekriegt haben, die konnten sie nicht mehr vertragen, keine Strümpfe auf die Beine, die armen Mädchen waren immer krank. Wir haben gewußt, daß sie aus der Ukraine kommen und daß es ihnen schlecht geht. Ich hab mich immer gewundert, die müssen antreten und marschieren und immer große Köter bei. Wo marschieren die bloß hin? Vom Lager im Wald haben wir nichts gewußt, durfte ja keiner hin. War auch weibliche SS bei. Die hatten ihre Reitpeitschen, die dachten wunder, was sie nun sind. Ach, die hätt ich können verhaun! Die eine kannte ich, die Käthe Brandenburger, die ist jetzt in Köln. Na, wolln wir mal sagen, die Schlimmste war die Käthe nicht, da waren ganz andere Schweine bei. Und zu Hause hatte ich Kroaten zu wohnen und Belgier, die waren zwangsverpflichtet. War schön mit die kroatischen Mädchen, die hingen so an mir. Am 13. April fünfundvierzig sind sie auf'm Güterzug oben rauf und einfach losgefahren, werde ich nie vergessen. Ich hab immer gesagt: Wo mögen die Mädel stecken? Achtzehn Jahre später kommt eine von ihnen zu Besuch. Das war eine Freude, können Sie sich gar nicht denken.

Denn kam der Mann nach Hause. Der Junge kam erst siebenundvierzig aus der Gefangenschaft. Ach, den seh ich noch kommen, wie'n Weihnachtsmann. Mit'm großen Sack auf'm Buckel, Seife hat er gehabt und Kaffee, und mit so olle Botten, weil sie ihm die Schuhe geklaut haben unterwegs. Wissen Se, ich hab mir zwischendurch immer meine Karten gelegt. Mal sehn, ob wir Besuch kriegen, ob mein Sohn bald kommt. Und der lag

immer ins Haus. Und denn ist er gekommen und hat mir die Karten verbrannt. So was gibt's nicht, hat er gesagt, das ist Quatsch. Wie er die Anna kennengelernt hat, hab ich wieder Karten gelegt und zu ihm gesagt: Du hast eine Freundin, wo ist sie? Bums, waren die Karten wieder im Feuer. Karten hat er nie wollen, aber Flinten. Geht heute noch auf die Jagd.
Ja, ja, ist alles sehr schwer gewesen, nach diesem ollen dummen Krieg. Statt vorwärts ist man rückwärts gegangen. Man war gerade am Aufbaun vorm Krieg, da war wieder alles kaputt. Nun hatte ich erst mal vier Männer zu wohnen, die waren ausgebombt. Einer hat mich denn gefragt: Kann ich nicht meine Braut herholen, die hat auch kein Dach überm Kopf. Und denn kamen die eigenen Enkel dazu, jedes Jahr ein Enkel von Anna. Die Anna hat's auch schwer gehabt. Ihre Mutter hat ihr nichts beigebracht, hat nur gesagt: Setzt euch hin, Kinder, seid ganz still, sonst fällt der Kuchen im Ofen zusammen. Das war die Mutter von unserer Anna. Aber was man nicht kann, muß man lernen, man muß schwibbe sein, wa? Die Anna hat denn die ganze Entwicklung im Dorf mitgemacht. Für Kindergarten hat sie gekämpft und daß eine Schule kommt und eine Wäscherei. Ich hab nicht gedacht, daß wir das schaffen. Ich hab das Wasser noch mit Eimer und Ketten getragen, über 'ner Stange aufm Rücken, wir haben ja keine Wasserleitung gehabt. Ja, ja, ist ein ganzer Roman. Aber ich geh noch immer gerade, sehen Se. Das ärgert mich so, wenn die Jugend so krumm und schief daherlatscht. Unser Bernd, der läuft jetzt schön graziös, hat er sich angewöhnt beim Militär. 1952 haben die Jungen eine Neubauernstelle zum Acker dazugenommen, fingen mit ein Kuhgespann an. War eine große Umstellung mit viel Krieg und Krach. Die Anna immer schwanger. Einmal ist sie verunglückt, beim Holzabladen. Ich hab sie wieder hochgekriegt, aber da war mir, als ob ihre letzte Stunde geschlagen hätte. Ich habe ihre acht Kinder großgezogen, und eins ist gestorben, wie's ein paar Wochen war. Die Anna ist im Kuhstall gewesen und denn auf'm Feld. Jetzt fährt sie die neuen Mähdrescher. Das hat sie alles nur machen können, weil die Oma da war. Aber die Anna hat's schwer gehabt. So viele Kinder, so viele Sorgen, wa? Der Älteste

war einmal halbtot, mit'm Motorrad. Die Anna ist nachts ins Krankenhaus gelaufen. Und zu Hause der halbfertige Weihnachtsbaum. Die Puppen haben keine Köpfe gehabt, nur neue Kleider, die Köpfe hat die Fabrik erst im Januar geliefert. Nun haben sie alle einen richtigen Beruf und verstehen nicht mehr, wie schwer wir's gehabt haben.
Jetzt seh ich nicht mehr viel, ich laß mir vorlesen, von der Anna oder der Roswitha. Durch's Fernsehen hört man ja auch was. Ein blödsinniges Gefühl ist das, wenn man sich vorlesen lassen muß, und selber hat man doch auch lesen gelernt, nicht? Aber in die Volkssolidarität gehöre ich noch nicht. Warum soll ich denn bei die Alten sitzen? Vor unserer Haustür ist mein Platz. Hab das ganze Feld vor die Augen und hinten den Wald. Und Jugend ist auch immer da.

Inhalt

Von Frauen über Frauen

Sammlung Luchterhand

Giuliana Pistoso
Erinnerungen einer kleinen Italienerin
Mädchenjahre unter Mussolini
SL 661
»Dieses romanhaft-wahre Buch wird von einem rebellischen Humor getragen, der unverfroren die Familien- und Geschichtsmythen entweiht: Wir haben es mit einer unterhaltsamen Lebensgeschichte zu tun. Das Buch ist einzigartig im Tonfall. Und es gibt etwas Neues, bisher Unbekanntes preis: Versäumnisse, Frustrationen, Verspätungen auf der Ebene der Gefühle, der Sexualität und der kulturellen Entwicklung einer jungen Frau in einer Zeit der Politisierung des Privaten.«
Corriere della Sera

Helga Schubert
Anna kann Deutsch
Geschichten von Frauen
SL 557. Originalausgabe
Helga Schuberts bevorzugtes Thema sind Frauen. Doch »die Larmoyanz mancher sogenannter ›Frauenliteratur‹, geht ihr völlig ab« *(Deutsche Welle)*. Die Lebensgeschichten, die sie mit unnachahmlicher, treffender Lakonie erzählt, machen oft lachen – und immer nachdenklich.
»Da wird nichts verschlüsselt, durch literarischen Aufputz verschönt. Mit wenigen charakteristischen Details erfaßt Helga Schubert Menschen ... Sie ist eine Frau, die sich in verbotene Zimmer wagt und Türen aufstößt, auch für den Leser. Mutig, lebensklug.«
DIE TAT

Maxie Wander
»Guten Morgen, du Schöne«
Frauen in der DDR. SL 289
1978 zum erstenmal erschienen, ist Maxie Wanders Protokollsammlung in kurzer Zeit ein Bestseller der Frauenliteratur geworden – und ist es bis heute geblieben. Ein Buch von Frauen über Frauen.
»Maxie Wander hat die Arbeit unternommen, auch scheinbar unwichtige Details zu notieren. Dabei hat sie ein Buch von gewaltigem Materialwert (im besten Sinn) hergestellt, ein Buch ohne Koketterie mit den angeblich ›kleinen Leuten‹, ein Buch, das mir die Schwächen meiner Arbeit deutlicher macht als manche Kritik.« *Thomas Brasch, Der Spiegel*

Gabriele Wohmann
Ausflug mit der Mutter
Roman
SL 213
Im Mittelpunkt steht die Mutter, die ihren Mann verloren hat. Ihre erwachsenen Kinder kümmern sich um sie. Wider Erwarten reagiert die Mutter auf die neue Situation natürlich, richtet sich eine Art zweites Leben ein. Die Tochter dagegen muß sich mit der jetzigen Lage abfinden.

Frauen bei uns und anderswo
Gestern und Heute

in der Sammlung Luchterhand

Helga Bertram
Der lange Marsch zum Himmelreich
Chinesiche Frauen erzählen
Originalausgabe
SL 788

Der Harem ist nicht die Welt
Elf Berichte aus dem Leben
marokkanischer Frauen
Hg. Fatima Mernissi
SL 789

Die Heiratsschwindlerin
Erzählerinnen der DDR
Hg. Ingrid Krüger
Originalausgabe
SL 439

Beata Lipman
Wir schaffen uns ein freies Land
Frauen in Südafrika
Aus dem Englischen
von Edgar Peinelt
SL 643

Unsere verlorenen Jahre
Frauenalltag in Kriegs- und Nachkriegszeit 1930–1949
Berichte, Dokumente und Bilder
Hg. Klaus Jürgen Ruhl
Originalausgabe
SL 580

Marie-Luise Könneker
Mädchenjahre
Ihre Geschichte in Bildern
und Texten
SL 303

Kazuo Ishiguro
Damals in Nagasaki
Roman
Aus dem Englischen
von Magarete Längsfeld
SL 821

Bubikopf
Aufbruch in den Zwanzigern
Texte von Frauen
Hg. Anna Rheinsberg
Originalausgabe
SL 753

Renate Feyl
Der lautlose Aufbruch
Frauen in der Wissenschaft
SL 465

Natalja Baranskaja
Das Ende der Welt
Erzählungen von Frauen
Aus dem Russischen
von Renate Lada
SL 581

Woche um Woche
Frauen in der Sowjetunion
Erzählungen
Aus dem Russischen von
Aggy Jais und Ingrid Tinzmann
SL 268

Neue Frauen, neue Männer

Sammlung Luchterhand

Zeugungsangst und Zeugungslust
Gespräche mit Männern über Fruchtbarkeit und Vaterschaft
Aufgezeichnet und kommentiert von Bärbel Döring und Brigitta Kreß
SL 629. Originalausgabe
Die Vorgeschichte des Vater-Werdens, Wünsche und Ängste der Männer, ihr Verhältnis zum eigenen Körper und zu dem der Frauen, zu deren Fähigkeit, Kinder zu empfangen und auszutragen, zu der Macht, die Frauen damit erwächst – das sind wunde Punkte in der Diskussion über ›neue Väter‹. In eindrucksvollen Erzählungen geben hier Männer Auskunft über Zeugungsangst und Zeugungslust, aber auch über die Gründe dafür, warum dieses Thema bislang keines war.

Berührungen
Gespräche über Sexualität und Lebensgeschichte
Aufgezeichnet und begleitet von Irmgard Hülsemann
SL 517. Originalausgabe
Die Bedeutung von Berührungen bleibt für unser weiteres Leben wesentlich. Beziehungs- und Berührungsängste bleiben auch im sexuellen Erleben nicht ohne Folgen und zeigen sich in Unlust, Anstrengung, Abwehr. In den hier geführten Gesprächen mit Männern und Frauen im Alter von 29 bis 58 Jahren, treten auch die charakteristischen Schwierigkeiten zwischen den Geschlechtern unmittelbar hervor. Frauen und Männer sprechen nicht die gleiche Sprache, das gegenseitige Verständnis wird dadurch nicht nur erschwert, sondern mitunter gänzlich verhindert. Aber auch Situationen voller Heiterkeit und Komik entstehen. Für viele ist es das erste Mal, daß sie zusammenhängend und in einem größeren Kreis über ihre Sexualität, ihre Geschichte und ihre Liebe sprechen.

Ursula Krechel
Selbsterfahrung und Fremdbestimmung
Bericht aus der Neuen Frauenbewegung
SL 428. Originalausgabe
Keine Herrschaft von Menschen über Menschen war jemals so erbarmungslos und dauert schon so lange, wie die des Mannes über die Frau. Das ist weder ›natürlich‹, noch war es das jemals. Es ist für die vielen Frauen geschrieben, die sich ihrer herkömmlichen Rolle erst bewußt werden und an ihr zu zweifeln beginnen, – und für die vielen, die in der Frauenbewegung arbeiten. Selbsterfahrung und Selbstkritik in der Frauenbewegung: hier finden sie ihre erste umfassende Formulierung.

Briefe und Tagebücher

in der Sammlung Luchterhand

Briefe und Tagebücher sind oft eine unschätzbare Quelle: Die Schreibenden berichten in ihnen von dem, was sie wirklich meinen und denken. Für die Leser ergeben sich daraus aufregende Erkenntnisse, neue Blickwinkel, ungeahnte Einblicke in das Wesen von Menschen.

»Amerika ist ein freies Land ...«
Auswanderer schreiben nach Deutschland
Hg. Wolfgang Helbich
Mit zeitgenössischen Illustrationen
SL 541. Originalausgabe

Peter Jürgen Boock/
Peter Schneider
Ratte – tot ...
Ein Briefwechsel
SL 575

Karoline von Günderrode
Der Schatten eines Traumes
Gedichte, Prosa, Briefe
Zeugnisse von Zeitgenossen
Hg. Christa Wolf
SL 348

Fanny Mendelssohn
Italienisches Tagebuch
Hg. Eva Weissweiler
SL 607

Giuliane Pistoso
Erinnerungen einer kleinen Italienerin
Mädchenjahre unter Mussolini
Aus dem Ital. von Gudrun Jäger
SL 661

Brigitte Reimann
Die geliebte, die verfluchte Hoffnung
Tagebücher und Briefe
SL 646

Caroline Schlegel-Schelling
»Lieber Freund, ich komme weit her schon an diesem frühen Morgen«
Briefe
Hg. Sigrid Damm
SL 303

Rahel Varnhagen
Jeder Wunsch wird Frivolität genannt
Briefe und Tagebücher
Hg. Marlis Gerhardt
SL 426. Originalausgabe

Rahel Varnhagen / Pauline Wiesel
Ein jeder machte seine Frau aus mir wie er sie liebte und verlangte
Ein Briefwechsel
Hg. Marlis Gerhardt
SL 708. Originalausgabe

Maxie Wander
Leben wär' eine prima Alternative
Tagebuchaufzeichnungen und Briefe
SL 298

Autorinnen und Autoren der DDR

im Luchterhand Literaturverlag

Eine Auswahl

Brechts Lai-tu
Erinnerungen und Notate von Ruth Berlau.
Hg. und mit einem Nachwort von Hans Bunge. Mit zahlreichen, zum größten Teil unveröffentlichten Fotos
336 Seiten. Gebunden.
Auch lieferbar als SL 698

Brigitte Burmeister
Anders oder
Vom Aufenthalt in der Fremde
Roman
288 Seiten. Gebunden

Daniela Dahn
Kunst und Kohle
Die ›Szene‹ am Prenzlauer Berg Berlin, DDR. Mit zahlreichen Fotos.
SL 785. Originalausgabe

Christoph Hein
Drachenblut
Novelle. SL 616

Horns Ende
Roman. 268 Seiten. Leinen.
Auch lieferbar als SL 699

Passage
Ein Kammerspiel. 80 Seiten. Brosch.

Wolfgang Herzberg
Ich bin doch wer
Arbeiter und Arbeiterinnen eines ›Volkseigenen Betriebes‹ in Berlin erzählen ihr Leben zwischen 1900 und 1980
SL 790. Originalausgabe

Hermann Kant
Bronzezeit
Geschichten aus dem Leben des Buchhalters Farßmann
176 Seiten. Leinen.
Auch lieferbar als SL 735

Die Summe
Eine Begebenheit. 192 S. Leinen

Helga Königsdorf
Respektloser Umgang
Erzählung. 116 Seiten. Leinen

Irmtraud Morgner
Amanda
Ein Hexenroman. SL 529

Leben und Abenteuer der Trobadora Beatriz nach Zeugnissen ihrer Spielfrau Laura
Roman. SL 223

Christine Müller
James Dean lernt kochen
Männer in der DDR
Protokolle. SL 648

Inge Müller
Wenn ich schon sterben muß
Gedichte. 136 Seiten. Gebunden

Brigitte Reimann
Die geliebte, die verfluchte Hoffnung
Tagebücher und Briefe. SL 646

Helga Schubert
Anna kann Deutsch
Geschichten von Frauen
SL 557. Originalausgabe

Helga Schütz
In Annas Namen
Roman. 272 Seiten. Leinen.

Anna Seghers

im Luchterhand Literaturverlag

»Wer irgend etwas wissen will von seiner, von unserer Geschichte, bei der Seghers kann er's finden, deutlicher als in den Lehrbüchern, näher, beklemmender.« *WDR*

Aufstand der Fischer von St. Barbara
und andere Erzählungen. SL 349

Der Ausflug der toten Mädchen
Erzählungen. SL 288

Crisanta
Das wirkliche Blau
Zwei Geschichten aus Mexiko
SL 386

Drei Frauen aus Haiti
SL 671

Die Entscheidung
Roman. SL 577

Die Gefährten
Roman. SL 358

Der Kopflohn
Roman aus einem deutschen Dorf im Spätsommer 1932. SL 234

Die Kraft der Schwachen
Neun Erzählungen. SL 469

Die Rettung
Roman. SL 395

Das siebte Kreuz
Roman. SL 108

Sonderbare Begegungen
Erzählungen. SL 518

Steinzeit
Wiederbegegnung
SL 549

Die Toten bleiben jung
Roman. SL 304

Transit
Roman. SL 263

Überfahrt
Eine Liebesgeschichte. SL 442

Das Vertrauen
Roman. SL 624

Vierzig Jahre der Margarete Wolf und andere Erzählungen.
SL 443

Der Weg durch den Februar
Roman. SL 318

Ausgewählte Erzählungen
Hg. mit einem Nachwort von Christa Wolf
372 Seiten. Gebunden

Transit
Sonderausgabe. Mit einem Vorwort von Heinrich Böll
312 Seiten. Gebunden

Anna Seghers – Wieland Herzfelde
Gewöhnliches und gefährliches Leben
Ein Briefwechsel aus der Zeit des Exils 1939–1946
Mit Faksimiles, Fotos und dem Aufsatz *Frauen und Kinder in der Emigration* von Anna Seghers im Anhang.
204 Seiten. Gebunden

Große Erzählerinnen

im Luchterhand Literaturverlag

»Denn sie gehört zu den besten Erzählern, der in den dreißiger Jahren geborenen Generation. Und im Bereich der Kurzgeschichte gibt es im deutschen Sprachraum nur wenige Schriftsteller, die diese Autorin übertreffen oder ihr auch nur gleichkommen.« *Marcel Reich-Ranicki*

Gabriele Wohmann
Gesammelte Erzählungen aus dreißig Jahren
SL 651–653

Der Irrgast
Erzählungen
245 Seiten. Gebunden
Auch als SL 695

Der kürzeste Tag des Jahres
Erzählungen
SL 531

Ländliches Fest
Erzählungen
SL 204

Paarlauf
Erzählungen
SL 360

Verliebt, oder?
Erzählungen
SL 485

Ein russischer Sommer
Erzählungen
288 Seiten. Gebunden

»Grelle Töne sind Christa Wolfs Sache nie gewesen; nicht als Autorin, nicht als Zeitgenossin hat sie je zur Lautstärke geneigt und doch nie Zweifel an ihrer Haltung gelassen.« *Heinrich Böll*

Christa Wolf
Gesammelte Erzählungen
228 Seiten. Gebunden
Auch als SL 361

Kassandra
Erzählung
160 Seiten. Gebunden
Auch als SL 455

Kein Ort. Nirgends
SL 325

Nachdenken über Christa T.
248 Seiten. Gebunden
Auch als SL 31

Unter den Linden
Erzählung
SL 249

Große Erzählerinnen

im Luchterhand Literaturverlag

Eine Auswahl

Natalja Baranskaja
Das Ende der Welt
Erzählungen von Frauen
SL 581

Woche um Woche
Frauen in der Sowjetunion
SL 268

Adelheid Duvanel
Anna und ich
Erzählungen
106 Seiten. Gebunden
Auch als SL 662

Das verschwundene Haus
Erzählungen
88 Seiten. Gebunden

Barbara Honigmann
Roman von einem Kinde
Sechs Erzählungen
117 Seiten. Gebunden

Helga Königsdorf
Mit Klischmann im Regen
Geschichten
SL 463

Respektloser Umgang
Erzählung
116 Seiten. Gebunden

Katherine Mansfield
Seligkeit
Erzählungen
SL 803

Christa Reinig
Gesammelte Erzählungen
SL 656

Helga Schubert
Anna kann Deutsch
Geschichten von Frauen
SL 557

Das verbotene Zimmer
Neunzehn Geschichten
SL 492

Helga Schütz
Festbeleuchtung
Erzählung
SL 382

Anna Seghers
Aufstand der Fischer von St. Barbara
und andere Erzählungen
SL 349

Der Ausflug der toten Mädchen
Erzählungen
SL 288

Die Kraft der Schwachen
Neun Erzählungen
SL 469

Sonderbare Begegnungen
Erzählungen
SL 518

Steinzeit
Wiederbegegnung
SL 549

Überfahrt
Eine Liebesgeschichte
SL 442

Vierzig Jahre der Margarete Wolf
und andere Erzählungen
SL 443